改訂

登記名義人の住所氏名変更・更正登記の手引

青山　修　著

新日本法規

改訂版の発行に際して

本書の前版である『登記名義人表示変更・更正登記の手引』は、平成15年に発刊して以来多くの方々にご利用いただきました。その後、この書籍は絶版となっておりましたが再版を求める声を多数いただき、改訂版として発刊させていただくことになりました。

改訂にあたりましては書籍名を『改訂　登記名義人の住所氏名変更・更正登記の手引』と改めました。これは、平成17年3月7日に現行不動産登記法が施行される前は、登記名義人の住所・氏名の変更更正登記は「登記名義人ノ表示ノ変更ノ登記」と称されていたものを、現行不動産登記法では「登記名義人の氏名若しくは名称又は住所についての変更の登記又は更正の登記」と称することになったことによるものです。

本書籍の取扱い事例は旧版と基本的には変わっておりませんが、現行の不動産登記法の施行に伴い、添付書面（情報）等の内容も改正法の内容に即したものとなっています。また、旧版以後に新たに生じた事例または先例も追加しており、より登記実務にお役に立てるものと思っています。

なお、旧版でもお願いをしておりましたが、本書で取り上げた事例はできる限り根拠を明示していますが、必ずしも登記所の取扱いが統一的ではない場合もあることが考えられます。したがいまして、本書の回答（申請手続）に疑問がある場合には、事前に所轄登記所にお問い合わせをしてくださりたくお願い致します。

平成21年5月

青　山　　修

はしがき

本書は、不動産登記における登記名義人の表示変更および表示更正の登記手続について述べたものです。本書で述べる登記名義人の種類は、甲区における所有権の名義人、所有権に関する仮登記の名義人、処分の制限の登記（仮処分、仮差押え、競売申立権者）の名義人に関するもの、そして、乙区については抵当権および根抵当権の名義人に関するものです。

ある権利につき移転、設定または抹消（例えば、所有権移転、抵当権設定、これらの抹消）の登記を申請する場合において、登記簿に記載された登記名義人の住所（本店）または氏名（商号）に変更が生じているときは、原則として、登記名義人の表示変更登記の申請をしなければなりませんが、先例または登記研究等の実例により、表示変更登記を要しない場合もあります。登記申請の業務は迅速性を要求されるところから、登記名義人の表示変更登記の申請の要否は即座に判断されなければなりません。しかし、この判断に資する資料は少なく、かつ迅速性という要求に対応できる検索性能を備えているとはいえません。

本書は、迅速性、検索性の要求に応えうるようにと、目次を充実し、かつ、一問一問の事例を簡潔な「事例設問」と「図」で示し、これに対する回答（申請手続）、申請書の記載例、参考先例を掲載することにより、登記業務従事者の便に供することを目的として発刊したものです。

なお、本書の設問事例に対する回答（申請手続）は、主として、先例、登記研究誌、登記先例解説集（現・登記情報）誌等を根拠としていますが、それらの回答の変更または法務局の取扱いの変更等により、必ずしも登記実務において統一的でない場合もあり、結果として本書の回答（申請手続）と異なる見解が示される場合もありうると考えています。したがいまして、本書の回答（申請手続）に疑問がある場合には、事前に登記申請法務局にお問い合わせをしてくださるようにお願い致します。

平成15年9月

青　山　　修

凡　　例

＜本書の内容＞

本書は、登記名義人の住所氏名変更・更正登記の事例を多数掲げ、法令や先例等に基づき詳しく解説することにより、その申請の要否または登記原因、登録免許税などを速やかに判断できる登記実務書として、司法書士、土地家屋調査士、法務局職員の登記執務の便に供しようとするものです。

＜本書の構成＞

1　[1]、[2]では住所氏名変更・更正登記の各事例を見出し、事例、備考で構成し、必要に応じて申請手続、申請書を加え、解説しました。

2　[3]では登録免許税に関する先例および実例、[4]では誤字・俗字・正字に関する先例、[5]では資料として関係通達をそれぞれ掲げました。

＜先例・実例・判例・法令の略称＞

本書で使用した主な先例・実例・判例・法令の略称については次のとおりです。

1　先例

（略記法）

平16・10・14民一2842＝平成16年10月14日民事一第2842号民事局長通達を指す。

2　実例の出典表記

登　研　登記研究

登　先　登記先例解説集

登　情　登記情報

（略記法）

登研547・146＝登記研究547号146頁を指す。

3　判例

判　時　判例時報

（略記法）

東京高決昭50・1・30判時778・64＝東京高等裁判所昭和50年1月30日決定、判例時報778号64頁を指す。

4　法令

会　社	会社法
家　事	家事事件手続法
国　調	国土調査法
商	商　法
税特措	租税特別措置法
整　備	会社法の施行に伴う関係法律の整備等に関する法律
登　税	登録免許税法
不　登	不動産登記法
不登規	不動産登記規則
不登令	不動産登記令
民	民　法
民　執	民事執行法
民　訴	民事訴訟法

（略記法）

民398の2①＝民法第398条の2第1項を指す。

＜書籍等からの引用について＞

書籍等から一部を引用する場合は、当該箇所を「　」で区別して、出所を明記した。

著者名・文献名等については、参考文献一覧を参照。

参考文献一覧（五十音順）

＜略称＞	＜著者名・書籍名・出版社名＞
揖斐・登研	揖斐潔『民事保全法等の施行に伴う不動産登記の取扱いについて』登記研究515号（テイハン）
カウンター相談Ｉ	登記研究編集室編『カウンター相談Ｉ』（テイハン）
記録例617	平成28年6月8日民二386による不動産登記記録例617を表す。
研修講座	誌友会民事研修編集室編『不動産登記研修講座』（日本加除出版）
戸籍用語事典	田代有嗣監修・高妻新著『改訂　体系・戸籍用語事典』（日本加除出版）
実務の手引	名古屋法務局事務改善研究会編『不動産登記実務の手引　権利編』（六法出版社）
事例集	東京三多摩実務協議問題研究会編『登記実務の応用問題事例集』（日本加除出版）
詳解商業登記（上）	味村治『新訂　詳解商業登記　上』（きんざい）
嘱託登記の実務	細田進・後藤浩平『嘱託登記の実務』（新日本法規出版）
書式精義（上）	香川保一編著『新訂　不動産登記書式精義　上』（テイハン）
新編不動産登記法2	幾代通・浦野雄幸編『判例・先例コンメンタール　新編　不動産登記法2』（三省堂）
先例解説総覧	登記研究編集室編『不動産登記先例解説総覧』（テイハン）
先例解説総覧追加編Ｉ	登記研究編集室編『不動産登記先例解説総覧追加編　Ｉ』（テイハン）
相続法逐条解説（中）	中川淳『相続法逐条解説（中巻）』（日本加除出版）

注解不動産法	林良平・青山正明編『注解不動産法6　不動産登記法〔補訂版〕』（青林書院）
登記手続総覧3	松永六郎編集代表『不動産登記手続総覧3』（第一法規）
登録免許税法詳解	清水湛編著『登録免許税法詳解』（きんざい）
表示変更等の登記の実務について	須藤殖「実務家の研究ノート　登記名義人表示変更等の登記の実務について」登記インターネット3巻10号（民事法情報センター）
不動産執行	東京地裁民事執行実務研究会編著『改訂　不動産執行の理論と実務（上）』（法曹会）
不動産申請メモ	青山修『新版　不動産登記申請メモ　権利登記編』（新日本法規出版）
不動産登記実務の手引	名古屋法務局事務改善研究会編『新訂　不動産登記実務の手引』（新日本法規出版）
名法・登記情報19	名古屋法務局事務改善研究会『登記情報　第19号』（名古屋法務局）

目　次

第２ 換地処分・土地区画整理・国土調査等による変更・更正の登記

第３ 職権による地番変更

第４ 住所移転による変更登記

第7　分筆・合筆等との関係

第8　氏名の変更登記

第9　氏名の更正登記

第10　外国在住日本人・外国人・外国法人

第13　国・地方公共団体

第14　同一申請書による申請の可否

第15　所有権の登記と住所・氏名変更（更正）登記

（所有権保存登記）

2　乙区に関する住所・氏名の変更・更正の登記

第１　(根)抵当権の抹消登記

第２　根抵当権の設定・変更・元本確定の登記

第3　抵当権の設定・変更の登記

3　登録免許税

5　資　料

索　引

<会社法人等番号等の記載について>

1　会社法人等番号

(イ)　会社法人等番号とは

会社法人等番号とは、特定の会社、外国会社その他の商人を識別するために、会社または法人の登記簿（支店・従たる事務所の登記簿を除く。）に記録される12桁の番号をいう（商業登記法7、商業登記規則1の2）。

(ロ)　同一登記所における添付省略制度の廃止

不動産登記の申請をする登記所と当該申請法人の本店を管轄する登記所とが同一または同一登記所に準ずるものとされる場合には、法務大臣が指定した登記所を除き、申請法人の代表者の資格を証する情報（登記事項証明書、代表者事項証明書）の添付を省略することができるとされていたが、この制度は廃止されたので（旧不登規36①②の削除）、会社法人等番号の提供を省略することはできない（平27・10・23民二512）。

なお、印鑑に関する証明書については、申請をする登記所が、添付すべき印鑑に関する証明書を作成すべき登記所と同一であって、法務大臣が指定した登記所以外のものである場合には、添付を省略することができる（不登規48①一・49②一）。

2　申請情報と併せて登記所に提供する会社法人等番号・登記事項証明書

不動産登記の申請をする場合において、申請人が法人であるときは、次に掲げる①から③までの情報のうち、いずれか1つを申請情報と併せて登記所に提供しなければならない（不登令7①）。

2　会社法人等番号等の記載について

①　会社法人等番号を有する法人については、当該法人の会社法人等番号（不登令7①一イ）

②③の場合を除き、法人の代表者の資格を証する情報（登記事項証明書）に代えて、当該法人の会社法人等番号を提供することとされた。

②　会社法人等番号を有する法人が会社法人等番号を提供しないときは、当該法人の代表者（支配人等（支配人その他の法令の規定により法人を代理することができる者であって、その旨の登記がされているもの（不登規36①二）を含む。）の資格を証する情報（登記事項証明書）（不登規36①一）

この書面は、作成後1か月以内のものでなければならない（不登規36②）。

③　会社法人等番号を有する法人以外の法人については、当該法人の代表者の資格を証する情報（登記事項証明書）（不登令7①一ロ）

この書面は、作成後3か月以内のものでなければならない（不登令17①）。

3　会社法人等番号の提供により代替することができる添付情報

次の例のように、申請人または第三者が法人の代表者の資格を証する情報を提供しなければならない場合において、当該申請人または第三者が会社法人等番号を提供したときは、当該法人の代表者の資格を証する情報の提供に代えることができる（平27・10・23民二512・2(4)）。

（イ）　登記上の利害関係を有する第三者の許可等を証する情報

登記原因について第三者が許可等したことを証する情報を提供しなければならない（不登令7①五ハ）場合において、当該第三者の会社法人等番号を提供したときは、その代表者の資格を証する情報の提供に代えることができる。

(ロ)　法人の合併による承継または法人の名称変更等を証する情報

法人の承継を証する情報（不登令7①四・五イ・別表22項添付情報欄）または法人の名称変更等を証する情報（不登令別表23項添付情報欄等）の提供を要する場合において、当該法人の会社法人等番号を提供したときは、これらの情報の提供に代えることができる。

(ハ)　登記原因証明情報の一部として登記事項証明書の提供が必要とされている場合

会社分割による権利の移転の登記の申請をする場合において提供すべき新設会社または吸収分割承継会社の登記事項証明書（平18・3・29民二755）など、登記原因証明情報の一部として登記事項証明書の提供が必要とされている場合においても、これらの会社の会社法人等番号を提供したときは、登記事項証明書の提供に代えることができる。

4　住所証明情報等の提供不要

不動産登記令7条1項6号（別表の添付情報欄）の規定により提供する住所を証する情報（以下「住所証明情報」という。）、または、住所について変更、錯誤もしくは遺漏があったことを証する情報（以下「住所変更証明情報」といい、両者を併せて「住所証明情報等」という。）を提供しなければならないものとされている場合において、住所証明情報等の提供を不要とするためには、住民票コード（不登規36④、住民基本台帳法7十三）または会社法人等番号を提供しなければならない（不登令9、不登規36④）。ただし、住所変更証明情報の提供が不要となるのは、住民票コードまたは会社法人等番号によって、当該住所についての変更、錯誤もしくは遺漏があったことを確認することができることとなるものに限るとされている（不登規36④ただし書）。

5　本書における会社法人等番号等の取扱い

不動産登記において申請情報と併せて提供しなければならないとされている「会社法人等番号」または「法人の代表者の資格を証する情報」については、前記2①から③までに区分することができるが、本書においては単に「会社法人等番号」と記載している。

本書の本文中または添付情報で「会社法人等番号」と記載している部分は、前記2①から③までのいずれか1つを指すものとしてご了承をいただきたい。なお、前記2②または③の場合は、申請情報の添付情報欄中「会社法人等番号」とあるのは「登記事項証明書」と記録することになる。

自然人または法人の登記記録に記録された住所の変更、錯誤もしくは遺漏の登記については住所変更証明情報を提供することになるが、特に断りのない限り、この情報は登記原因証明情報として表示している。

1

甲区に関する住所・氏名の変更・更正の登記

第１　行政区画・住居表示実施等による変更登記

事例１　行政区画変更により町名のみが変更

行政区画の変更により町名は変更されたが、地番は変更されていない。

A市B町1番地	→	A市C町1番地
登記記録		平成21年4月1日 町名変更

申請手続

地番の変更を伴わない行政区画、字またはその名称について変更があった場合、所有権登記名義人の表示は、その変更登記をしなくても当然に登記記録上変更されているものとみなされる。

したがって、本事例では、登記記録に記録されている所有権登記名義人の住所「A市B町1番地」は、所有権登記名義人住所変更登記の申請をしなくても、「A市C町1番地」に「変更の登記があったものとみなす」ことになる。

備　　考

(1)　地番の変更を伴う場合

11頁の 事例４ を参照。

(2)　不動産登記規則92条

【不動産登記規則92条】（行政区画の変更等）
　行政区画又はその名称の変更があった場合には、登記記録に記録した行政区画又はその名称について変更の登記があったものとみなす。字又はその名称に変更があったときも、同様とする。
2　登記官は、前項の場合には、速やかに、表題部に記録した行政区画若しくは字又はこれらの名称を変更しなければならない。

①　上記不動産登記法59条〔現行不動産登記規則92条1項〕は、行政区画もしくは字またはその名称に変更があった場合、登記簿に記載されている行政区画もしくは字またはその名称については、変更の登記をしなくても当然に変更されているものとみなす旨を定めたものである（新編不動産登記法2・369頁〔細田進〕）。

②　行政区画とは、都道府県区町村というような行政機関がその権限を及ぼしうる行政上の単位で一定の範囲の地域である。字とは、行政区画内に存在する一定範囲の地域で、大字、小字をいう（前掲・新編不動産登記法2・369頁）。

(3)　登記の要否（明38・5・8民刑局長回答）

［要旨］　町村の名称が変更した場合には、不動産の表示だけでなく登記名義人の住所についても当然変更したものとみなすべきであって、何らの手続をすることを要しない。

［照会］　「乙登記所ノ管轄内ニ係ル町村ノ名称（例ヘハ鵜飼出張所管内ニ於ケル石和村ヲ石和町ト改称）ノ変更アリタルトキハ甲登記所ニ於テ登記ヲ為シタル登記名義人ノ住所（例ヘハ甲府区裁判所ニ於ケル所有者ノ住所石和村何番地）ハ不動産登記法第59条〔現行不動産登記規則92条1項〕ニ依リ当然之ヲ変更シタルモノト看做スヘキヤ

若シ当然変更シタルモノト看做スヘキモノトセハ甲登記所ニ在リテハ不動産登記法施行細則第71条第2項〔現行不動産登記規則92条2項〕ノ手続ヲ為スノ途ナキヲ以テ其当然変更アリト看做スヘキコトハ如何ニシテ之ヲ登記簿〔記録〕ニ表示スヘキヤ」

〔回答〕　「町村ノ名称ノ変更アリタル場合ハ唯リ不動産ノ表示ノミナラス登記名義人ノ住所ニ付テモ不動産登記法第59条〔現行不動産登記規則92条1項。ただし(注)参照。〕ノ規定ニ依リ当然変更シタルモノト看做スヘキモノニシテ此ノ場合ニ於テハ何等ノ手続ヲ為スコトヲ要セス」

（注）　現行不動産登記規則92条

【不動産登記規則92条】（行政区画の変更等）
　行政区画又はその名称の変更があった場合には、登記記録に記録した行政区画又はその名称について変更の登記があったものとみなす。字又はその名称に変更があったときも、同様とする。
2　登記官は、前項の場合には、速やかに、表題部に記録した行政区画若しくは字又はこれらの名称を変更しなければならない。

(4)　職権変更の可否（昭43・4・11民甲887）

〔照会〕　「屋敷番で表示されている登記名義人の住所が地番に呼称変更された場合、添付書類に基づき登記官が職権で変更の登記をすることができる旨の大正10年9月29日民事甲第2928号貴職回答は、現在も維持されておりますか、お伺いします。」

〔回答〕　「登記官が職権で変更の登記をすることはできない。おって、これと抵触する従前の取扱いは、右〔上〕により変更されたものと了知されたい。」

参考　「屋敷番」については、19頁の**事例8**を参照。

事例２　区制施行

区制が施行された。

A市B町1番地	→	A市B区C町1番地
登　記　記　録		平成21年4月1日 区制施行

申請手続

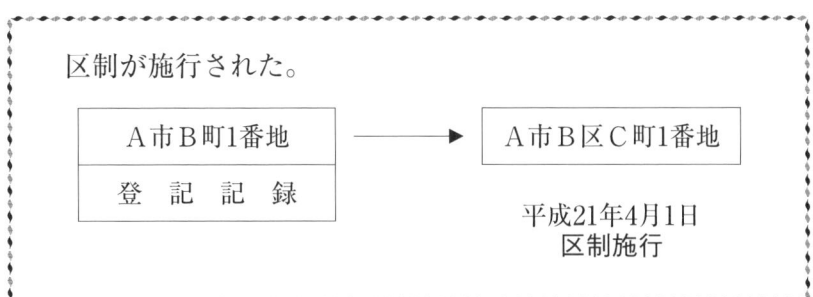

区制の施行のみで地番に変更がないときは、所有権登記名義人住所変更登記を要しない。

備　考

○　区制施行

政令指定都市の区制施行に伴い登記名義人の住所に変更を生じた場合は、この変更登記をすることなく、他の登記を申請できる（登研301・69）。

事例3　地方自治法の規定により村から町に変更

地方自治法8条の規定により、村から町に変更された。

A村大字B1番地	→	A町大字B1番地
登　記　記　録		地方自治法8条により村から町に変更

申請手続

所有権登記名義人住所変更登記をする必要はない。

備　考

(1)　登記名義人住所変更登記の省略

地方自治法8条の規定により村から町へ変更された場合、所有権登記名義人たる村の登記名義人住所変更の登記をしなくても、登記義務者として所有権移転の登記を嘱託することができる（登研489・152）。

(2)　地方自治法8条3項

「〔市及び町の要件・市町村相互間の変更〕

第8条　①・2　〔略〕

3　町村を市とし又は市を町村とする処分は第7条第1項、第2項及び第6項から第8項までの例により、村を町とし又は町を村とする処分は同条第1項及び第6項から第8項までの例により、これを行うものとする。」

事例4　町名と地番の変更

行政区画の変更に伴い、町名および地番が変更になった。

Ａ市Ｂ町1番地	→	Ａ市Ｃ町2番地
登　記　記　録		平成21年4月1日 町名地番変更

申請手続

行政区画の変更に伴い町名および地番が変更されたときは、所有権登記名義人住所変更登記を要する。

申請書

登記の目的	所有権登記名義人住所変更
原　　因	平成21年4月1日　町名地番変更
変更後の事項	住所 　Ａ市Ｃ町2番地
申　請　人	Ａ市Ｃ町2番地　甲
添付情報	登記原因証明情報　非課税証明書 代理権限証明情報
登録免許税	登録免許税法5条5号

備　考

(1) 登録免許税の非課税証明書（昭42・7・26民三794）

「行政区画等の変更に伴う地番の変更による登記名義人の表示〔住所〕変更の登記の申請書に添附された住民票の謄、抄本に、行政区画等の変更事項と地番の変更事項とがともに記載されている場合は、これを施行規則〔登録免許税法施行規則〕第1条第2号の書類として取り扱ってさしつかえない。ただし、その地番の変更が行政区画等の変更に伴わないものであることが明らかに認められる場合はこの限りでない。」

(2) 登記原因

町名変更および地番変更が同日付けでされている場合、登記原因は「年月日町名変更、地番変更」と併記するのが相当である（登研524・168）。

(3) 不動産登記規則92条の不適用

① 町名および地番に変更があった場合には、不動産登記規則92条の規定は適用されない。

【不動産登記規則92条】（行政区画の変更等）
　行政区画又はその名称の変更があった場合には、登記記録に記録した行政区画又はその名称について変更の登記があったものとみなす。字又はその名称に変更があったときも、同様とする。
2　登記官は、前項の場合には、速やかに、表題部に記録した行政区画若しくは字又はこれらの名称を変更しなければならない。

② 町名変更と同時に地番号も変更された場合には、登記名義人住所変更登記を申請しなければ、町名および地番は変更されない（実務の手引442頁）。

(4) 行政区画・字名の名称の字体（昭33・3・28民甲643）

［要旨］　行政区画または字の名称で当用漢字字体表にないものを書き表わす場合において、当用漢字を用いて、さしつかえない（不動産登記法その他の手続法令上違法なものではない）。

［照会］　１　市町村の名称の字体が当用漢字字体表にない従来の字体である場合において、今後当用漢字字体表の字体を用いて書くときは、市町村の名称の変更とならない場合、当該市町村が不動産登記その他法令に基く手続等を行うにあたり、その名称を当用漢字字体表の字体によつて書き表わしても法令上適法なものと認められるか。

２　個人及び法人が各種登記その他法令に基く手続等を行うにあたつて住所（本店、事務所）を書き表わす場合、市町村名及び市町村内の町名又は字名の書き表わし方についても、１と同様に解してよろしいか。

［回答］　第1項　当用漢字によつて表示してさしつかえない。

第2項　第1項により了知されたい。

事例5　町名地番変更・住所移転

町名地番の変更があった後に、住所移転した。

A市B町1番地（登記記録）→ A市C町2番地 → D市3番地

A市C町2番地：平成20年4月1日 町名地番変更

D市3番地：平成21年7月8日 住所移転

申請手続

登記原因は、「年月日住所移転」である。

申請書

登記の目的	所有権登記名義人住所変更
原　　因	平成21年7月8日　住所移転
変更後の事項	住所 　D市3番地
申　請　人	D市3番地　甲
添付情報	登記原因証明情報　代理権限証明情報
登録免許税	不動産1個につき金1,000円（登税別表1一(十四)）

備　考

○　登記原因

①　「年月日住所移転」のみを記載する（実務の手引450頁・事例番号11）。

②　住居表示実施後に住所移転した場合は、登記原因を「年月日住所移転」とすれば足りる（事例集125頁）。

事例６　住所移転・行政区画変更・地番変更

　住所移転をしたが、その登記をしないうちに地番変更を伴う行政区画の変更があった。

Ａ市Ｂ町1番地（登記記録）→ Ａ市Ｃ町2番地 → Ａ市Ｄ町3番地

Ａ市Ｃ町2番地：平成20年12月1日 住所移転

Ａ市Ｄ町3番地：平成21年10月1日 行政区画・地番変更

申請手続

　住所変更の原因が異なっているので、所有権登記名義人住所変更登記の申請書には登記原因を併記する。

申請書

登記の目的	所有権登記名義人住所変更
原　　因	平成20年12月1日　住所移転 平成21年10月1日　町名地番変更
変更後の事項	住所 　Ａ市Ｄ町3番地
申　請　人	Ａ市Ｄ町3番地　甲
添付情報	登記原因証明情報　非課税証明書 代理権限証明情報
登録免許税	登録免許税法5条5号

備　考

(1)　登記原因・登録免許税（昭32・3・22民甲423）

「登記名義人の表示の変更が数回にわたってなされている場合には、1個の申請により、直ちに現在の表示に変更の登記をすることができる。

なお、この登記を申請するには、申請書に、登記原因及びその日付を併記し（ただし、同種の登記原因（例えば、住所移転）が数個存するときは、便宜その最後のもののみを記載してもさしつかえない。）、各変更を証する書面を添付するのが相当であり、登録税は、1件として徴収すべきである。」

(2)　登録免許税（昭42・12・14民甲3447）

［照会］　「同一申請書で、左記〔下記〕の組合せ及び順序の登記原因による申請があつた場合、1、2、については免税、3、については500円〔現行1,000円〕徴収すべきであると考えますが、いかがでしようか、いささか疑義がありますので、何分のご指示を仰ぎたくお伺いします。

1、住所更正、住居表示実施

2、住所変更、住居表示実施

3、氏名変更、住居表示実施」

［回答］　「貴見のとおりと考える。」

(3)　住所移転・行政区画変更・地番変更なしの場合

17頁の**事例7**を参照。

事例７　住所移転・行政区画変更・地番変更なし

住所移転をしたが、その登記をしないうちに地番変更を伴わない行政区画のみの変更があった。

A市B町1番地	→	A市C町2番地	→	A市D町2番地
登 記 記 録		平成20年12月1日 住所移転		平成21年10月1日 行政区画変更 （区制施行） 地番変更なし

申請手続

住所移転をしたが、住所移転登記をしないうちに地番変更を伴わない行政区画の変更があった場合は、「年月日住所移転、年月日行政区画変更（区制施行）」を登記原因日付として所有権登記名義人住所変更登記を申請する。

申 請 書

登 記 の 目 的	所有権登記名義人住所変更
原　　　　因	平成20年12月1日　住所移転 平成21年10月1日　行政区画変更（区制施行）
変更後の事項	住所 　A市D町2番地
申　請　人	A市D町2番地　甲
添 付 情 報	登記原因証明情報　非課税証明書 代理権限証明情報
登 録 免 許 税	登録免許税法5条5号

備　考

(1)　登記原因

①　平22・11・1民二2759（要旨）

登記記録の住所から住所移転後、当該移転後の住所について区制施行などの地番変更を伴わない行政区画の変更が行われた場合、登記名義人住所変更の登記原因は「平成○年○月○日住所移転、平成○年○月○日区制施行」となる。

行政区画の変更に係る市区町村長等の証明書（登免規1①二）が提供されたときは、登録免許税は登録免許税法5条5号の規定により非課税。

②　住所移転後に行政区画の変更があった場合の登記原因は、「年月日住所移転、年月日行政区画変更」と併記する（登研748・48）。

③　昭50・5・23民甲2692

［照会］　「当局管内では、不動産の登記名義人が住所の移転の登記をしないうちに行政区画の変更があり（住所番地に変更はない）、その変更登記を1件の申請書でする場合の登記原因の記載は、住所移転と行政区画の変更を併記するよう指導しておりますが、住所移転だけを記載する取扱いで差し支えないとする考え方もあり、疑義を生じたので何分のご回示を賜りますようお願いします。」

［回答］　「後段意見による取扱いで差し支えない。」

(2)　登録免許税

上記(1)①の場合、市区町村長が作成した行政区画の変更を証する情報を提供すれば、登録免許税法5条5号の規定により非課税（平22・11・1民二2759、登研748・48）。

事例8　屋敷番が地番に変更

所有者の住所が、屋敷番から地番に変更となった。

2 番 屋 敷	→	2 番 地
登 記 記 録		屋敷番から地番に変更

申請手続

原因日付は、「昭和　年　月　日呼称変更」と記載する。この年月日は、新戸籍編製、戸籍改製または本籍更正の申出をした年月日を記載する（21頁(2)の昭44・7・26民三332を参照）。

申請書

登記の目的	所有権登記名義人住所変更
原　　　因	昭和○年○月○日　呼称変更
変更後の事項	住所 ○郡○町2番地
申　請　人	○郡○町2番地　甲
添付情報	登記原因証明情報　代理権限証明情報
登録免許税	不動産1個につき金1,000円（登税別表1一(十四)）

備　考

(1)　「屋敷番」とは

登記先例解説集9巻9号18頁～22頁掲載の昭44・7・26民三332（後掲(2)に掲載）の先例解説「研究」より、B氏、西村氏の対談を引用した。

「西村　『屋敷番というのは、明治4年の壬申戸籍ですか、これで住民把握の目的で初めて戸籍的なものがつくられたわけですが、そのときに一定の地域について区画を定めて、番号を振つて各戸を特定するという方法がとられたのですけれども、その番号というのは、いまの住居表示みたいに屋敷の番号で何番屋敷というふうに打たれたわけです。これが屋敷番号ですが、これは本籍でもあり住所でもあるということで本籍と住所が一致していたわけなんです。その後明治5年になつて、太政官布告で番号は地所に就てこれを数うということで地番になつたわけですけれども、その後も地方の便宜によつてやつてよろしいということで、何番屋敷ということがずつと行なわれていたようですね。その後だんだん住所と本籍が離れていくわけですが、現在の戸籍の本籍というのは、実際そこに住んでおる住所でなくて、観念的な戸籍の所在場所ということになつているわけですけれども、一番最初は本籍の所在と住所が一緒であつて、それを何番屋敷と屋敷番号で呼ばれていたわけです。』

B　『本籍が地番で強制的に表示されるようになつたのは明治19年頃ですか。本籍がすべてそれで統一されるようになつたのは、明治5年ですか。』

西村　『明治5年に、さつき言いましたように、番号は地所に就てこれ数うというようなことで、何番地という土地の地番で書くことになつたわけです。しかし、経過的には従前の屋敷番を認めていた。その後全面的に地番号になつてきたのは、おつしやつたとおり明治19年からで、同年の内務省訓令「戸籍登記書式」のひな形の戸籍の本籍欄には「何県何郡何村何番地」と地番で記載すべきことが示されています。しかし、その後も現実には戸番号を付したものもあるようです。』

〔略〕

西村　『明治19年式戸籍施行後も、過去に屋敷番で書かれた戸籍について、これを一ぺんに書き直すということでなくて、新戸籍を編製した場合とか改製した場合に、その都度直していくという考え方がとられたのですけれども、それはあくまでもそういう機会に戸籍の本籍の記載が書き直されたというにすぎなくて、それによつて住所の呼び方が変わつたわけではない。住所そのものは、もつと以前から地番号で呼ばれていたと思われます。ですから、甲説〔後掲(2)昭和44年先例中の照会文〕のようにそれを原因とすることは大体おかしいじやないかというのです……。』」

(2)　登記原因

①　昭44・7・26民三332

［照会］　「屋敷番で表示された登記名義人の住所を変更する場合の原因日付の記載について

標記については左記〔下記〕2説が考えられ、いずれによるべきか決しかねますので至急何分のご指示を賜りたく照会いたします。

記

1、甲説　原因日付を「昭和　年　月　日新戸籍編製」、「昭和　年　月　日戸籍改製」、「昭和　年　月　日本籍更正」と記載する。

2、乙説　原因日付を「昭和　年　月　日呼称変更」と記載する。（年月日は新戸籍編製、戸籍改製または本籍更正の申出をした年月日を記載）」

［回答］「標記の件については、乙説によるのが相当と考える。」

② 昭43・6・25民三613

［照会］「登記名義人の表示〔住所〕変更登記の登記原因及びその日付の記載について

屋敷番号で表示されている登記名義人の住所が地番号に呼称変更された場合の「登記原因及びその日付」としては、家督相続等によつて戸籍の改製された日、あるいは、戸主又は家族の申し出によつて本籍の表示が更正された日に呼称変更があつたものとして取り扱つていますが、このような場合には、原因日付を記載することなく単に、「原因　呼称変更」と記載するのみで足りると考えますが、いかがでしようか。」

［回答］「貴見により取り扱うことは相当でない。」

参考　前掲通達で「相当でないといつたのは、年月日を書かないのが相当でないというので、年月日を書けといつただけです」（登先9・9・20）。

(3) 住所変更登記を職権で変更することの可否（昭43・4・11民甲887）

［照会］「登記名義人の表示〔住所〕の変更の登記を登記官が職権ですることの可否について

〔略〕屋敷番で表示されている登記名義人の住所が地番に呼称変更された場合、添付書類に基づき登記官が職権で変更の登記をすることができる旨の大正10年9月29日民事第2928号貴職回答は、現在も維持されておりますが、いささか疑義が生じましたので至急ご指示賜わりたくお伺いします。」

［回答］　「標記の件については、登記官が職権で変更の登記をすることはできないものと考える。

おつて、これと抵触する従前の取扱いは、右〔上〕により変更されたものと了知されたい。」

【抵触する従前の先例の取扱い】

「本件の回答〔上記(3)先例〕によりまして、照会書に引用されております大正10年9月29日民事第2928号民事局長回答、国土調査と同時に地番変更を伴う行政区画の変更があつた場合における登記簿への職権登記に関する昭和33年7月9日民事三発第382号第三課長事務代理回答、それからこれらの先例と同旨の従前の取り扱いはすべて変更されることになつた」（前掲昭44・7・26民三332先例の解説、登先8・5・70）。

(4)　住所変更登記の省略の可否（昭23・9・16民甲224）

［照会］　「登記名義人の住所に変更を来たさず家督相続又は本家と同一の地内に於て分家其他戸籍の改製等により其本籍の屋敷番が地番に変更した場合は昭和22年6月13日蔵税第1262号大蔵省主税局長の伺に対する昭和22年6月20日民事甲第540号御回答の趣旨に準じ、疏明書添付の上変更登記を省略し差しつかえないでしようか御伺い致します。なお本件については今般戸籍改製の訓令に基き本問の如き変更が相当数に達し登記事務の繁忙は増し其能率上に及ぼす影響極めて大なり此際之を省略し事務

の簡素化を図りたし。」

［回答］　「問合のあつた戸籍の改製により屋敷番が地番に変更した場合の登記名義人の表示〔住所〕の変更の登記は、これを省略すべきではない。右〔上〕回答する。」

(5)　登録免許税の要否

①　昭42・9・29民甲2538

［要旨］　屋敷番を地番とする変更登記については、登録免許税を徴収する。

［照会］　「戸籍の改製による屋敷番の地番への変更に伴う登記事項の変更の登記については、登録免許税法別表第1の第1号の㈩〔現行㈣〕により登録免許税を徴収すべきものと考えますが、いささか疑義がありますので、何分のご指示をおねがいします。」

［回答］　「登録免許税法別表第1の第1号の㈩〔現行㈣〕により登録免許税を徴収すべきものと考える。」

屋敷番を地番に変更する登記名義人表示〔住所〕変更登記には、登録免許税法5条は適用されず、不動産1個500円〔現行1,000円〕の登録免許税を要する（登研263・64）。

事例9　小字名追記

小字名のみが追記された。

A郡B村大字C1番地	→	A郡B村大字C字D1番地
登記記録		平成21年4月1日 小字名を追記

申請手続

所有権登記名義人住所変更登記の要否については、後掲 **備考** の(1)および(2)を参照。

申請書

登記の目的	所有権登記名義人住所変更
原因	平成21年4月1日　小字名追記
変更後の事項	住所 A郡B村大字C字D1番地
申請人	A郡B村大字C字D1番地　甲
添付情報	登記原因証明情報　非課税証明書 代理権限証明情報
登録免許税	登録免許税法5条5号

備　考

(1)　登記名義人住所変更登記の要否

［問］　「所有者の住所について、小字名追記による名義人表示〔住所〕変更登記を、住所が自庁管内の場合には省略できないか。」

［決議］　「省略できる。」

［主席登記官意見］　「決議のとおり。」（名法・登記情報19・49）。

(2)　登記名義人住所更正登記の要否

［問］　「登記簿上の住所には小字の記載はなく、印鑑証明書には小字の記載がある場合、名義人表示〔住所〕更正の登記をする必要があるか。」

［協議結果］　「同一性が確認できる場合であれば便宜省略して差し支えない。」

［民事行政部長指示］　「協議結果のとおり。」（名法・登記情報19・165）。

(3)　登録免許税（昭43・4・18民三354）

［要旨］　登録免許税法5条5号に規定する「字」には、「小字」も含まれる。

［照会］　「登録免許税法第5条第5号の解釈について

このことについて、愛媛県農林水産部長から別紙のとおり『登録免許税法第5条第5号の規定に小字が含まれるかどうか』の照会がありましたので、この取り扱いについて回答下さるようお願いいたします。

なお、登録免許税を課さないとした場合には、その旨を各登記官に対して周知方よろしくお取り計らい願います。

別紙

農拓第124号

昭和43年2月6日

愛媛県農林水産部長

経済企画庁

国土調査課長殿

字（小字を含む）廃止および変更と同時に地籍調査を実施しその際地番変更を行なつた場合の取扱いについて

地方自治法第260条の規定にもとづき字(小字を含む。)の廃止ならびに字の区域および名称の変更を行ない、同時に国土調査法にもとづく地籍調査を実施してこの地域全域にわたり乱れた地番の整理変更を行なつた場合、これに伴う登記事項または登録事項の変更の登記または登録は登録免許税法第5条第5号に該当し非課税のあつかいとするのが適当と考えますが一応疑義があるのでお伺いします。」

［回答］　「『小字』を含むものと考えます。

なお、登記官に対する周知方につきましては、当局機関紙民事月報に掲載してすることにいたしますから御了承願います。」

【登録免許税法5条5号】（非課税登記等）

「次に掲げる登記等（第4号又は第5号に掲げる登記又は登録にあつては、当該登記等がこれらの号に掲げる登記又は登録に該当するものであることを証する財務省令で定める書類を添付して受けるものに限る。）については、登録免許税を課さない。

五　行政区画、郡、区、市町村内の町若しくは字又はこれらの名称の変更（その変更に伴う地番の変更及び次号に規定する事業の施行に伴う地番の変更を含む。）に伴う登記事項又は登録事項の変更の登記又は登録」

事例10　住居表示実施

住居表示が実施された。

A市B町1番地	→	A市B二丁目3番4号
登記記録		平成21年4月1日 住居表示実施

申請手続

「平成　年　月　日住居表示実施」を登記原因とする所有権登記名義人住所変更登記を申請する。

申請書

登記の目的	所有権登記名義人住所変更
原因	平成21年4月1日　住居表示実施
変更後の事項	住所 A市B二丁目3番4号
申請人	A市B二丁目3番4号　甲
添付情報	登記原因証明情報　非課税証明書 代理権限証明情報
登録免許税	登録免許税法5条4号

備　考

(1)　非課税証明書（昭37・8・29民甲2470）

「登録税法施行規則の一部を改正する政令（昭和37年政令第326号）が8月15日公布、即日施行されたが、同規則第5条ノ8の規定の適用については、同条の規定による市町村長（特別区の区長を含む。）の証明あるもののほか、住居表示に関する法律（昭和37年法律第119号）第3条第3項の規定による通知書又は住民票抄本等の記載の内容が、右〔上〕の事項を明らかにしている場合には、これらの書面を同条の規定による証明書として取り扱つてさしつかえないものと考えるので、この旨貴管下登記官吏に周知方しかるべく取り計らわれたい。」登録免許税法施行規則1条1号を参照。

(2)　住民票の要否

市町村長の発行にかかる変更証明書を添付すれば足り、他に現在の住民票の写しを添付する必要はない（登研401・160）。

事例11　住居表示実施・住所移転

住居表示実施による登記未了のうちに、住所移転した。

A市B町1番地（登記記録）→ A市B一丁目2番3号（平成20年12月1日 住居表示実施）→ D市2番地（平成21年10月5日 住所移転）

申請手続

住居表示実施による変更事項の記載を省略し、「年月日住所移転」を登記原因とする所有権登記名義人住所変更登記を申請する。

申請書

登記の目的	所有権登記名義人住所変更
原　　因	平成21年10月5日　住所移転
変更後の事項	住所 　D市2番地
申　請　人	D市2番地　甲
添付情報	登記原因証明情報　代理権限証明情報
登録免許税	不動産1個につき金1,000円（登税別表1一(十四)）

備　考

(1)　登記原因

①　「年月日住所移転」のみを記載する（実務の手引450頁・事例番号13）。

②　「年月日住所移転」とすれば足りる（事例集125頁）。

③　登記記録上の住所Ａ、住居表示実施によりＡがＢとなった後、Ｃに住所移転（Ａ→Ｂ→Ｃ）。その後、Ｂに住所移転（Ａ→Ｂ→Ｃ→Ｂ）。この場合の登記原因は、最後の住所移転およびその日により「年月日住所移転」とすることができる。登録免許税は納付しなければならない（登研744・126）。

(2)　登記原因につき異なる見解

登記名義人の住所が住居表示実施および住所移転により変更となった場合、その登記名義人住所変更登記の登記原因は、「年月日住居表示実施」、「年月日住所移転」と併記すべきである（登研370・74）。

事例12　住所移転・住居表示実施

住所移転したが登記未了のうちに、住居表示の実施があった。

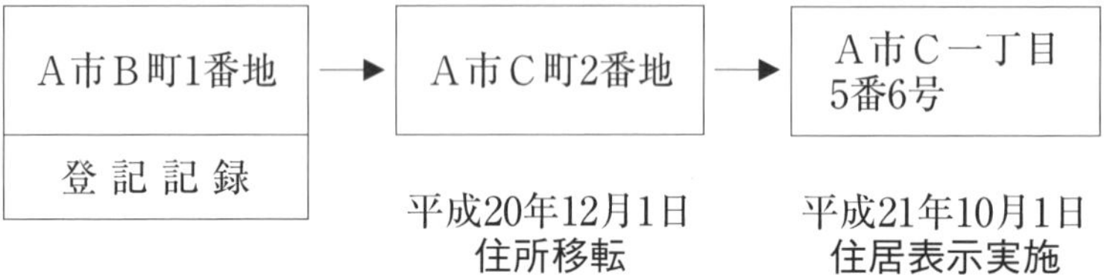

申請手続

登記原因を「年月日住所移転」「年月日住居表示実施」と併記して、所有権登記名義人住所変更登記を申請する。

申請書

登記の目的	所有権登記名義人住所変更
原　　　因	平成20年12月1日　住所移転 平成21年10月1日　住居表示実施
変更後の事項	住所 　Ａ市Ｃ一丁目5番6号
申　請　人	Ａ市Ｃ一丁目5番6号　甲
添付情報	登記原因証明情報　非課税証明書 代理権限証明情報
登録免許税	登録免許税法5条4号

備　考

(1)　申請件数（昭40・10・11民甲2915）

［照会］　「登記名義人の住所移転による変更と住居表示実施による変更の登記申請は、別件とすることを相当と考えますがいささか疑義がありますので何分の御指示を仰ぎたく御伺い致します。」

［回答］　「1個の申請によりすることができるものと考える。なお、右〔上〕の場合に、最終の登記原因が住居表示の実施に伴う変更である場合は、登録税法第19条第4号ノ2〔現行5条4号〕の適用があるものと解されるので申し添える。」

(2)　登録免許税（昭42・12・14民甲3447）

［照会］　「同一申請書で、左記〔下記〕の組合せ及び順序の登記原因による申請があつた場合、1、2、については免税、3、については500円〔現行1,000円〕徴収すべきであると考えますが、いかがでしようか、いささか疑義がありますので、何分のご指示を仰ぎたくお伺いします。

1、住所更正、住居表示実施

2、住所変更、住居表示実施

3、氏名変更、住居表示実施」

［回答］　「貴見のとおりと考える。」

事例13　住所移転・住居表示実施・住所移転

住所移転した後に住居表示の実施があり、いずれの住所変更登記も未了のうちに、さらに住所移転した。

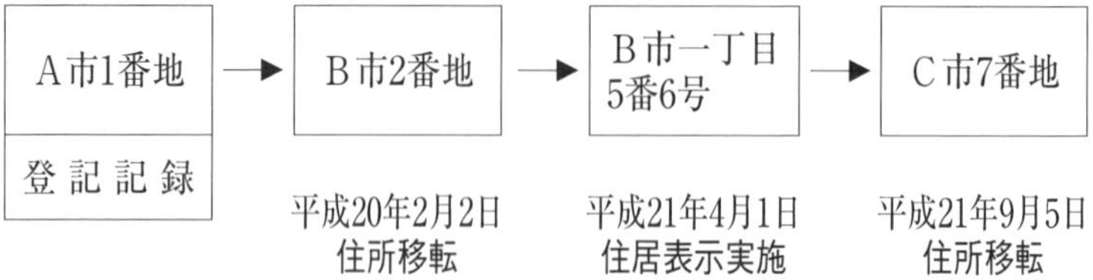

申請手続

登記原因として、住居表示実施と最終の住所移転事項を併記する。

申請書

登記の目的	所有権登記名義人住所変更
原因	平成21年4月1日　住居表示実施 平成21年9月5日　住所移転
変更後の事項	住所 　C市7番地
申請人	C市7番地　甲
添付情報	登記原因証明情報　代理権限証明情報
登録免許税	不動産1個につき金1,000円（登税別表1一㈣）

備　考

(1)　登記原因

住所移転、住居表示実施、住所移転が相次いで行われた場合の登記名義人住所変更登記の登記原因およびその日付は、「年月日住居表示実施、年月日住所移転（最終の住所移転に関するもの）」と記載してよい（登研381・87）。

(2)　登録免許税

①　住所移転と住居表示実施による登記名義人の住所変更登記を一括して申請する場合、その変更の最終結果が住居表示の実施によるものであるときは、登録免許税は免除される（登先330・76）。

②　昭42・12・14民甲3447

［照会］　「同一申請書で、左記〔下記〕の組合せ及び順序の登記原因による申請があつた場合、1、2、については免税、3、については500円〔現行1,000円〕徴収すべきであると考えますが、いかがでしようか、いささか疑義がありますので、何分のご指示を仰ぎたくお伺いします。

1、住所更正、住居表示実施

2、住所変更、住居表示実施

3、氏名変更、住居表示実施」

［回答］　「貴見のとおりと考える。」

事例14　住所錯誤・住居表示実施

住所を錯誤により登記した後、住居表示の実施があった。

Ａ市Ｂ町1番地	→	Ａ市Ｂ一丁目5番6号
登記記録		平成21年10月1日 住居表示実施
2番地が正しい		

申請手続

登記原因は、「錯誤」と「年月日住居表示実施」とを併記する。

申請書

登記の目的	所有権登記名義人住所変更
原　　　因	錯誤 平成21年10月1日　住居表示実施
変更後の事項	住所 　Ａ市Ｂ一丁目5番6号
申　請　人	Ａ市Ｂ一丁目5番6号　甲
添付情報	登記原因証明情報　非課税証明書 代理権限証明情報
登録免許税	登録免許税法5条4号

備　考

(1)　登録免許税（昭42・12・14民甲3447）

［照会］　「同一申請書で、左記〔下記〕の組合せ及び順序の登記原因による申請があつた場合、1、2、については免税、3、については500円〔現行1,000円〕徴収すべきであると考えますが、いかがでしようか、いささか疑義がありますので、何分のご指示を仰ぎたくお伺いします。

1、住所更正、住居表示実施

2、住所変更、住居表示実施

3、氏名変更、住居表示実施」

［回答］　「貴見のとおりと考える。」

(2)　申請件数（昭40・10・11民甲2915）

［照会］　「登記名義人の住所移転による変更と住居表示実施による変更の登記申請は、別件とすることを相当と考えますがいささか疑義がありますので何分の御指示を仰ぎたく御伺い致します。」

［回答］　「1個の申請によりすることができるものと考える。なお、右〔上〕の場合に、最終の登記原因が住居表示の実施に伴う変更である場合は、登録税法第19条第4号ノ2〔現行5条4号〕の適用があるものと解されるので申し添える。」

(3)　登記の目的・登記原因

所有権登記名義人の住所の表示に錯誤があり、その後住所移転したときは、登記の目的を「登記名義人住所変更」、登記原因は「錯誤、年月日住所移転」とする（登研567・165）。

事例15　住居表示実施前の住所で登記

住居表示が実施されたにもかかわらず、住居表示実施前の住所で所有権登記をした。住所を住居表示実施後のものに是正する方法は、住所更正登記によるべきか。

住居表示実施前	→	住居表示実施	→	登記記録
A市100番地		A市B一丁目 2番3号		A市100番地

住居表示実施前の
住所で登記した

申請手続

「錯誤」を登記原因とする所有権登記名義人住所更正登記を申請する。登録免許税は課税される。

申請書

登記の目的	所有権登記名義人住所更正
原因	錯誤
更正後の事項	住所 A市B一丁目2番3号
申請人	A市B一丁目2番3号　甲
添付情報	登記原因証明情報　代理権限証明情報

登 録 免 許 税	不動産1個につき金1,000円（登税別表1一㈣）

備　　考

(1)　登記の目的・登記原因・登録免許税

住居表示実施により住所が変更されたにもかかわらず、住居表示実施前の住所で所有権取得登記をした場合、住所の是正方法は登記名義人住所更正登記による。この場合にあっては、登録免許税を納付しなければならない（登研425・129）。

(2)　類似例－法人の場合

184頁の **事例78** を参照。

事例16　氏名変更・住居表示実施

氏名を変更した後に、住居表示の実施があった。

登記記録
A市B町1番地
鈴木愛子
→
氏名
佐藤愛子
平成19年3月11日
氏名変更
→
A市C一丁目
5番6号
平成21年10月1日
住居表示実施

申請手続

登記原因は、「年月日氏名変更」と「年月日住居表示実施」とを併記する。

申請書

登記の目的	所有権登記名義人住所、氏名変更
原　　因	平成19年3月11日　氏名変更 平成21年10月1日　住居表示実施
変更後の事項	氏名住所 A市C一丁目5番6号 佐藤愛子
申　請　人	A市C一丁目5番6号　佐藤愛子
添付情報	登記原因証明情報　代理権限証明情報

登録免許税	不動産1個につき金1,000円（登税別表1一⒁）

備　考

(1)　登録免許税

①　昭43・1・11民三39

［照会］　「左記〔下記〕事案につき疑義がありますので、至急何分のご回示を仰ぎます。

一　氏名の変更及び住居表示の実施に伴う登記名義人の表示〔住所・氏名〕変更の登記が1件で申請があった場合の登録免許税は、不動産1個につき500円〔現行1,000円〕徴収すべきものと考えますがいかがでしょうか。

二　〔略〕」

［回答］　「一、二とも貴見のとおり。」

②　昭42・12・14民甲3447

［照会］　「同一申請書で、左記〔下記〕の組合せ及び順序の登記原因による申請があつた場合、1、2、については免税、3、については500円〔現行1,000円〕徴収すべきであると考えますが、いかがでしようか、いささか疑義がありますので、何分のご指示を仰ぎたくお伺いします。

1、住所更正、住居表示実施

2、住所変更、住居表示実施

3、氏名変更、住居表示実施」

［回答］　「貴見のとおりと考える。」

(2)　**申請件数**（昭40・10・11民甲2915）

［照会］　「登記名義人の住所移転による変更と住居表示実施による変更の登記申請は、別件とすることを相当と考えますがいささか疑義がありますので何分の御指示を仰ぎたく御伺い致します。」

［回答］　「1個の申請によりすることができるものと考える。なお、右〔上〕の場合に、最終の登記原因が住居表示の実施に伴う変更である場合は、登録税法第19条第4号ノ2〔現行5条4号〕の適用があるものと解されるので申し添える。」

事例17　住居表示実施による本店変更・商号変更

①　住居表示実施による本店変更後に、商号変更をした。

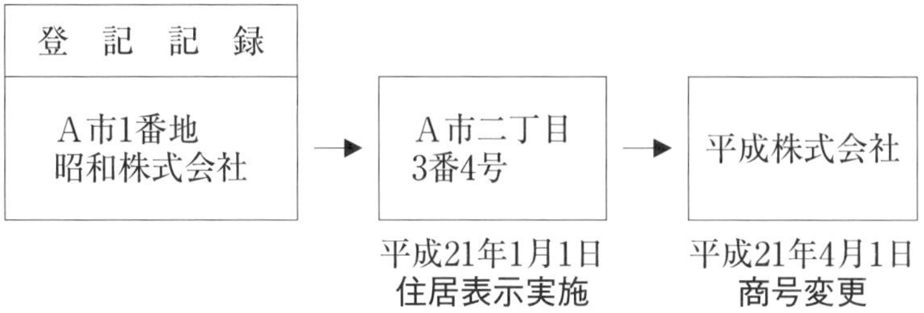

②　商号変更後に、住居表示実施による本店変更があった。

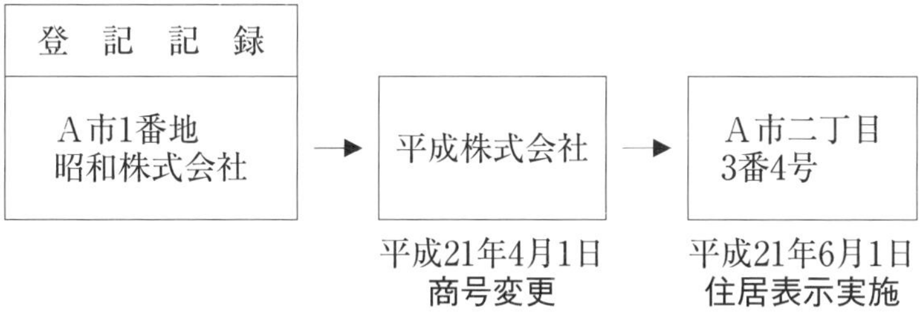

申請手続

①②とも、登記原因を併記する。いずれの場合も、登録免許税を納付しなければならない。

申 請 書

＜上記①の住居表示実施・商号変更の場合＞

登記の目的	所有権登記名義人住所、名称変更

原　　因	平成21年1月1日　住居表示実施 平成21年4月1日　商号変更
変更後の事項	本店商号 　A市二丁目3番4号 　　平成株式会社
申　請　人	A市二丁目3番4号 　　平成株式会社 　　（会社法人等番号　○○○○－○○－○○○○○○○） 　　　代表取締役　甲
添付情報	登記原因証明情報　会社法人等番号 代理権限証明情報
登録免許税	不動産1個につき金1,000円（登税別表1一㈩）

備　考

(1)　登記原因（昭32・3・22民甲423）

「登記名義人の表示〔住所〕の変更が数回にわたってなされている場合には、1個の申請により、直ちに現在の表示〔住所〕に変更の登記をすることができる。なお、この登記を申請するには、申請書に、登記原因及びその日付を併記し（ただし、同種の登記原因（例えば、住所移転）が数個存するときは、便宜その最後のもののみを記載してもさしつかえない。）、各変更を証する書面を添付するのが相当であり、登録税は、1件として徴収すべきである。」

(2)　登録免許税

①　住居表示実施による本店変更および商号変更を登記原因とする

登記名義人住所・名称変更を同一の申請書で申請する場合には、登録税法19条4号ノ2〔現行登録免許税法5条4号に該当〕の適用はなく、名称変更については不動産1個30円〔現行1,000円〕である（登研219・64、同243・75）。

② 昭43・1・11民三39

［要旨］　氏名の変更および住居表示の実施に伴う登記名義人の住所・氏名変更登記を1件で申請する場合の登録免許税は、不動産1個につき500円〔現行1,000円〕を徴収する。

［照会］　「一、　氏名の変更及び住居表示の実施に伴う登記名義人の表示〔住所・氏名〕変更の登記が1件で申請があった場合の登録免許税は、不動産1個につき500円〔現行1,000円〕徴収すべきものと考えますがいかがでしょうか。

二、　〔略〕」

［回答］　「一、二とも貴見のとおり。」

③ 昭42・12・14民甲3447

［照会］　「同一申請書で、左記〔下記〕の組合せ及び順序の登記原因による申請があつた場合、1、2、については免税、3、については　500円〔現行1,000円〕徴収すべきであると考えますが、いかがでしようか、いささか疑義がありますので、何分のご指示を仰ぎたくお伺いします。

1、住所更正、住居表示実施

2、住所変更、住居表示実施

3、氏名変更、住居表示実施」

［回答］　「貴見のとおりと考える。」

④ 年月日住所移転、年月日住居表示実施、年月日氏名変更を登記原因とする登記名義人住所・氏名変更登記の登録免許税は、不動産1個につき1,000円である（登研452・116）。

第2　換地処分・土地区画整理・国土調査等による変更・更正の登記

事例18　住所移転・換地処分による単一登記

住所移転をしたが、その登記未了のうちに従前の旧住所（A市）で換地処分による所有権登記（単一の登記）がされた。

A市1番地	→	B市2番地	→	A市1番地
登記記録		平成20年12月1日 住所移転		平成21年10月5日 換地処分による所有権登記（単一の登記）

申請手続

本事例の場合は、「錯誤」を原因とする所有権登記名義人住所更正登記を申請する。ただし、所有権登記名義人住所変更によるべきとする見解がある。

申 請 書

＜所有権登記名義人住所更正登記の場合＞（注）

登記の目的	所有権登記名義人住所更正
原　　　因	錯誤
更正後の事項	住所 B市2番地

申　請　人	Ｂ市2番地　甲
添付情報	登記原因証明情報　代理権限証明情報
登録免許税	不動産1個につき金1,000円（登税別表1一㈣）

（注）所有権登記名義人住所変更によるとした場合は次のようになる。

登記の目的	所有権登記名義人住所変更
原　因	平成20年12月1日　住所移転
変更後の事項	住所 Ｂ市2番地
申　請　人	Ｂ市2番地　甲
添付情報	登記原因証明情報　非課税証明書 代理権限証明情報
登録免許税	登録免許税法5条5号

備　考

(1)　変更登記か更正登記か

国土調査による単一の所有権登記以前に住所が移転されていた場合の住所の是正は、所有権登記名義人住所更正登記によるべきである。変更登記によるべきとした登記研究467号104頁の見解は、変更された（登研599・167、登記インターネット3・10・144参照）。

なお、変更登記によるべきとする見解については、後掲(3)を参照。

(2)　登記原因・登録免許税の1事例

［問］　「所有権登記名義人表示〔住所〕変更登記の原因について

登記簿の記載

甲区1番　A住所　所有者　甲

甲区2番　昭和60年4月1日受付第○○○号

換地処分による所有権登記

A住所　所有者　甲

住民票の記載

昭和60年2月1日土地の名称及び地番号変更B住所（A住所がB住所に変更）

上記の例の場合に、B住所への名義人表示〔住所〕変更登記をするときの原因は

（ア）　錯誤　登録免許税　金1,000円

（イ）　昭和60年2月1日土地の名称及び地番号変更

登録免許税法第5条第5号により非課税

が考えられるが、(イ)の原因によってよいか。」

［協議結果］　「(イ)によることができる。」（名法・登記情報19・76）

(3)　土地区画整理の単一登記前に町名地番が変更（昭44・5・12民三562）

57頁 **事例21** の 備　　考 (1)を参照。

事例19　住所移転・国土調査による単一登記

住所移転をしたがその登記未了のうちに、従前の旧住所（Ａ市）をもって、国土調査法による所有権の単一登記がなされた。

Ａ市1番地	→	Ｂ市2番地	→	Ａ市1番地
登記記録		平成20年12月1日 住所移転		平成21年10月5日 国土調査による所有権登記（単一の登記）

申請手続

所有権登記名義人住所更正の登記によるべき、という見解がある。

申請書

登記の目的	所有権登記名義人住所更正
原　　因	錯誤
変更後の事項	住所 Ｂ市2番地
申　請　人	Ｂ市2番地　甲
添付情報	登記原因証明情報　代理権限証明情報
登録免許税	不動産1個につき金1,000円（登税別表1一(十四)）

備考

(1) 変更登記か更正登記か

① 国土調査による単一の所有権登記以前に住所が移転されていた場合の住所の是正は、所有権登記名義人表示更正登記によるべきである。下記②の見解は変更された（登研599・167、登記インターネット3・10・144参照）。

② 国土調査法による単一の登記前に既に住所移転がなされていたが、その住所移転登記未了のうちに、従前の住所で単一の登記がされた場合は変更登記による（登研467・104）。（上記①により、変更された。）

(2) 国土調査法20条3項

「前項の場合において、地籍調査が第32条の規定により行われたときは、登記所は、その成果に基いて分筆又は合筆の登記をしなければならない。」

事例20　地籍調査に基づく住所変更の職権登記

国土調査法による地籍調査により地番が変更された場合、登記官の職権で住所の変更登記をすることができるか。

土地の登記記録	
表題部	土地の地番 Ａ市15番
甲区	所有者　甲 Ａ市15番地

土地の地番 Ａ市15番 → Ａ市102番

所有者の住所 Ａ市15番地 → Ａ市102番地

平成21年10月5日
地籍調査による
地番の変更

申請手続

地籍調査作業規程準則31条または36条の規定に基づき地番変更の処理をしたことに伴い、土地所有者の住所に変更が生ずる場合には、同一認証予定地域内の土地に限り、登記官の職権で住所変更の処理をする。

備　考

(1)　地籍調査

＜参考＞　地籍調査において地番変更の処理をした場合における土地所有権の登記名義人の住所変更（昭53・3・31民三2112）

【甲区・住所変更の登記事項証明書例】

権　利　部（甲区）（所有権に関する事項）			
順位番号	登記の目的	受付年月日・受付番号	権利者その他の事項
付記1	1番登記名義人住所変更	余白	原因　平成21年10月5日 地番変更 住所　Ａ市102番地 国土調査による成果 平成○年○月○日付記

（注）　原因日付は、当該住所地の土地の表題部の地番の変更の登記をした日を記載する。

「地籍調査とは、国土調査の中の調査の一種で、土地における地籍の明確化を図る目的をもって、各筆の土地について、その所有者、地番及び地目の調査並びに境界及び地積に関する測量をし、その結果を地図及び簿冊に作成することをいうが（国調2V）、その成果として作成されたものが、地籍図及び地籍簿である。

この登記は、国土調査法による不動産登記に関する政令1条の規定により登記所に送付されてきた地籍簿に基づいてなされる。」

（研修講座354頁）

(2)　職権による住所の変更登記（昭53・3・31民三2112）

［要旨］　地籍調査作業規程準則31条または36条の規定に基づき地番変更の処理をしたことに伴い、土地所有者の住所に変更を生ずる場合には、同一認証予定地域内の土地に限り、登記官の職権で住所変更の処理をすることができる。

［照会］　「地籍調査において地番変更の処理をした場合における土地所有者の住所変更等の取扱いについて

標記の件について別紙甲号のとおり照会があり、別紙乙号のとおり回答したので、この旨貴管下登記官に周知方しかるべく取り計らわれたい。

おつて、右〔上〕の取扱いに基づく登記の記載は、左記〔下記〕の振合いによるものとする。

記

一　所有者の表示〔住所〕の変更の場合

表題部

所有者	甲市乙町2丁目15　　　甲野一郎 甲市乙町2丁目102　　　昭和何年何月何日地番変更 　国土調査による成果　　昭和何年何月何日登記　㊞

(注)　住所地番の変更の年月日は、当該住所地の土地の表題部の地番の変更をした日を記載する。

二　所有権の登記名義人の表示〔住所〕の変更

甲区

1 付記 1号	1番登記名義人表示〔住所〕変更 原　　因　昭和何年何月何日地番変更 住　　所　甲市乙町2丁目102番地 国土調査による成果 昭和何年何月何日付記　㊞

(注)　原因の日付は、当該住所地の土地の表題部の地番の変更の登記をした日を記載する。

別紙甲号

地籍調査作業規程準則（昭和32年10月24日総理府令第71号）第31条又は第36条の規定による地番の変更を要する場合等の処理について、別紙案により都道府県知事あて通達したいが、この取扱いをした場合国土調査法による不動産登記に関する政令第1条第1項の規定による取扱いをすることができないか意見をお伺いする。

なお、差し支えないとすれば貴管下各登記官に周知方しかるべくお取り計らい願いたい。

別　紙

53国土国第　　号

昭和53年　　月　　日

国土庁土地局長

知　事　殿

地籍調査において地番変更の処理をした場合における土地所有者の住所変更等の取扱いについて

地籍調査の実施に際し、すでに土地所有者の住所が住民票上変更されているにもかかわらず、土地登記簿の表題部に記載された所有者又は所有権の登記名義人の表示の変更登記が未了の場合に限つて住所変更の処理をしてきたところであるが、今後は下記の場合も同様の取扱いをすることとしたから、この旨関係市町村等に周知方お取り計らい願いたい。

なお、このことについては法務省とも協議済みであるから念のため申し添える。

記

1　地籍調査作業規程準則第31条又は第36条の規定に基づき地番変更の処理をしたことに伴い、土地所有者の住所に変更を生ずる場合には、同一認証予定地域内の土地に限り住所変更の処理をするものとする。

2　上記の場合の地籍簿案の記載は別紙の例による。

別　紙

地　籍　簿　案　記　載　例

地籍調査前の土地の表示							地籍調査後の土地の表示								
字名	地番	地目	地積			所有者の住所及び氏名又は名称	字名	地番	地目	地積			所有者の住所及び氏名又は名称	原因及びその日付	地図番号
			ha	*a*	m^2					*ha*	*a*	m^2			
小山	10-36	宅地		3	35	16 10—36 甲野一郎		85					85 (10—36)	85と地番変更 住所地番変更	B 12—3

小山	189	畑	9 90	10—36 甲　野　一　郎					85 (10—36)	住所地番変更	B 12—3
〃	520	山林	21 37	川向　15 乙　野　三　郎		226			川向　102 (15)	226と地番変更 住所地番変更	〃

地籍調査前の土地の表示					地籍調査後の土地の表示						
字名	地番	地目	地積 ha a m²	所有者の住所及び氏名又は名称	字名	地番	地目	地積 ha a m²	所有者の住所及び氏名又は名称	原因及びその日付	地図番号
川向	15	宅地	2 56 26	15 乙　野　三　郎		102			102 (15)	102と地番変更 住所地番変更	H 10—6

(注)1.　調査後の「所有者の住所及び氏名又は名称」欄には、旧住所（変更前の地番）に（　）を付し新住所に併記する。
　　2.　「原因及びその日付」欄の住所地番変更年月日は、この場合は記載を要しない。

別紙乙号

法務省民三第2111号

昭和53年3月31日

法務省民事局長

国土庁土地局長　殿

地籍調査において地番変更の処理をした場合における土地所有者の住所変更等の取扱いについて（回答）

本年3月14日付け53国土国第125号をもつて照会のあつた標記の件については、貴見による取扱いができるものと考えます。

おつて、別紙のとおり法務局長及び地方法務局長に通達したので申し添えます。」

(3)　前掲(2)の昭53・3・31民三2112通達の解説

民事月報33巻5号24頁～34頁、登記先例解説集18巻6号3頁～17頁を参照。

(4)　国土調査法による不動産登記に関する政令1条

「（国土調査の成果に基づく登記）

第1条　登記官は、国土調査法第20条第1項の規定により地籍簿の送付を受けた場合において、次の各号に掲げるときは、地籍簿に基づいて、職権で、当該各号に定める登記をしなければならない。ただし、地籍簿に記載されている事項が地籍調査の実施後に変更したと認められるときは、当該事項については、この限りでない。

一　地籍簿に記載された土地が表題登記がないものであるとき　当該土地の表題登記

二　土地の表題部の登記事項が地籍簿の記載と一致しないとき　当該登記事項に関する変更の登記又は更正の登記

三　所有権の登記名義人の氏名若しくは名称又は住所が地籍簿の記載と一致しないとき　当該登記名義人の氏名若しくは名称又は住所についての変更の登記又は更正の登記

2　登記官は、前項の登記をしたときは、国土調査の成果により登記した旨を記録しなければならない。」

事例21　住所地番変更・土地区画整理による単一登記

土地区画整理事業の施行により町名地番が変更されたが、土地区画整理による所有権の単一登記は変更前の地番で登記された。この場合、住所の是正登記は、変更登記か更正登記か。

区画整理の施行		所有権の単一登記がされた		施行後住所に是正する方法
施行前・Ａ市Ｂ町100番地 施行後・Ａ市Ｃ町5番地	→	Ａ市Ｂ町100番地	→	Ａ市Ｃ町5番地 変更登記？ 更正登記？

申請手続

土地区画整理事業の施行により町名地番が変更となったにもかかわらず、土地区画整理登記令による所有権の単一登記は変更前の町名地番で登記されている場合は、住所の是正は変更登記によるべきという先例がある。なお、国土調査に関する事案につき更正登記によるべきという見解がある。

申請書

＜所有権登記名義人住所変更登記の見解による場合＞

登記の目的	所有権登記名義人住所変更
原　　　因	平成○年○月○日　町名地番変更

変更後の事項	住所 　A市C町5番地
申　請　人	A市C町5番地　甲
添付情報	登記原因証明情報　非課税証明書 代理権限証明情報
登録免許税	登録免許税法5条5号

備　考

(1)　土地区画整理の単一登記前に町名地番が変更（昭44・5・12民三562）

［要旨］　土地区画整理登記令による所有権の単一登記をした後、所有権の登記名義人の住所地番が、上記の登記前既に区画整理事業の施行に伴って変更されていた場合には、変更後の住所地番に是正する登記は、住所変更の登記である。

この場合には、登録免許税法5条5号が適用される。

［照会］　「土地区画整理登記令第13条第3項〔現行11条第1項〕の規定〔後掲(2)を参照〕による所有権登記を昭和43年4月15日完了した不動産につき、所有者の住所地番がその登記前である同月1日、当該区画整理事業の施行により既に変更されていた場合、その住所を、変更後の住所に是正する登記は、変更登記であつて、登録免許税については、登録免許税法第5条第5号の適用があり、非課税と考えますが、土地区画整理事業者において、換地登記の申請をなす以前に、住所変更の登記申請をなすべき本件の場合、その手続きを経ずして換地登記を完了していれば、もはや区画整理に伴う変更の登記とはいえず、更正の登記をな

すべきであつて、登録免許税についても、同法別表第1の1の㈩〔現行㈲〕により徴収すべきである。とする反対意見もあり、決しかねますので、何分のご指示を賜わりたくお伺いします。

以上」

［回答］　「貴見によるのが相当と考える。」

(2)　類似例－所有権の単一登記でない例

60頁の **事例22** を参照。

(3)　国土調査に関する事案

国土調査による単一の所有権登記以前に住所が移転されていた場合の住所の是正は、所有権登記名義人住所更正登記によるべきである（登研599・167）。

事例22　土地区画整理で地番変更、変更前の住所で登記

土地区画整理の施行により住所地番が変更したのにもかかわらず、変更前の住民票を添付して所有権登記した。これを変更後の住所とする申請は、変更登記か更正登記か。

区画整理の施行		施行前住所で登記を申請		施行後住所に是正する方法
施行前・A市100番地 施行後・A市5番地	→	A市100番地	→	A市5番地 変更登記？ 更正登記？

申請手続

土地区画整理の施行により住所地番が変更されたにもかかわらず、施行前の住民票による住所地番で所有権登記したものを是正する登記は、所有権登記名義人の住所更正登記である。

申請書

登記の目的	所有権登記名義人住所更正
原因	錯誤
変更後の事項	住所 A市5番地
申請人	A市5番地　甲

添付情報	登記原因証明情報　代理権限証明情報
登録免許税	不動産1個につき金1,000円（登税別表1一㈩）

備　考

(1)　登記の目的―変更か更正か

土地区画整理の施行により住所地番に変更が生じた後、変更前の住民票を添付して所有権登記を受けたが、この住所を変更後の住所とする登記は更正登記である（登研261・73）。

(2)　類似例―所有権の単一登記の場合

57頁の 事例21 を参照。

事例23　土地区画整理・土地改良の施行者による住所変更の代位登記

土地改良法による換地処分により土地の地番が変更し、これに伴い所有者の住所も変更した場合、土地改良区は所有者に代位して登記名義人の住所変更登記を申請できるか。

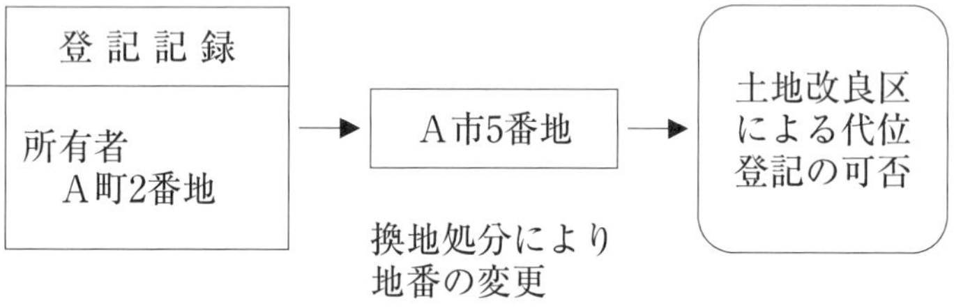

申請手続

土地改良法による換地処分により地番が変更した場合、土地改良区が所有権登記名義人に代わり、所有権登記名義人住所変更登記を代位申請することはできない。

備　考

(1)　土地改良区の代位登記の可否（昭34・1・19民甲56）

［要旨］　土地改良法に基づく換地処分により土地の番号が変更した場合、土地改良区が、地番号変更による所有権登記名義人住所変更登記を代位申請することはできない。

［照会］　「土地改良法に基く換地処分により土地の番号が変更し、これに伴い地区内に居住する組合員の住所も変更したためその施行者である土地改良区等が、組合員に代位して地番号変更による所有権登記名義人表示〔住所〕変更の登記申請があつた場合は受理差し支えないでしようか。聊か疑義がありますので何

分の御回示を賜わりたく御伺い致します。」

［回答］　「所問の登記申請は受理すべきでないと考える。

追つて、地番号変更に伴う登記名義人の表示〔住所〕変更の登記については、昭和26年10月10日民事甲第1977号本職回答のとおり取り扱うべきであるから、念のため申し添える。」

（注）昭和26年10月10日の回答は、区画整理により土地の名称及び番号の変更に伴い登記名義人住所変更があった場合は、変更の事実を知ったときに登記官が職権で変更登記をするというものである。

(2)　土地改良事業者等の登記名義人の住所・氏名変更登記の申請

①　換地計画書または交換分合計画書に記載する住所あるいは、氏名の表示が、登記簿上の住所、氏名の表示と相違しているときはあらかじめ一致させておく必要があるため、所有権登記名義人の表示に変更または誤りがあるときは、土地改良事業者は所有権登記名義人に代位して所有権登記名義人表示〔住所、氏名〕変更（更正）登記の嘱託をすることができる（嘱託登記の実務123頁参照）。

②　土地改良登記令2条

「（代位登記）

第2条　土地改良事業を行う者は、この政令の定めるところにより登記を申請する場合において、必要があるときは、次の各号に掲げる登記をそれぞれ当該各号に定める者に代わつて申請することができる。

一・二　〔略〕

三　登記名義人の氏名若しくは名称又は住所についての変更の登記又は更正の登記　登記名義人又はその相続人その他の一般承継人

四・五　〔略〕」

参考

土地区画整理登記令2条3号

第3　職権による地番変更

事例24　重複地番の解消

① 重複地番の解消のために、登記官の職権により地番が変更されたことに伴い登記名義人住所変更登記を申請する場合、登録免許税は非課税か。

② 当該地番整理に際し、市町村において、住民票の住所中、地番に付された「山」または「耕」の文字を職権で消除した場合には、登記名義人住所変更登記は省略できるか。

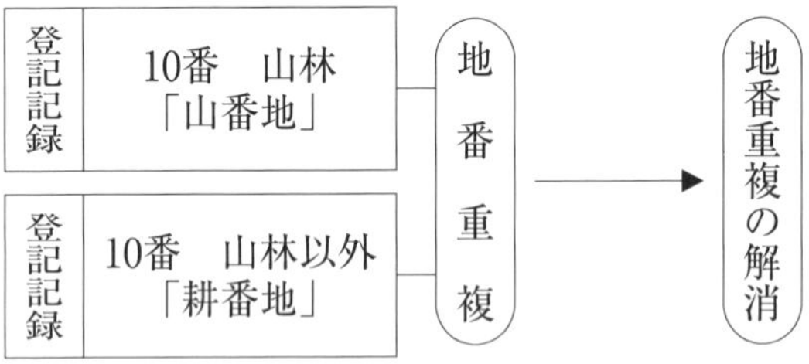

申請手続

① 登録免許税については、登録免許税法5条5号の規定による取扱いに準じて、非課税である。

② 同一性が確認できる場合であれば、便宜省略することができる。

備　考

○ 重複地番の解消と登録免許税、住所変更登記の省略の可否（昭47・2・3民三88）

［要旨］ 1 山林とその他の地目が別に起番されている同一地番

区域内の土地について、登記官が重複地番を解消するため職権でした地番変更に伴う登記名義人の住所変更の登記にあっては、登録免許税法5条5号の規定による取扱いに準じて、非課税である。

2　登記名義人の同一性が確認できる場合には、登記名義人の住所変更の登記は便宜省略することができる。

［照会］　「当管内の一部出張所において管理保管する登記簿中、土地については、同一地番区域内において山林（以下山地番と称する。）と山林以外の地目（以下耕地番と称する。）の地番が重複しており、ために恒常事務処理について、少なからず能率を阻害しております。

該当庁においては、一課・一支局・一出張所一改善としてこれを取り上げ、別紙重複地番（耕地番・山地番）変更実施要領に基づき目下職権により「山」地番を消除し、「耕」地番と重複しない地番を付する作業を進めておりますが、右〔上〕作業に関連し、左記〔下記〕の疑問点がありますので、なにぶんのご指示を賜わりたく、ご照会申し上げます。

記

一、変更する地番号の土地（山地番）に住所を有する者であっても、地番号変更による登記名義人の表示〔住所〕変更登記を省略することができないと考えるが、この場合は、登録免許税法第5条第5号の規定を準用し、変更登記については非課税の取扱をしてさしつかえないか。

二、重複地番号を付している町村のうちには、戸籍の本籍欄および住民票の住所欄の表示方法として、「山」または「耕」の文字を記入しているところがあり、このたびの重複地番解消を機にこれらを消除し、登記簿の表示と合致させたい意向である。

もし右〔上〕住所の表示の「山」または「耕」の文字が消除された場合、登記名義人の表示中、たとい「山」または「耕」が記入されている場合であつても、同一性が確認できるものとして、登記名義人の表示〔住所〕変更登記を便宜省略してさしつかえないと考えるがどうか。

もし、変更登記を省略できない場合であつても、登録免許税は免除できないか。

（参照　昭和30年5月20日付広島法務局戸籍課長照会同年6月20日付民事㈡発第230号民事局第二課長回答）」

［回答］　「次のように考える。

記

一項　非課税の取扱いをすることはできない。〔平6・3・31民三2431により変更～非課税とする。→67頁の **事例25** を参照〕。

二項　前段　同一性が確認できる場合であれば、便宜省略してさしつかえない。

後段　前段により了知されたい。」

事例25　重複地番・合併地番等の解消

磁気ディスクをもって登記記録を調製するに際し、土地の地番が重複しているとき、あるいは「何番何番合併」、または「何番の何の何の何」となっているのを解消するために登記官の職権で地番変更された場合、これに伴う登記名義人住所変更登記の申請は、登録免許税は非課税か。

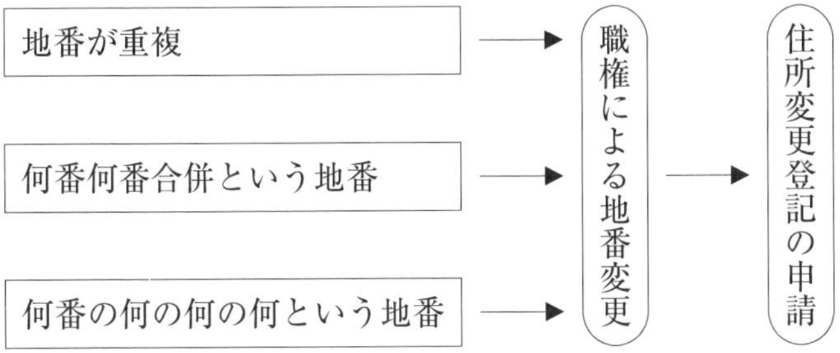

申請手続

登録免許税は、登録免許税法5条5号の規定による取扱いに準じて、非課税である。

備　考

○　**職権による地番変更と登録免許税**（平6・3・31民三2431）

［要旨］　登記官が重複地番の解消等のために職権により地番を変更した場合に、この地番変更を原因としてする登記名義人住所変更登記の申請に係る登録免許税は、登録免許税法5条5号の規定による取扱いに準じて非課税とする。

この場合には、非課税証明書として、不動産登記法62条〔現行不動産登記規則183条1項1号・2項〕の通知書または地番変更のされた登記事項証明書を添付することを要する。

［照会］　「登記簿を不動産登記法第151条ノ2第1項〔現行不動産登記法2条9号を参照〕の登記簿に改製するに当たり、土地の地番がいわゆる山地及び耕地について同一番号が付され重複しているとき、「何番、何番、何番合併」のように合筆した土地に合併前の地番を列記した地番が付されているとき又は「何番の何の何の何」のように分筆した土地に支号の支号が付されているときは、これを不動産登記事務取扱手続準則第116条〔現行不動産登記事務取扱手続準則67条〕の規定による地番の定め方に従った地番に職権により変更することとなりますが、登記名義人がこの地番を住所としている場合に、この地番の変更を登記原因とする登記名義人の表示〔住所〕の変更の登記を申請する場合の登録免許税については、次の取扱いで差し支えないか、お伺いします。

1　登録免許税については、登録免許税法第5条第5号の規定による取扱いに準じて、非課税とする。

2　この場合における登録免許税法第5条に規定する添付すべき書類は、不動産登記法第62条〔現行不動産登記規則183条1項1号・2項〕の規定による通知書又は地番変更のされた登記簿の謄本若しくは抄本〔登記事項証明書〕とする。

　なお、地番変更に伴う登記名義人の表示の変更（住所変更）の登記については、不動産登記法第62条〔現行不動産登記規則183条1項1号・2項〕の規定による通知書に、当該通知書又は登記簿の謄本若しくは抄本〔登記事項証明書〕を添付して申請をする場合に非課税の扱いとなる旨付記するものとする。」

［回答］　「貴見のとおり取り扱って差し支えないものと考えます。

　おって、昭和47年2月3日民事三発第88号民事局第三課長回答中この回答に抵触する部分（1項）は、変更されたものと了知願います。」〔64頁の **事例24** （備　考）の先例をいう。〕

事例26　屋敷番が地番に変更

所有者の住所が、屋敷番から地番に変更となった場合には、登記官の職権で登記名義人住所変更登記をすることができるか。

申請手続

19頁の 事例８ を参照。

第４　住所移転による変更登記

事例27　数回にわたる住所移転

住所を数回にわたり移転した。

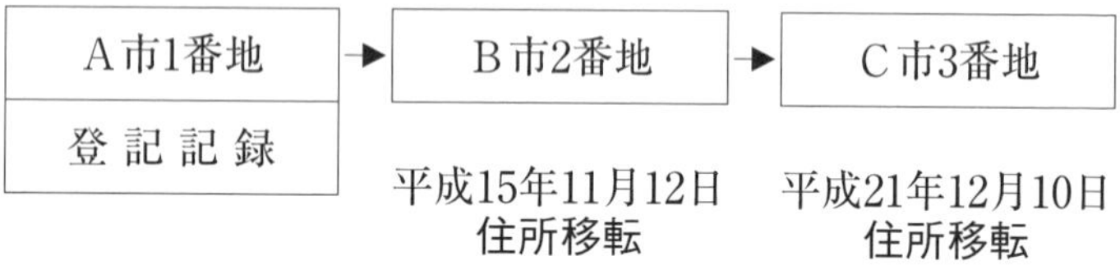

申請手続

同種の登記原因（例えば、住所移転）が数個存するときは、便宜その最後のもののみを申請書に記載すればよい。

申請書

登記の目的	所有権登記名義人住所変更
原　　　因	平成21年12月10日　住所移転
変更後の事項	住所 　C市3番地
申　請　人	C市3番地　甲
添付情報	登記原因証明情報　代理権限証明情報
登録免許税	不動産1個につき金1,000円（登税別表1一(十四)）

備　考

(1)　数回の住所移転と登録免許税（昭32・3・22民甲423）

「登記名義人の表示〔住所〕の変更が数回にわたってなされている場合には、1個の申請により、直ちに現在の表示〔住所〕に変更の登記をすることができる。なお、この登記を申請するには、申請書に、登記原因及びその日付を併記し（ただし、同種の登記原因（例えば、住所移転）が数個存するときは、便宜その最後のもののみを記載してもさしつかえない。）、各変更を証する書面を添付するのが相当であり、登録税は、1件として徴収すべきである。」

(2)　旧外国人登録原票

外国人登録法廃止後に発行された旧外国人登録原票の記載事項に関する書面に、外国人の住所移転の履歴および移転日が記載されている場合は、この書面を住所の変更を証する情報とすることができる（登研779・123）。

事例28　数回の住所移転後、登記記録上の住所に移転

数回住所移転をしたが、最終的には登記記録上の住所に戻ってきた。

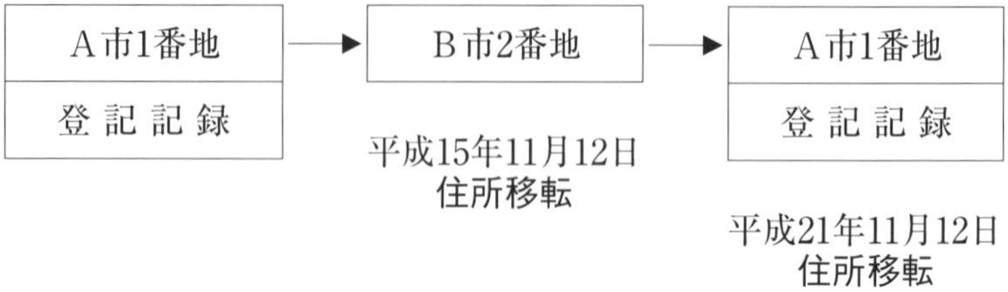

申請手続

所有権登記名義人住所変更登記の申請をする必要はない。

備　考

○　住所変更登記の要否

数回の住所移転を経た結果、登記記録に記載された住所と同一の住所となった場合は、所有権登記名義人住所変更の登記の申請を要しない（登研379・91）。

事例29　共有から単有となった後に住所移転

共有者の一人が、他の共有者の持分全部を取得して単有となった後に、住所移転した。

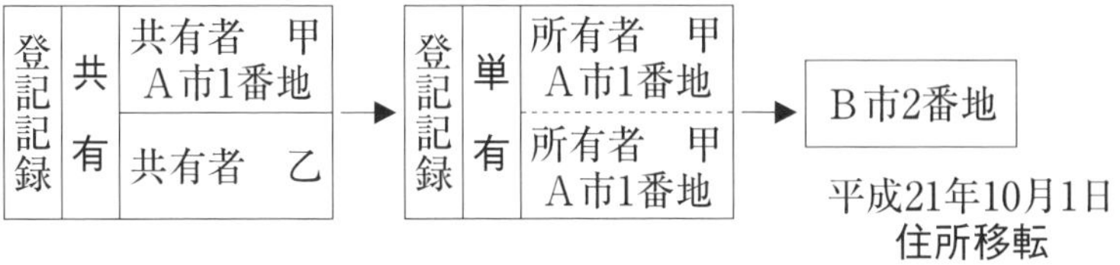

申請手続

登記の目的を「何番何番登記名義人住所変更」と特定する。

申請書

登記の目的	何番何番登記名義人住所変更
原因	平成21年10月1日　住所移転
変更後の事項	住所 B市2番地
申請人	B市2番地　甲
添付情報	登記原因証明情報　代理権限証明情報
登録免許税	不動産1個につき金1,000円（登税別表1一(十四)）

備　考

(1)　登記の目的

数回にわたって持分を取得した後に住所移転をした場合、登記の目的は「何番、何番、何番登記名義人住所変更」とする（登研525・211）。

(2)　「変更後の事項」の記載方法

変更後の事項を、「共有者・所有者甲の住所」としない（登研391・110）。

事例30　数回にわたり持分を取得したが、登記した住所が異なる

甲は数回にわたり持分を取得したが、登記した住所が異なっている。甲区3番が現住所である場合に、この不動産を売却するときは、甲区1番の住所変更登記が必要か。

登記記録	共有	甲区1	共有者　甲 Ａ市1番地
		甲区2	共有者　乙

→

登記記録	単有	甲区1	所有者　甲 Ａ市1番地
		甲区3	所有者　甲 Ｂ市3番地

申請手続

甲区1番の住所変更登記を要する。

申請書

登記の目的	1番登記名義人住所変更
原　　　因	平成○年○月○日　住所移転
変更後の事項	住所 　Ｂ市3番地
申　請　人	Ｂ市3番地　甲
添付情報	登記原因証明情報　代理権限証明情報
登録免許税	不動産1個につき金1,000円（登税別表1一⒁）

備　　考

○　住所変更登記の要否

本事例の場合には、第三者に所有権を移転する前提として、甲区1番の住所変更登記を要する（登研382・80）。

事例31　甲地の住所Ａ、乙地の住所Ｂの場合に、Ｃに住所移転（所有権が本登記の場合）

甲土地の住所がA、乙土地の住所がBの場合に、Cに住所移転したときは、1件の申請書で申請できるか（所有権が本登記の場合）。

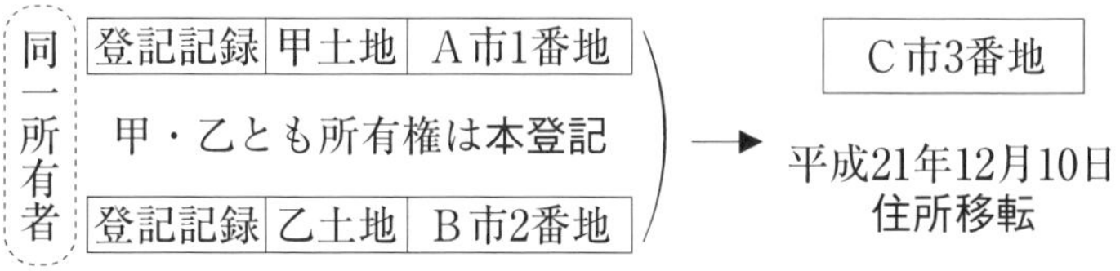

申請手続

最終の登記原因およびその日付が同一であれば、1件の申請書で申請することができる。

申請書

登記の目的	所有権登記名義人住所変更
原因	平成21年12月10日　住所移転
変更後の事項	住所 C市3番地
申請人	C市3番地　甲
添付情報	登記原因証明情報　代理権限証明情報
登録免許税	不動産1個につき金1,000円（登税別表1一(十四)）

備　考

(1)　1件の申請書による申請の可否

①　各不動産ごとに登記記録上の住所が異なっていても、最終の登記原因およびその日付が同一であれば、1件の申請書で申請することができる（事例集131頁）。

②　甲土地・乙土地についての登記名義人の住所変更登記は、1件の申請書で申請することができる（登研283・71）。

③　不動産の共有者甲の登記記録上の住所がA、共有者乙の登記記録上の住所がBである場合に、甲および乙が同一の日付でCに住所移転したときには、便宜、同一の申請書により登記名義人住所変更登記の申請をすることができる（登研575・122）。

(2)　仮登記の場合

79頁の **事例32** を参照。

事例32　甲地の住所A、乙地の住所Bの場合に、Cに住所移転（所有権が仮登記の場合）

甲土地の所有権登記名義人Xの住所がA、乙土地の仮登記名義人Xの住所がBの場合に、Cに住所移転したときは1件の申請書で申請できるか。

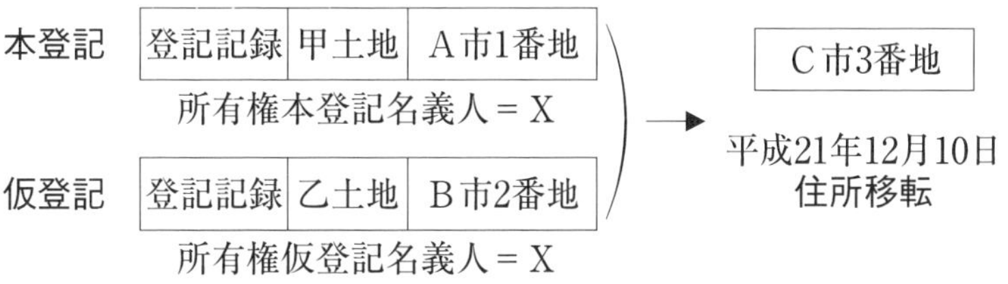

申請手続

所有権の本登記名義人と仮登記名義人との住所移転登記の申請は、1件の申請書ですることができない。

申請書

本登記と仮登記の場合には、申請書を別個に作成する。

＜本登記の場合－甲土地＞

登記の目的	所有権登記名義人住所変更
原　　　因	平成21年12月10日　住所移転
変更後の事項	住所 C市3番地

申　請　人	C市3番地　X
添付情報	登記原因証明情報　代理権限証明情報
登録免許税	不動産1個につき金1,000円（登税別表1一㈣）

＜仮登記の場合－乙土地＞

登記の目的	何番仮登記名義人住所変更
原　因	平成21年12月10日　住所移転
変更後の事項	住所 　C市3番地
申　請　人	C市3番地　X
添付情報	登記原因証明情報　代理権限証明情報
登録免許税	不動産1個につき金1,000円（登税別表1一㈣）

備　考

○　1件の申請書で申請することの可否

同一人が、甲土地については所有権登記名義人、乙土地については所有権仮登記名義人である場合は、この住所移転の登記申請は1件の申請書で行うことはできない（登研453・123）。

事例33　登記原因の相違と1件の申請の可否

同一人に属する甲土地・乙土地の所有者の登記記録上の住所が異なっている場合において、下図のように住居表示実施があったときは、住所変更登記の申請は1件の申請書でできるか。

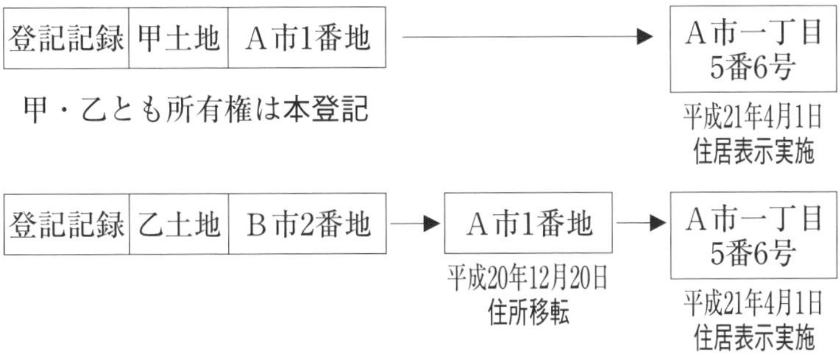

申請手続

甲土地と乙土地の申請を、1件の申請書ですることはできない。

申請書

登記の目的	所有権登記名義人住所変更
原　　因	平成20年12月20日　住所移転 平成21年4月1日　住居表示実施
変更後の事項	住所 　A市一丁目5番6号
申　請　人	A市一丁目5番6号　X

添付情報	登記原因証明情報　非課税証明書 代理権限証明情報
登録免許税	登録免許税法5条4号

備　考

○　同一申請書で申請することの可否

①　甲土地について「年月日住居表示実施」、乙土地について「年月日住所移転、年月日住居表示実施」を登記原因とする甲・乙両不動産の登記名義人の住所変更登記は、同一の申請書で申請することはできない（根抵当権登記名義人の事例。登研516・197）。

②　同一所有者に属する甲不動産はA住所で、乙不動産はA住所の住居表示実施後の住所で登記をしている場合においては、甲不動産の登記原因は「年月日住居表示実施・年月日住所移転」であり、乙不動産の登記原因は「年月日住所移転」であるから、各不動産で登記原因が異なるので1件の申請書で申請することはできない（登研634・110参照）。

③　同一人所有の複数の不動産について登記名義人住所変更登記を申請する場合において、各不動産ごとに登記記録上の住所が異なるときであっても、最終の登記原因およびその日付が同一であれば、1件の申請書で申請することができる（事例集131頁）。

事例34　登記した日に住所移転

所有権登記の受付日に住所移転したときは、変更か、更正か。

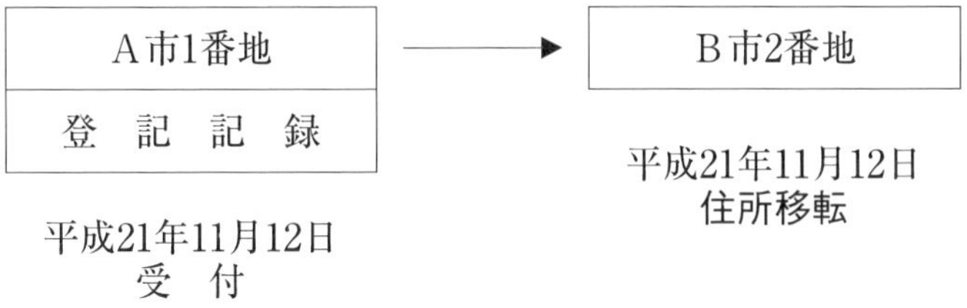

申請手続

所有権の登記日（受付日）に住所移転した場合は、変更登記によるとする見解と、変更登記または更正登記のいずれでもよいとする見解とがある。

申請書

＜住所変更登記の場合＞

登記の目的	所有権登記名義人住所変更
原　　　因	平成21年11月12日　住所移転
変更後の事項	住所 　B市2番地
申　請　人	B市2番地　甲
添付情報	登記原因証明情報　代理権限証明情報

登録免許税	不動産1個につき金1,000円（登税別表1一⒁）

備　考

(1)　変更登記によるとする見解

所有権の登記日（受付日）に住所移転した場合は、変更登記によるのが相当である（登研346・92）。

(2)　変更登記・更正登記のいずれでもよいとする見解

所有権の登記日（受付日）に住所移転した場合の登記原因は、住所移転または錯誤のいずれでもよい（実務の手引449頁・事例番号2）。

事例35　過去の住所地に住所移転登記することの可否

過去の住所地に住所移転登記をすることができるか。

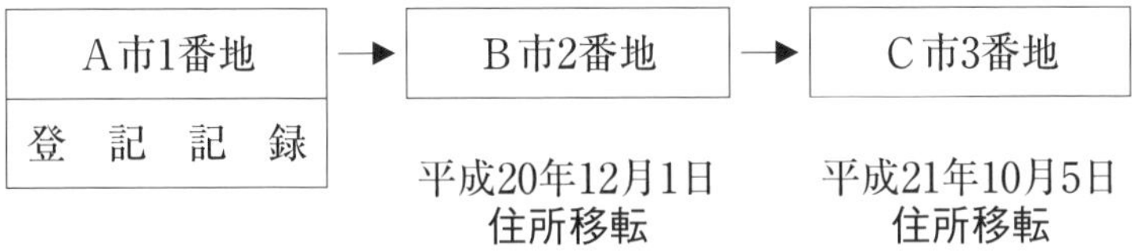

申請手続

住民票が現在地C市で登録されている場合は、前住所B市に住所移転登記をすることはできない。

申 請 書

登記の目的	所有権登記名義人住所変更
原　　　因	平成21年10月5日　住所移転
変更後の事項	住所 　C市3番地
申　請　人	C市3番地　甲
添付情報	登記原因証明情報　代理権限証明情報
登録免許税	不動産1個につき金1,000円（登税別表1一(十四)）

備　考

○　過去の住所地に住所移転登記をすることの可否

登記記録上の住所Ａ地からＢ地に住所移転し、更にＣ地に住所移転している場合において、Ｂ地に住所変更の登記をすることはできない（登研440・81）。

事例36　所有権移転原因の更正と前所有者の住所変更

所有権移転登記の完了後に移転登記の登記原因を更正しようとしたところ、前所有者が住所を変更している場合の取扱い。

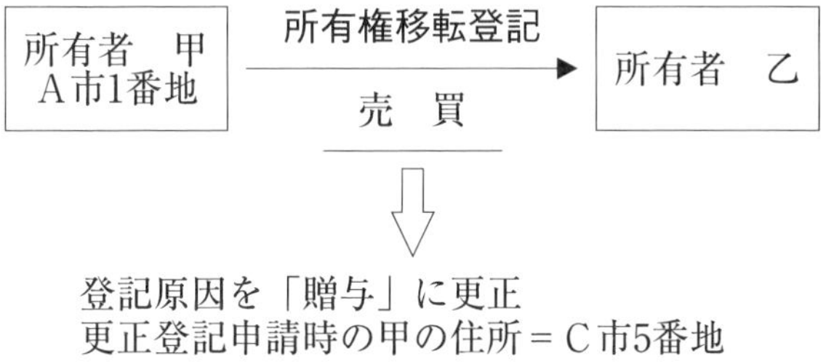

申請手続

登記原因を更正する所有権更正登記の申請書に、前所有権登記名義人・登記義務者甲の住所変更証明書を添付して申請することができる。

備　考

(1)　登記権利者・登記義務者

所有権移転登記の移転登記原因は、更正することができる（「贈与」とあるのを「売買」とする例―昭33・4・28民甲786）。この更正登記は、現在の所有権登記名義人を登記権利者とし、前所有者を登記義務者として申請する。

(2)　前登記名義人の住所変更登記の可否

現に効力を有しない前所有権登記名義人（甲）が、自己（甲）の登記名義人住所変更登記を申請することはできない。甲から乙に所有権移転登記をした後に、この所有権移転登記の登記原因を更正しようとしたところ甲が他に住所移転している場合は、登記原因の更正登記の申請書に甲の住所の変更を証する書面を添付すれば足りる（登研346・91）。

(3)　所有権登記の抹消と前所有者の住所移転

287頁の **事例123** を参照。

事例37　敷地権発生前の原因による設定等と住所移転

所有権が敷地権である区分建物の所有者が住所を変更した後、敷地権の発生前の日を登記原因日付とする土地または建物のみを目的とする所有権移転の仮登記または抵当権設定登記を申請する場合、住所変更登記を省略することができるか。

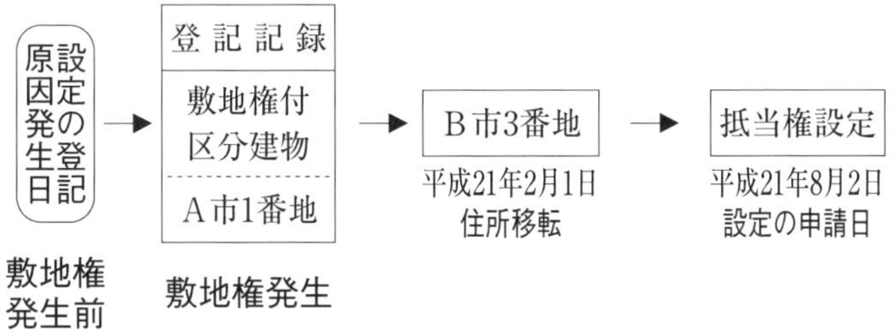

申請手続

登記名義人住所変更登記は、省略できない。この場合の変更登記は、土地、建物各別に、または一括して申請することができる。

申 請 書

登記の目的	所有権登記名義人住所変更
原　　　因	平成21年2月1日　住所移転
変更後の事項	住所 　Ｂ市3番地
申　請　人	Ｂ市3番地　甲

添付情報	登記原因証明情報　代理権限証明情報
登録免許税	不動産1個につき金1,000円（登税別表1一㈣）

備考

○ 敷地権発生前の登記原因と住所移転

所有権が敷地権である区分建物の所有者が住所を変更した後、敷地権が生じた日前の日を登記原因の日とする土地または建物のみの所有権に関する仮登記、質権または抵当権設定の登記を申請する場合において、所有権登記名義人住所変更登記は、変更証明書を添付しても省略できない。この場合の変更登記は、土地、建物各別に、または一括して申請することができる（登研454・132）。

第５　住所の更正登記

事例38　戸籍の本籍と登記記録上の住所との関係

登記記録上の所有権登記名義人の住所が戸籍の本籍をもって登記されていたのは、戸籍制度とどのような関係があるか。

戸籍の本籍		登記記録上の住所
A県B郡C村3番地	⇨	A県B郡C村3番地

戸籍の本籍と登記記録の所有権登記名義人の住所とは、次のような関係がある。

明治5年式戸籍（明治5年2月1日～）
⇨本籍と住所は同じ（屋敷番で表示）

明治31年式戸籍（明治31年7月16日～）
⇨本籍と住所は同一でなくてもよいとされた（地番号で表示）

明治32年6月16日旧不動産登記法の施行

大正4年式戸籍（大正4年1月1日～）
⇨本籍に居住する者は戸籍の本籍住所、本籍外に居住する者は寄留簿に住所を登録

昭和23年1月1日現行戸籍法の制定

昭和27年7月1日住民登録法の制定
⇨当該市町村内に住所を有する者は、本籍とは無関係に住所を登録した

昭和32年4月1日改正不動産登記法施行細則の施行により、所有権移転登記等の申請書には住所証明書の添付を義務付けた

昭和42年11月10日住民基本台帳法の施行

平成17年3月7日現行不動産登記法の施行

(1)　明治5年式戸籍と住所

明治5年2月1日から明治19年10月15日まで編製された戸籍であり、施行の年である明治5年の干支にちなんで「壬申戸籍」ともいわれる。この戸籍は、世帯を単位とする住民登録の性質をもち、住所地において登録した。この戸籍制度は、今日の住民基本台帳のような機能を併せ持ち、本籍は屋敷番（例：30番屋敷）で表示され、現在の住居表示に相当する住所をもって表示されていた。

(2)　明治19年式戸籍

この戸籍は、明治19年10月16日から明治31年7月15日までの間に編製され、前掲(1)と同じく本籍は屋敷番で表示されていた。

(3)　明治31年式戸籍

明治31年7月16日から大正3年12月31日までの間に編製された戸籍である。この戸籍では、本籍は地番号（例：30番地）で表示することと法定され、本籍は、住所でなくてもよいとされた。

(4)　旧不動産登記法の施行

旧不動産登記法が明治32年6月16日に施行された。

(5)　大正4年式戸籍

この戸籍は、大正4年1月1日から昭和22年12月31日までの間に編製されたものである。この戸籍制度においては、身分関係を登録する戸籍法と住居所を登録する寄留法とに分離された。

【寄留法1条】

「90日以上本籍外ニ於テ一定ノ場所ニ住所又ハ居所ヲ有スル者ハ之ヲ寄留者トス本籍ナキ者、本籍分明ナラサル者及日本ノ国籍ヲ有セサル者ニシテ90日以上一定ノ場所ニ居住スルモノ亦同シ」（注：傍線は引用者）

寄留法に基づき寄留簿に記載（対象者による届出または職権により記載）される者は、90日以上、本籍外に住所または居所を有する者であるから、本籍に居住する者は記載対象から除外された。すなわち、戸籍は本籍居住者についての住所登録でもあった（戸籍用語事典54頁）。

(6)　現行戸籍

昭和23年1月1日から現行戸籍法が施行された。

(7)　住民登録法の制定

昭和27年7月1日から施行され、前掲(5)の寄留法は廃止された。前掲(5)の寄留法は、90日以上、本籍外に住所または居所を有する者を寄留簿に記載し、本籍に居住する者は記載対象から除外された。しかし、住民登録法は、当該市町村の区域内に住所を有する者を本籍とは無関係に登録した。これにより、戸籍の本籍と住所との関係は完全に分離された（戸籍の附票により関連付けられる）。

(8)　旧不動産登記法施行細則の改正による住所証明書の添付

昭和32年の不動産登記法施行細則の改正（昭和32年4月1日施行）により同法41条ノ2が追加され、所有権保存、移転の登記等の申請書には住所証明書を添付しなければならないとされた。

【昭32・3・27民甲615～住所証明書の添付】

「四　所有権の登記の登記権利者の住所証明書の提出

所有権の保存又は移転の登記を申請（又は嘱託）する場合には、虚無人名義にする登記を防止するため、申請書に掲げた登記権利者の住所を証する書面の提出を要するものとされたのであるが（不動産登記法施行細則第41条ノ2等参照)、右〔上〕の書面としては、右〔上〕の登記権利者が私人の場合には、住民票抄本等であり、会社等の法人の場合には、登記簿抄本等である。なお、登記権利者が会社等の法人の場合には、不動産登記法第35条第1項第5号の規定による代表権限を証する書面としての登記簿の謄本又は抄本をもつて右〔上〕の住所証明書を兼ねさせることは、もちろんさしつかえない。」

(9)　住民基本台帳法の制定

昭和42年11月10日から施行され、これに伴い住民登録法は廃止された。

(10)　現行不動産登記法等の制定

平成17年3月7日、現行の不動産登記法、不動産登記令、不動産登記規則および不動産登記事務取扱手続準則が施行された。住所を証する情報の提供については、不動産登記令の別表に規定されている。

事例39　登記記録上の住所が戸籍の本籍である場合の変更・更正の登記手続

登記名義人の住所が本籍地をもって表示されている場合において、その住所の変更または更正の登記手続は。

登記記録		
A郡B町1番地	変更登記 →	住所の変更（移転） A郡C町5番地
	更正登記 →	住所の錯誤 A郡B町2番地

申請手続

① 登記名義人の住所が本籍地をもって表示されている場合においては、現在の住所を証する書面（住民票または戸籍附票）に記載されている本籍地と符合しているときは、申請書に現在の住所を証する書面のみを添付させて、登記名義人の住所変更（当該登記が住民票における住所を定めた日より前になされている場合）、または更正（当該登記が住民票における住所を定めた日より後になされた場合）の登記として取り扱う。

② 登記名義人住所更正登記の申請書に、除票に記載がない旨の証明書を添付しなくても受理される場合がある。

申請書

＜住所変更登記の場合＞

登記の目的	所有権登記名義人住所変更
原　　　因	昭和○年○月○日　住所移転

変更後の事項	住所 　A郡C町5番地
申　請　人	A郡C町5番地　甲
添付情報	登記原因証明情報　代理権限証明情報
登録免許税	不動産1個につき金1,000円（登税別表1一(十四)）

＜住所更正登記の場合＞

登記の目的	所有権登記名義人住所更正
原　　因	錯誤
更正後の事項	住所 　A郡B町2番地
申　請　人	A郡B町2番地　甲
添付情報	登記原因証明情報　代理権限証明情報
登録免許税	不動産1個につき金1,000円（登税別表1一(十四)）

備　考

○　不在証明書

①　昭32・10・4民三882

［要旨］　誤って本籍地を住所として登記をした場合の更正登記の申請には、本籍地表示のある住民票または戸（除）籍謄本の添附があればよい。

［照会］　「一、登記名義人の表示〔住所〕更正の登記の場合に、

更正の対象となる登記された住所の表示が、当該申請人の本籍又は除籍の表示と同一であることによつて戸籍附票抄本若しくは戸籍抄本又は除籍抄本をもつて、当該権利の真正な名義人の表示を誤つたものであることを証明し、住民票抄本（戸籍附票抄本を添付したときは省略する。）を添付されてあつても、登記簿〔記録〕に記載されている住所には、該当者がない旨の証明書、即ち本籍（登記簿〔記録〕の住所と除籍とが同一の場合）又は除籍（登記簿の住所と本籍とが同一の場合）のないことの証明書並びに住民票、除かれた住民票に記載のないことの証明書の添付を要するものと考えますが、いかがでしようか。

二、登記名義人の登記簿〔記録〕上の住所の表示が前述の本籍又は除籍と同じであるが、当該申請書に添付された住所を証すべき書面（住民登録法の施行に伴い最初に届出した市区町村の証明にかかる住民票抄本）に、登記した当時の住所が公証されない場合（所有権移転の登記の日は、昭和22年6月25日。住民票に記載されてある住所を定めた日は、昭和25年8月12日）は、本籍又は除籍をもつて住所と推定し、右〔上〕の住民票に記載されてある住所を定めた日に移転があつたものと解し、前項の不在証明書を添付させ、変更登記として取り扱うべきと考えますがいかがでしようか。

右〔上〕事案は、いずれも住民登録法の施行に伴い生じた事件でありますので、今後画一的な登記事務の取扱をいたしたいと考えますから折返し御指示を得たくお伺いいたします。」

［回答］　「登記名義人の住所が本籍地をもつて表示されている場合においては、現在の住所を証する書面（住民票又は戸籍

附票の謄本若しくは抄本）に記載されている本籍地と符合しているときは、申請書に現在の住所を証する書面のみを添付させて、登記名義人の表示〔住所〕の変更（当該登記が住民票における住所を定めた日より前になされている場合）又は更正（当該登記が住民票における住所を定めた日より後になされた場合）の登記として取り扱い、若し、符合しないときは、右〔上〕の書面のほか、本籍地の変更を証する戸籍又は除籍の謄本若しくは抄本を添付させて、右〔上〕と同様に登記名義人の表示の変更又は更正の登記として取り扱うべきである。

なお、右〔上〕により登記名義人の表示〔住所〕の変更の登記を申請する場合には、申請書に、住民票に記載されている住所を定めた日を住所の移転の日とし、住所移転と登記原因及びその日付を記載すべきである。」

② 昭32・10・4民三881

［要旨］　登記名義人氏名又は住所の更正登記申請書に添付する不在証明書のうち、除票に記載がないことの証明書がなくても、戸籍の附票の謄本により当該名義人の登記記録上の住所に該当する記載のないことが確認できれば、当該申請を受理できる。

［照会］　「登記名義人表示（氏名又は住所）の更正登記の申請書に添付すべき不在証明書の取扱については、更正の対象となる登記された表示が、当該権利の真正な名義人の表示を誤まつたものであることを証明する方法として、登記簿〔記録〕に記載されている住所には該当者がない旨の証明書、即ち、戸籍、除籍に記載のないこと並びに住民票、除票に記載のないことの証明書を添付させて受理してまいりましたが、不在

証明書のうち除票に記載のないことの証明を欠いた証明書を添付して申請された事件がありましたので、当該名義人の正確性を維持し難く、虚偽の登記を防止し得ないから、除票に記載のないことの証明を得るよう補正をうながしたところ、申請人の申し述べるところによれば、登記申請に必要であるから除票に記載なき旨の市長の証明方を申請したところ、市役所では事務取扱の関係で証明することができないと拒否されたので、補正することが不可能とのことで補正に応じられないとのことです。この場合当該申請事件は、不動産登記法第49条第8号〔現行不動産登記法25条9号〕の規定に基き却下すべきでしようか。

それともまた、他によい方法が存在しないので受理してさしつかえないでしようか。決し兼ねますので御指示を得たくお伺いいたします。」

［回答］　「前段貴見のとおりの取扱をするのが相当であるが、所問の場合には、当該登記名義人戸籍の附票の謄本を添付させて、それに当該登記名義人の登記簿〔記録〕上の住所に該当する記載のないことを確認した上で、当該登記申請を受理してもさしつかえないものと考える。

なお、右〔上〕のいずれの書面も添付せず、他の書面によつても申請人と登記名義人との同一性を認めがたいときは、不動産登記法第49条第8号〔現行不動産登記法25条9号〕により却下すべきであるから、念のため申し添える。」

事例40　「市営住宅○号」等の記載と住所更正登記の要否

「A市1番地　市営住宅○号」と所有権登記をし、その後に登記義務者として所有権移転等の登記を申請する場合に、印鑑証明書に「市営住宅○号」の記載がないときは、住所更正登記を要するか。

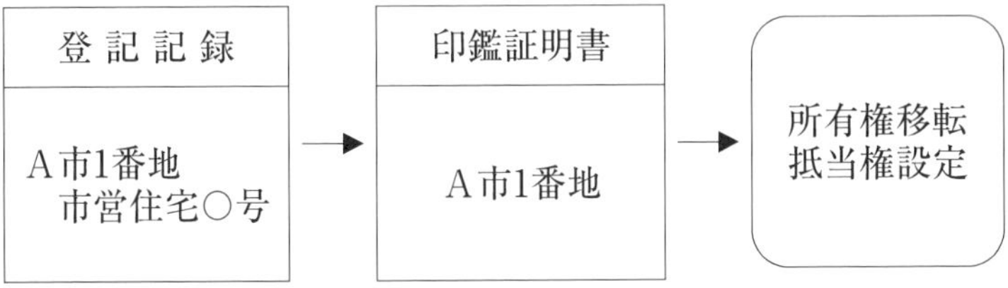

申請手続

登記記録に「市営住宅○号」の記録があるが、印鑑証明書には「市営住宅○号」の記載がない場合であっても、所有権移転等の登記をする前提として、登記名義人の住所更正登記をする必要はない。

備　考

○　「市営住宅○号」の記載と住所更正登記の要否（昭40・12・25民甲3710）

［要旨］　住民票の住所欄中、「市営住宅○号」等の記載のある場合には、登記の申請書に「市営住宅○号」等を記載することができる。

前記「市営住宅○号」等の記載をした登記後に、所有権移転登記の申請書に添付する印鑑証明書に「市営住宅○号」等の記載のない場合でも、住所の更正登記を要しない。

［照会］　「不動産登記法施行細則第41条〔現行不動産登記令7条1項6号・別表〕の規定に基づいて添付される住民票謄抄本の住所欄中、番地に引続いて「市営住宅○号」「○○アパート○棟○号」「○○寮○号室」等の記載のあるものは、その部分の表示まで含めて住所と認定し、登記申請書に記載させるべきであると考えますが、いかがでしょうか。

また、右〔上〕の取扱を可とすれば、後日所有権移転登記申請手続に添付する印鑑証明書に前述の記載のないときは、住所の更正登記を要するものと考えますので、可否につきあわせてご指示お願いいたします。」

［回答］　「一、申請書に「市営住宅○号」等を記載することはさしつかえない。なお、この場合には、登記簿〔記録〕にもその旨を記載する。

二、住所の更正の登記は要しない。」

事例41　住所錯誤・住所移転

登記記録上の住所に錯誤があり、その後に住所移転した。

A市1番地	→	B市3番地
登記記録		平成21年10月12日 住所移転
住所錯誤 2番地が正しい		

申請手続

「錯誤」と「住所移転」とを1件の申請書で申請することができる。

申請書

登記の目的	所有権登記名義人住所変更
原　　　因	錯誤 平成21年10月12日　住所移転
変更後の事項	住所 　B市3番地
申　請　人	B市3番地　甲
添付情報	登記原因証明情報　代理権限証明情報
登録免許税	不動産1個につき金1,000円（登税別表1一(十四)）

備　考

(1)　登録免許税（昭42・7・26民三794）

「4　登記の区分

イ　変更の登記と更正の登記とは別個の区分に属するので、たとえば、住所の移転及び氏名の錯誤による登記名義人の表示〔住所・氏名〕変更及び更正の登記を同一の申請書で申請する場合の登録免許税は、1不動産につき1,000円〔現行2,000円〕となる。

ただし、住所の錯誤及び住所の移転による登記名義人の表示〔住所〕更正及び変更の登記を同一の申請書で申請する場合の登録免許税は、不動産1個につき500円〔現行1,000円〕として取り扱ってさしつかえない。」

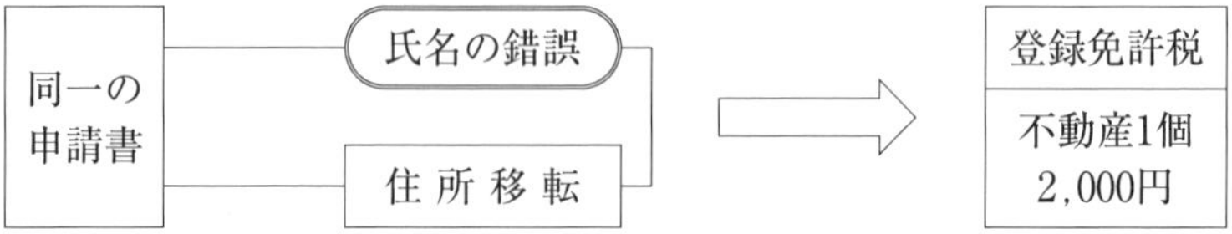

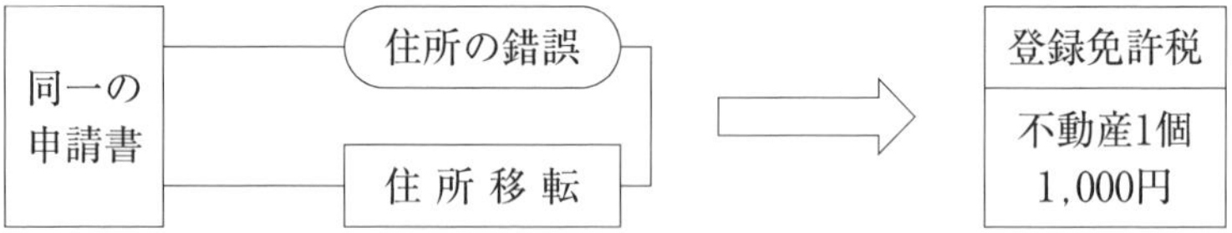

(2)　登記の目的・登記原因

所有権登記名義人の住所に錯誤がある場合において、その後に住所移転があったときは、登記の目的を「所有権登記名義人住所変更」、登記原因を「錯誤」および「年月日住所移転」と併記して1件の申請書で申請することができる（登研547・146、同567・165参照）。

事例42　氏名錯誤・住所移転

登記記録上の氏名に錯誤があり、その後に住所移転した。

A市1番地　鈴本一郎	→	B市3番地
登 記 記 録		平成21年10月12日 住所移転

氏名錯誤（鈴木が正しい）

申請手続

氏名錯誤、住所移転による登記名義人住所・氏名変更更正登記は、1件の申請書で申請することができる。

申 請 書

登記の目的	所有権登記名義人住所、氏名変更、更正
原　　　因	錯誤 平成21年10月12日　住所移転
変更更正後の事　　　項	氏名住所 B市3番地 鈴木一郎
申　請　人	B市3番地　鈴木一郎
添 付 情 報	登記原因証明情報　代理権限証明情報
登録免許税	不動産1個につき金2,000円（登税別表1一(十四)、備考(2)参照）

備　考

(1)　一括申請・登記原因

氏名錯誤、住所移転による登記名義人変更更正登記は、1件の申請書で申請することができる。この場合の登記原因は「錯誤、年月日住所移転」とする（登研381・90、同396・103参照）。

(2)　登録免許税（昭42・7・26民三794）

「4　登記の区分

イ　変更の登記と更正の登記とは別個の区分に属するので、たとえば、住所の移転及び氏名の錯誤による登記名義人の表示〔住所・氏名〕変更及び更正の登記を同一の申請書で申請する場合の登録免許税は、1不動産につき1,000円〔現行2,000円〕となる。

ただし、住所の錯誤及び住所の移転による登記名義人の表示〔住所〕更正及び変更の登記を同一の申請書で申請する場合の登録免許税は、不動産1個につき500円〔現行1,000円〕として取り扱ってさしつかえない。」

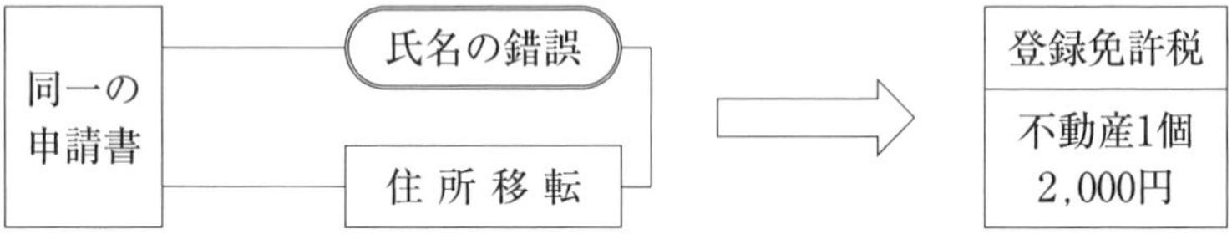

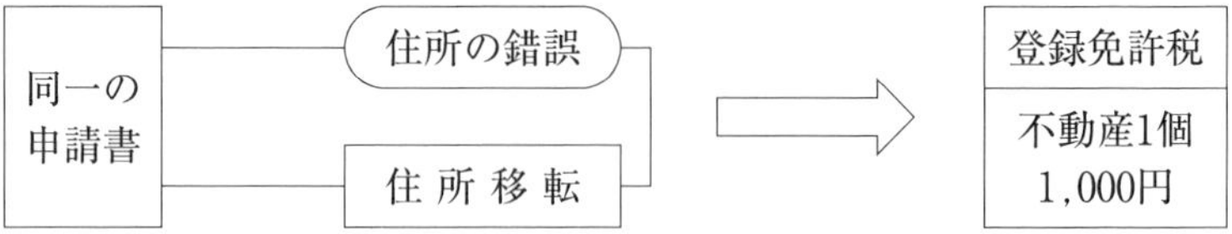

事例43　氏名錯誤・住所錯誤・住所移転

登記された氏名と住所に錯誤がある。その後、住所移転した。

A市2番地　鈴木一郎	→	B市10番地
登記記録		平成21年10月12日 住所移転

氏名錯誤（鈴木が正しい）
住所錯誤（12番地が正しい）

申請手続

氏名および住所の錯誤による更正登記と住所移転登記とを、1件の申請書で申請することができる。

申請書

登記の目的	所有権登記名義人住所、氏名変更、更正
原　　　因	錯誤 平成21年10月12日　住所移転
変更更正後の事　　　項	氏名住所 　B市10番地 　　鈴木一郎
申　請　人	B市10番地　鈴木一郎
添付情報	登記原因証明情報　代理権限証明情報

登録免許税	不動産1個につき金2,000円（登税別表1一(十四)、備考(1)参照）

備　考

(1)　登録免許税（昭42・7・26民三794）

「4　登記の区分

イ　変更の登記と更正の登記とは別個の区分に属するので、たとえば、住所の移転及び氏名の錯誤による登記名義人の表示〔住所・氏名〕変更及び更正の登記を同一の申請書で申請する場合の登録免許税は、1不動産につき1,000円〔現行2,000円〕となる。

ただし、住所の錯誤及び住所の移転による登記名義人の表示〔住所〕更正及び変更の登記を同一の申請書で申請する場合の登録免許税は、不動産1個につき500円〔現行1,000円〕として取り扱ってさしつかえない。」

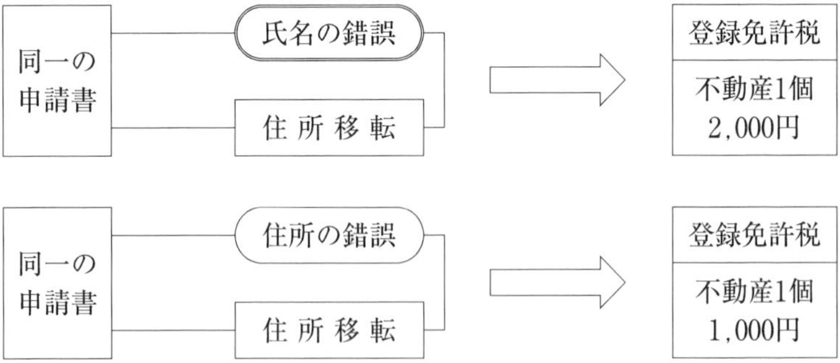

(2)　同一の申請書

所有者の氏名および住所の更正と住所変更の登記は、同一の申請書で一括申請することができる（登研381・90、同396・103参照、実務の手引451頁・事例番号24）。

第6　住民票の記載との関係

事例44　申出による住民票の地番訂正

申出により住民票の地番が訂正されたので、登記されている所有者の住所を訂正する必要が生じた。

A市1番地	→	A市2番地
登記記録		住民票 平成21年6月25日　申出により地番訂正

申請手続

申出により住民票の地番が訂正された場合には、登記されている住所の是正方法は、登記原因を「錯誤」とする住所更正登記をする。

申請書

登記の目的	所有権登記名義人住所更正
原　　　因	錯誤
更正後の事項	住所 　A市2番地
申　請　人	A市2番地　甲
添付情報	登記原因証明情報　代理権限証明情報

登録免許税	不動産1個につき金1,000円（登税別表1一㈥）

備　考

(1)　登記された地番につき、住民票の地番の訂正

住民票の写しの住所について、地番の更正、訂正等と記載されている場合は、登記の目的は更正、原因は錯誤である（登研364・81）。

（例）　年月日申出により地番更正（訂正）の場合は、登記の目的は更正、原因は錯誤とする。

(2)　職権による住民票の地番訂正

111頁の **事例45** を参照。

事例45　職権により住民票の地番訂正

職権により住民票の地番が訂正されたので、登記されている所有者の住所を訂正する必要が生じた。

A市1番地	→	A市2番地
登記記録		住民票 平成21年6月25日　職権により地番訂正

申請手続

職権により住民票の地番が訂正された場合には、登記されている住所の是正方法は、登記原因を「錯誤」とする住所更正登記をする。

申請書

登記の目的	所有権登記名義人住所更正
原　　　因	錯誤
更正後の事項	住所 　A市2番地
申　請　人	A市2番地　甲
添付情報	登記原因証明情報　代理権限証明情報
登録免許税	不動産1個につき金1,000円（登税別表1一㈣）

備　　考

○　職権による住民票の地番訂正

職権により住民票の地番修正があったときは、「錯誤」を登記原因として登記名義人住所更正登記をする（実務の手引449頁・事例番号4）。

事例46　所有権登記後、住所移転（地番訂正）・住所移転

所有権登記後に住所移転したが（未登記）、地番に誤りがあり申出により住民票の地番を訂正し、その後に他の住所に移転した。

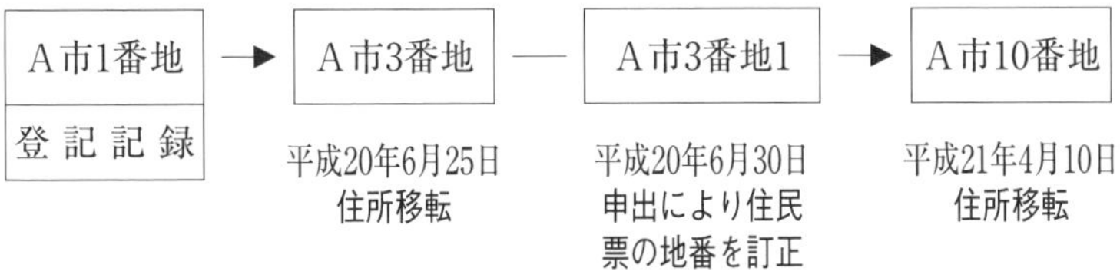

申請手続

平成20年6月25日の住所移転および地番訂正事項は登記の申請をしないで、「平成21年4月10日住所移転」を登記原因とする所有権登記名義人住所変更登記をする。

申請書

登記の目的	所有権登記名義人住所変更
原　　因	平成21年4月10日　住所移転
変更後の事項	住所 　Ａ市10番地
申　請　人	Ａ市10番地　甲
添付情報	登記原因証明情報　代理権限証明情報
登録免許税	不動産1個につき金1,000円（登税別表1一(十四)）

備　考

○　登記の目的・登記原因

「地番訂正」(登記所とは関係なく) 後、同一市町村に「年月日転居」した場合は、登記の目的を「所有権登記名義人住所変更登記」とし、登記原因を「年月日住所移転」とする申請を行う (登研364・81)。

事例47　住所錯誤・申出により住民票の地番を訂正

登記した住所が錯誤、申出により住民票の地番を訂正した。

A市1番地	→	A市2番地
登記記録		住民票 平成21年11月12日 申出により地番訂正
住所錯誤 (2番地が正しい)		

申請手続

「錯誤」を登記原因として、所有権登記名義人住所更正登記を申請する。

申請書

登記の目的	所有権登記名義人住所更正
原因	錯誤
更正後の事項	住所 A市2番地
申請人	A市2番地　甲
添付情報	登記原因証明情報　代理権限証明情報
登録免許税	不動産1個につき金1,000円（登税別表1一(十四)）

備　考

○　登記の目的・登記原因

登記名義人の住所に錯誤があり、その後申出によって住民票の地番訂正がされている場合の登記原因は、「錯誤」であり、登記名義人住所更正登記の申請をする（登研364・81）。

第７　分筆・合筆等との関係

事例48　分筆による地番の変更

分筆により、住民票の住所が修正された。

A市1番地
登記記録

→ A市1番地の2

平成21年6月20日
分筆による地番変更

申請手続

土地の分筆により地番が変更となった場合は、所有権登記名義人住所変更登記の申請をする。

申請書

＜土地の分筆に伴い、住民票の記載が「平成21年6月20日土地の表示変更により地番修正」となっている場合＞

登記の目的	所有権登記名義人住所変更
原　　　因	平成21年6月20日　地番変更
変更後の事項	住所 　A市1番地の2
申　請　人	A市1番地の2　甲
添付情報	登記原因証明情報　代理権限証明情報

登録免許税	不動産1個につき金1,000円（登税別表1一⒁）

備　考

(1)　分筆による地番変更

土地の分筆に伴い、住民票の記載が「年月日土地の表示変更により地番修正」となっている場合の登記原因は、「年月日地番変更」とする（登研561・151）。

(2)　変更証明書

同一元地番から分筆された数筆の土地の一部に所有権登記名義人住所変更登記が経由されている場合、その土地の登記事項証明書をもって、他の分筆地についての登記名義人住所変更を証する書面とすることはできない（登研476・141）。

第8　氏名の変更登記

事例49　婚姻・離婚・養子縁組・帰化等による氏名変更

婚姻、離婚、養子縁組、帰化等で氏名の変更があった場合の登記原因。

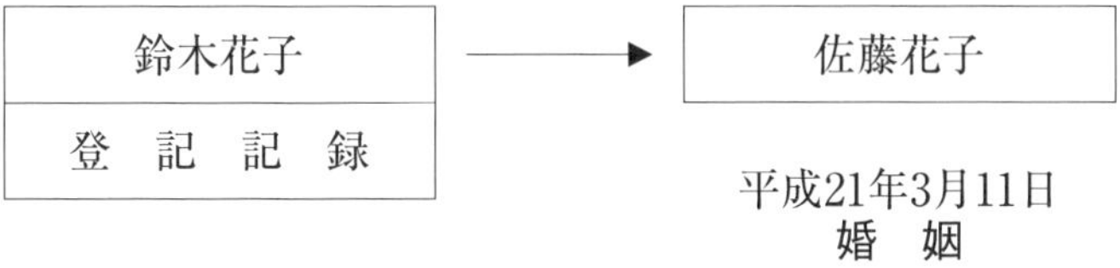

申請手続

婚姻、離婚、養子縁組、帰化等により氏名を変更した場合は、登記原因を「年月日氏名変更」とする。

申請書

登記の目的	所有権登記名義人氏名変更
原　　　因	平成21年3月11日　氏名変更
変更後の事項	氏名 　佐藤花子
申　請　人	A市1番地　佐藤花子
添付情報	登記原因証明情報　代理権限証明情報

登録免許税	不動産1個につき金1,000円（登税別表1一(十四)）

備　考

(1)　登記原因

①　昭54・3・31民三2112（解説）

この昭和54年3月31日通達により、不動産登記記載例が改正された。この改正前においては、氏名変更があった場合、例えば、婚姻による変更は「年月日婚姻」、養子縁組による変更は「年月日養子縁組」と具体的に登記原因を記載していた（昭42・5・10民三408）。

しかし、前掲昭和54年通達後は、氏名の変更による登記原因は、婚姻、離婚等その原因のいかんを問わず「氏名変更」と記載されることになった。

なお、本通達は平成21年2月20日民二500号民事局長通達により全改されている。

②　婚姻、離婚、帰化、養子縁組、離縁、婚姻または縁組の取消し、裁判所の許可による氏名の変更等、原因のいかんを問わず「氏名変更」とする（記録例599〔平28・6・8民二386にて記録例617に繰下げ〕の（注）1、研修講座341頁、「帰化」につき登研501・154）。

(2)　登記原因の日付

氏名の変更は戸籍の届出によって効力を生ずるので「登記原因の日付」は、市区町村長への届出の日となる。なお、裁判上の離婚および離縁のときは、戸籍に記載された裁判確定の日である（研修講座341頁）。

事例50　氏名変更・住所移転

氏名変更と住所移転をした場合。

A市1番地 鈴木愛子	→ 佐藤愛子	→ B市2番地
登記記録	平成21年3月11日 婚　姻	平成21年4月10日 住所移転

申請手続

登記原因は、「年月日氏名変更」「年月日住所移転」と併記する。

申請書

登記の目的	所有権登記名義人住所、氏名変更
原　　　因	平成21年3月11日　氏名変更 平成21年4月10日　住所移転
変更後の事項	氏名住所 　B市2番地 　　佐藤愛子
申　請　人	B市2番地　佐藤愛子
添付情報	登記原因証明情報　代理権限証明情報
登録免許税	不動産1個につき金1,000円（登税別表1一(十四)）

備　考

(1)　変更日が同一の場合

氏名変更と住所移転が同一日の場合は、「平成○年○月○日氏名変更・住所移転」とする（研修講座343頁）。

(2)　登録免許税（昭42・7・22民甲2121）

「㈢　登記の区分

1　法別表第1、第1号㈩〔現行㈲〕に掲げる附記登記、抹消した登記の回復の登記、登記の更正の登記、登記の変更の登記は、それぞれ別の区分に属する。

2　同一の申請書で前項の同一の区分に属する登記を申請する場合の登録免許税は、不動産1個につき500円〔現行1,000円〕（法別表第1、第1号㈩、㈪〔現行㈲〕及び法第18条参照）。したがって、1個の不動産につき数個の抵当権の抹消の登記の申請を同一の申請書でする場合の登録免許税は500円〔現行1,000円〕で足りる。」

事例51　氏名変更・住居表示実施

婚姻後に、住居表示実施があった場合。

A市1番地 鈴木花子	→	平成花子	→	A市B一丁目 2番3号
登記記録		平成21年3月11日 婚　姻		平成21年4月10日 住居表示実施

申請手続

登記原因は、「年月日氏名変更」「年月日住居表示実施」と併記する。

申請書

登記の目的	所有権登記名義人住所、氏名変更
原　　　因	平成21年3月11日　氏名変更 平成21年4月10日　住居表示実施
変更後の事項	氏名住所 　A市B一丁目2番3号 　　平成花子
申　請　人	A市B一丁目2番3号　平成花子
添付情報	登記原因証明情報　代理権限証明情報
登録免許税	不動産1個につき金1,000円（登税別表1一(十四)）

備　考

○　登録免許税―住居表示実施（昭42・12・14民甲3447）

［照会］　「同一申請書で、左記〔下記〕の組合せ及び順序の登記原因による申請があつた場合、1、2、については免税、3、については500円〔現行1,000円〕徴収すべきであると考えますが、いかがでしようか、いささか疑義がありますので、何分のご指示を仰ぎたくお伺いします。

1、住所更正、住居表示実施

2、住所変更、住居表示実施

3、氏名変更、住居表示実施」

［回答］　「貴見のとおりと考える。」

事例52　同一の氏の者と婚姻

同一の氏（名字）の者と婚姻をした場合、氏名変更の登記を要するか。

申請手続

登記名義人氏名変更登記を要しない。

備　考

○　氏名変更登記の要否

配偶者の氏を称する婚姻をしたが（例：鈴木花子が鈴木太郎と婚姻し、夫の氏を称した場合）、呼称上の氏が同一である場合には登記名義人氏名変更登記を要しない（登研392・108）。

事例53　○○堂書店こと甲野太郎と表示することの可否

嘱託書に権利者の表示として「○○堂書店こと甲野太郎」と記載されている場合、商号または通称名を登記できるか。

申請手続

329頁の 事例141 を参照。

事例54　離婚の際の氏の使用

民法767条2項の規定に基づき離婚の際に称していた氏を称することにしたが、登記記録上の氏が離婚の際に称していた氏のままであるときは、登記名義人氏名変更登記は不要か。

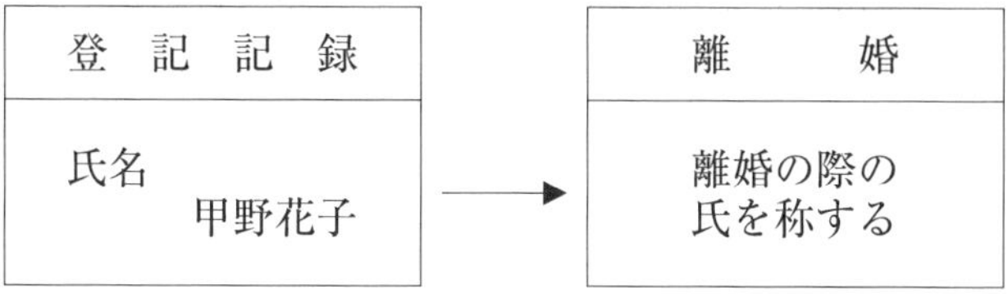

申請手続

登記名義人氏名変更登記は要しない。

備　考

(1)　民法767条

「〔離婚による復氏等〕

第767条　婚姻によって氏を改めた夫又は妻は、協議上の離婚によって婚姻前の氏に復する。

2　前項の規定により婚姻前の氏に復した夫又は妻は、離婚の日から三箇月以内に戸籍法の定めるところにより届け出ることによって、離婚の際に称していた氏を称することができる。」

(2)　氏名変更登記の要否

民法767条2項に基づき離婚の際に称していた氏に改めた場合、登記簿上の名義人の氏が離婚の際に称していた氏であるときは、登記名義人氏名変更登記を要しない（登研459・99）。

(3)　登記原因日付

下記の場合、登記原因およびその日付は「昭和60年5月1日氏名変更」となる（登研534・130）。

①　昭和60年5月1日　甲野一子は婚姻により乙野一子となる。

②　平成4年4月1日　離婚届とともに、離婚の際に称していた氏を称する旨の届出。

第９　氏名の更正登記

事例55　氏名更正と不在証明書

氏名の更正登記をする場合は、不在証明書を添付すべきか。

登　記　記　録
鈴　本　一　郎

→

鈴　木　一　郎

「鈴木」が正しい

申請手続

後掲 備　考 の①および②の先例を参照。

申 請 書

登記の目的	所有権登記名義人氏名更正
原　　　因	錯誤
更正後の事項	氏名 　鈴木一郎
申　請　人	A市2番地　鈴木一郎
添 付 情 報	登記原因証明情報　代理権限証明情報
登録免許税	不動産1個につき金1,000円（登税別表1一(十四)）

備　考

○　不在証明書

①　昭32・10・4民三881

［要旨］　登記名義人氏名更正登記申請に添付する不在証明書のうち「住民票除票に記載のないこと」の証明がとれないときは、戸籍の附票の謄本を添付させて、それにより当該名義人の登記記録上の住所に該当する記載のないことが確認できれば、当該申請を受理できる。

［照会］　「登記名義人表示（氏名又は住所）の更正登記の申請書に添付すべき不在証明書の取扱については、更正の対象となる登記された表示が、当該権利の真正な名義人の表示を誤まつたものであることを証明する方法として、登記簿〔記録〕に記載されている住所には該当者がない旨の証明書、即ち、戸籍、除籍に記載のないこと並びに住民票、除票に記載のないことの証明書を添付させて受理してまいりましたが、不在証明書のうち除票に記載のないことの証明を欠いた証明書を添付して申請された事件がありましたので、当該名義人の正確性を維持し難く、虚偽の登記を防止し得ないから、除票に記載のないことの証明を得るよう補正をうながしたところ、申請人の申し述べるところによれば、登記申請に必要であるから除票に記載なき旨の市長の証明方を申請したところ、市役所では事務取扱の関係で証明することができないと拒否されたので、補正することが不可能とのことで補正に応じられないとのことです。この場合当該申請事件は、不動産登記法第49条第8号〔現行不動産登記法25条9号〕の規定に基き却下すべきでしようか。

それともまた、他によい方法が存在しないので受理してさしつかえないでしようか。決し兼ねますので御指示を得たくお伺いいたします。」

［回答］　「前段貴見のとおりの取扱をするのが相当であるが、所問の場合には、当該登記名義人戸籍の附票の謄本を添付させて、それに当該登記名義人の登記簿〔記録〕上の住所に該当する記載のないことを確認した上で、当該登記申請を受理してもさしつかえないものと考える。

なお、右〔上〕のいずれの書面も添付せず、他の書面によつても申請人と登記名義人との同一性を認めがたいときは、不動産登記法第49条第8号〔現行不動産登記法25条9号〕により却下すべきであるから、念のため申し添える。」

②　昭32・10・4民三882

［要旨］　誤って本籍地を住所として登記をした場合の更正登記には、本籍地表示のある住民票または戸（除）籍謄本の添附があれば不在証明書の添附を要しない。

［照会］　「一、登記名義人の表示〔住所〕更正の登記の場合に、更正の対象となる登記された住所の表示が、当該申請人の本籍又は除籍の表示と同一であることによつて戸籍附票抄本若しくは戸籍抄本又は除籍抄本をもつて、当該権利の真正な名義人の表示を誤つたものであることを証明し、住民票抄本（戸籍附票抄本を添付したときは省略する。）を添付されてあつても、登記簿〔記録〕に記載されている住所には、該当者がない旨の証明書、即ち本籍（登記簿〔記録〕の住所と除籍とが同一の場合）又は除籍（登記簿〔記録〕の住所と本籍とが同一の場合）のないことの証明書並びに住民票、除かれた住民票に記載のないことの証明書の添付を要するものと考えますが、いかがでしようか。

二、登記名義人の登記簿〔記録〕上の住所の表示が前述の本籍又は除籍と同じであるが、当該申請書に添付された住所を証すべき書面（住民登録法の施行に伴い最初に届出した市区町村の証明にかかる住民票抄本）に、登記した当時の住所が公証されない場合（所有権移転の登記の日は、昭和22年6月25日。住民票に記載されてある住所を定めた日は、昭和25年8月12日）は、本籍又は除籍をもつて住所と推定し、右〔上〕の住民票に記載されてある住所を定めた日に移転があつたものと解し、前項の不在証明書を添付させ、変更登記として取り扱うべきと考えますがいかがでしようか。

右〔上〕事案は、いずれも住民登録法の施行に伴い生じた事件でありますので、今後画一的な登記事務の取扱をいたしたいと考えますから折返し御指示を得たくお伺いいたします。」

［回答］　「登記名義人の住所が本籍地をもつて表示されている場合においては、現在の住所を証する書面（住民票又は戸籍附票の謄本若しくは抄本）に記載されている本籍地と符合しているときは、申請書に現在の住所を証する書面のみを添付させて、登記名義人の表示〔住所〕の変更（当該登記が住民票における住所を定めた日より前になされている場合）又は更正（当該登記が住民票における住所を定めた日より後になされた場合）の登記として取り扱い、若し、符合しないときは、右〔上〕の書面のほか、本籍地の変更を証する戸籍又は除籍の謄本若しくは抄本を添付させて、右〔上〕と同様に登記名義人の表示の変更又は更正の登記として取り扱うべきである。

なお、右〔上〕により登記名義人の表示〔住所〕の変更の登記を申請する場合には、申請書に、住民票に記載されている住所を定めた日を住所の移転の日とし、住所移転と登記原因及びその日付を記載すべきである。」

事例56　住所錯誤・氏名変更

住所の登記に錯誤があり、その後に氏名変更した。

A市1番地　鈴木純子	→	A市2番地　佐藤純子
登　記　記　録		
住所錯誤（2番地が正しい）		平成21年10月12日 氏名変更

申請手続

1件の申請書で申請することができるが、登録免許税は不動産1個につき2,000円である。

申請書

登記の目的	所有権登記名義人住所、氏名変更、更正
原　　因	錯誤 平成21年10月12日　氏名変更
変更更正後の事項	氏名住所 A市2番地 佐藤純子
申　請　人	A市2番地　佐藤純子
添付情報	登記原因証明情報　代理権限証明情報
登録免許税	不動産1個につき金2,000円（登税別表1一(十四)、備考参照）

備　考

○　登録免許税（昭42・7・26民三794）

「4　登記の区分

イ　変更の登記と更正の登記とは別個の区分に属するので、たとえば、住所の移転及び氏名の錯誤による登記名義人の表示〔住所・氏名〕変更及び更正の登記を同一の申請書で申請する場合の登録免許税は、1不動産につき1,000円〔現行2,000円〕となる。

ただし、住所の錯誤及び住所の移転による登記名義人の表示〔住所〕更正及び変更の登記を同一の申請書で申請する場合の登録免許税は、不動産1個につき500円〔現行1,000円〕として取り扱ってさしつかえない。」

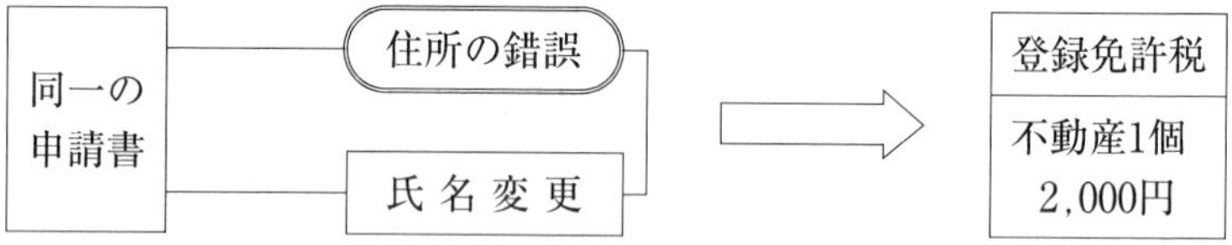

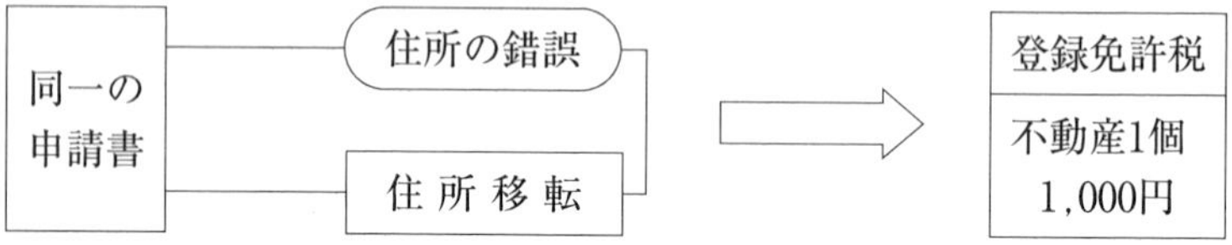

事例57　氏名錯誤・住所移転

氏名が錯誤、その後に住所移転した。

申請手続

105頁の 事例42 を参照。

事例58　親子関係不存在確認の裁判による氏名変更

親子関係不存在確認の裁判の確定により所有権登記名義人の氏名更正登記をする場合の登記原因。

申請手続

所有権登記名義人の氏名更正登記の登記原因は、錯誤である。

申請書

登記の目的	所有権登記名義人氏名更正
原　　　因	錯誤
更正後の事項	氏名 佐藤一郎
申　請　人	A市2番地　佐藤一郎
添付情報	登記原因証明情報　代理権限証明情報
登録免許税	不動産1個につき金1,000円（登税別表1一(十四)）

備　考

○　親子不存在確認の裁判による氏名変更

親子関係不存在確認の裁判により姓が変更したためにする所有権登記名義人の氏名更正登記の登記原因は錯誤であり、その日付の記載は要しない（登研213・67）。

事例59　同名異人の生年月日を付記する登記

所有権登記がされている住所を同じくする同名異人の共有者につき、生年月日を付記する登記の可否。

登記記録	
甲区2番	共有者 A市1番地 持分2分の1 甲野はな
甲区3番	共有者 A市1番地 持分2分の1 甲野はな

→ 生年月日を付記する更正登記 →

登記記録	
2番付記1号	共有者 甲野はな 昭和24年3月11日生

申請手続

生年月日を付記する所有権登記名義人生年月日表示登記の申請をすることができる。

申請書

登記の目的	2番登記名義人生年月日表示
追加する事項	共有者甲野はなの生年月日 昭和24年3月11日生
申請人	A市1番地　甲野はな
添付情報	登記原因証明情報（注）　代理権限証明情報
登録免許税	不動産1個につき金1,000円（登税別表1一⒁）

（注）　登記原因証明情報については、後掲 備考 (2)を参照。

備　考

(1)　**共有者の生年月日を付記する登記**（昭45・4・11民甲1426）

［要旨］　相続による共有持分移転登記の結果、住所を同じくする同名異人の共有者が併存することとなった場合、すでに登記されている住所を同じくする同名異人の登記名義につき、生年月日を付記する更正登記の申請をすることができる。

［照会］　「Ａの死亡により、ＢとＣが相続をなしたる後、Ｃ死亡によつてその持分をＤとＥが相続した。ところが、共有者のＢとＤはたまたま住所を同じくする同名異人であることから、Ｄが、Ｃからの相続による共有持分移転登記申請書に住所・氏名のほか、生年月日を記載して登記の申請があつた場合には、Ｄの生年月日を記載してもさしつかえないものと考えますがいかがでしようか。

また、すでに登記されているＢについても、生年月日を付記する登記はできるものと考えますが、この場合における添付書類はＢの生年月日を証する書面のみで受理してさしつかえないでしようか。いささか疑義がありますので、何分のご指示を賜わりたくお伺いします。

（相続関係説明書）

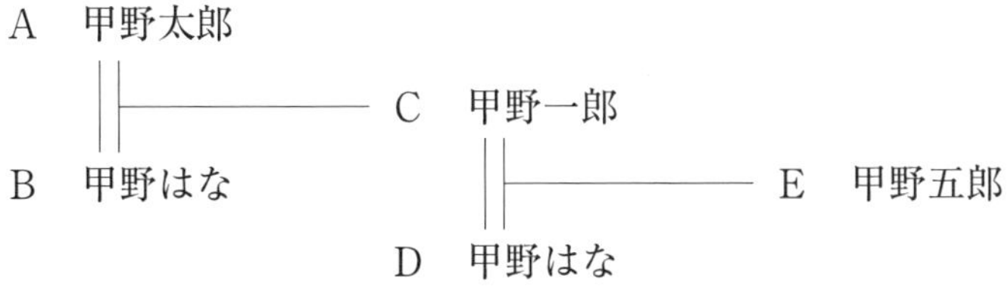

［回答］　「前段　所問の場合には、生年月日の登記をするのが相当である。

後段　更正の登記の申請があれば、受理してさしつかえない。」

【登記事項証明書例】（記録例630参照）

権　利　部（甲区）（所有権に関する事項）			
順位番号	登記の目的	受付年月日・受付番号	権利者その他の事項
2	所有権移転	平成20年7月25日第100号	原因　平成20年4月10日相続 共有者 Ａ市1番地 持分2分の1 甲野はな Ａ市1番地 2分の1 甲野一郎
付記1号	2番登記名義人生年月日表示	平成21年5月23日第150号	共有者甲野はなの生年月日 昭和24年3月11日生
3	甲野一郎持分全部移転	平成21年1月20日第90号	原因　平成20年12月3日相続 共有者 Ａ市1番地 持分4分の1 甲野はな 昭和48年2月10日生 Ａ市1番地 4分の1 甲野五郎

(2)　前掲先例がいう「更正の登記」とは

前掲(1)の先例（昭45・4・11民甲1426）がいう「更正の登記」とは、所有権登記名義人表示更正登記のことをいう。この場合、登記原因証明情報として、相続を証する関係書面を添付する（登情10・5・1参照）。

第10　外国在住日本人・外国人・外国法人

事例60　外国人が本国氏名を日本氏名に更正

外国人が本国の氏名で所有権登記済みのところ、これを日本における通称名に替えたい。

登　記　記　録		
所有権登記名義人 甲（外国の氏名）	→	乙（日本の通称名）

申請手続

外国人は本国における氏名によらず、日本で使用している氏名をもって登記の申請をすることができる。外国人が本国における氏名で登記している場合に、当該外国人の住民票の写しまたは外国人登録済証明書等によってその同一性が確認できるときは、便宜、日本における通称名に更正登記ができる。

備　考

(1)　外国人の登記名義（昭38・9・25民三666）

［要旨］　外国人（朝鮮人）名義に登記する場合に、〔住民票の写しまたは〕外国人登録済証明書に（誰々）こと誰々と、本国における氏名と日本において使用している氏名とが併記されているときは、本国の氏名または日本において使用している氏名のいずれを用いて登記の申請をしてもよい。

このことは、講和条約発効前より永住している者と、発効後日本に在留する者とを区別しない。

［照会］　「外国人（朝鮮人）が日本において使用している通称名をもつて登記がなされている場合、これを外国人氏名に更正を必要としない旨の決議（昭和34年10月15日京都地方法務局管内登記官吏合同決議……民事局長認可）がなされておりますところ、今回外国人（朝鮮人）名義に登記をするに当り、外国人登録済証明書に（誰々）、こと誰々と、本国における氏名と日本において使用している氏名とが併記されているときには、本国の氏名をもつて表示するのが相当と思いますが、強いて日本において使用している氏名を用い登記の申請があつた場合には、前記決議がなされていることでもあり、受理して差支えないとも考えますが、いささか疑義があり、目下差しかかつた事件がありますので至急何分の御教示を賜わりたくお伺いいたします。

なお、講和条約発効前より永住している者（当時日本において使用している氏名を用い、既に他の不動産につき登記されている者、また、されたことのある者も含む。）と発効後日本に在留する者とを区別して考える要はないと思いますが、併せて御教示願います。」

［回答］　「前段、後段とも貴見のとおりと考える。」

（筆者注）　平成24年7月9日、外国人登録法が廃止され、住民基本台帳法の一部が改正され施行されたことに伴い、外国人登録原票記載事項証明書にかわり、在留する一定の外国人（中長期在留者および特別永住者）に対しても、日本人と同様に住民票の写しが交付されることになった（平24・6・6民二1417）。

(2)　外国人が本国氏名を日本氏名に更正することの可否

外国人が本国（韓国）における氏名で登記している場合に、日本で使用している通称名に更正する登記は、外国人登録済証明書等によってその同一性が確認できるときは、便宜、申請することができる（登研411・85）。

事例61　外国人の婚姻による氏名変更

外国人が日本の通称氏名を婚姻により変更した場合の登記原因。

登　記　記　録
甲（日本の通称名）

→　乙（日本の通称名）

平成21年3月11日
婚　姻

申請手続

「年月日氏名変更」を原因とする所有権登記名義人の氏名変更登記を申請する。

申請書

登記の目的	所有権登記名義人氏名変更
原　　　因	平成21年3月11日　氏名変更
変更後の事項	氏名 　乙
申　請　人	○市○町○丁目○番地　乙
添付情報	登記原因証明情報　代理権限証明情報
登録免許税	不動産1個につき金1,000円（登税別表1一(十四)）

備　考

(1)　登記原因

婚姻、離婚、帰化、養子縁組、離縁、婚姻または縁組の取消し、裁判所の許可による氏名の変更等、原因のいかんを問わず「氏名変更」とする(記録例617の(注)1、研修講座341頁、「帰化」につき登研501・154)。

(2)　登記原因の日付

日本に住所を有する外国人の通称名が変更した場合には、「年月日氏名変更」を原因とする登記名義人氏名変更登記の申請をすることができる(登研582・185)。

事例62　外国法人の住所の記載方法

外国法人が日本における支店所在地をもって所有権登記することの可否。

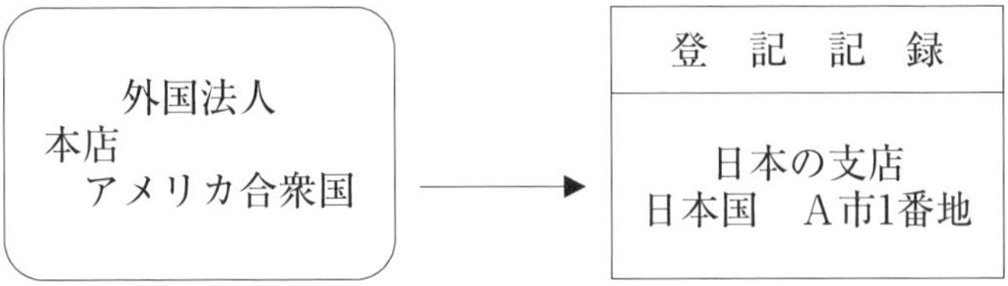

申請手続

本店のほか日本における営業所の所在地を併記してさしつかえない。

備　考

(1)　外国法人の日本における営業所の記載（昭41・5・13民三191）

［要旨］　日本に支店を有する外国法人が不動産に関する権利取得の登記を申請する場合、法人の住所は本店のほか日本における営業所の所在地を併記してさしつかえない。

［照会］　「外国法人が日本支店によつて本邦所在の不動産を取得した場合における登記の申請書に記載する法人の住所は、日本支店もしくは本店及び日本支店の所在地を記載すべきものと考えますが貴職の御意見を伺いたく照会いたします。」

［回答］　「本店の所在地のほか、便宜日本における営業所（支店）の所在地を併記してさしつかえないものと考えます。」

(2)　内国法人の支店名義の登記の可否（昭39・7・28民甲2691）

［要旨］　会社の支店名義とする所有権移転の登記の申請は、受理されない。

［照会］　「代物弁済の登記原因で会社の支店名義とする所有権移転の登記申請は受理してさしつかえないものと考えますが、いささか疑義がありますので、さしかかつた事案につき折返し電信で御指示願います。」

［回答］　「会社の支店名義とする所有権移転の登記の申請は受理すべきでない。」

事例63　外国在住日本人の住所変更の証明書

外国に住所を有する外国在住の日本人が、日本国内で所有する不動産の住所変更登記に添付すべき住所変更証明書。

登　記　記　録
住所（日本国） A市1番地

→　アメリカ合衆国
○州○郡2番地

平成21年3月11日
住所移転

申請手続

アメリカ合衆国に住所移転した旨（在留している旨）の証明書としては、在アメリカ合衆国日本国（総）領事の証明に係る証明書を提出するのが相当であるが、便宜、アメリカ合衆国公証人の証明に係る証明書でもさしつかえない。

申請書

登記の目的	所有権登記名義人住所変更
原　　　因	平成21年3月11日　住所移転
変更後の事項	住所 　アメリカ合衆国○州○郡2番地
申　請　人	アメリカ合衆国○州○郡2番地　甲

添付情報	登記原因証明情報　代理権限証明情報
登録免許税	不動産1個につき金1,000円（登税別表1一⒁）

備　考

(1)　外国在住日本人の住所証明書（昭33・1・22民甲205）

［要旨］　国外移住者の不動産登記法施行細則41条ノ2〔現行不動産登記令7条1項6号・別表～住所証明情報〕の書面は、その者の住所地を管轄する在外公館の証明を得た書面を提出すべきである。

［照会］　「不動産登記法施行細則第41条ノ2〔現行不動産登記令7条1項6号・別表～住所証明情報〕の書面は、当該人が国外移住者であるときは、住民登録法第25条〔昭和42年11月10日住民基本台帳法の施行により、住民登録法は廃止〕による移転先を証する書面を添付すればよいか、又は現住所を証する書面の添付を要するか。

右〔上〕後段による書面の添付を要するとすれば、如何なる書面を添付すべきでしょうか。

目下さしかかつた事件がありますので、至急何分の御指示を賜りたくお願いします。」

［回答］　「登記権利者の住所地を管轄する在外公館の証明を得た書面を提出すべきものと考える。」

(2)　外国在住日本人の住所証明書等（昭40・6・18民甲1096）

［要旨］　①　在米日本人が、登記義務者として登記を申請するための委任状の委任事項および委任者の署名についてアメリカ

合衆国公証人が証明している場合、申請を受理される。

② 外国文字で表示されている委任状の翻訳文は、登記申請代理人が作成したものでさしつかえない。

③ 在米アメリカ人が住所についてした宣誓口述に基づいてアメリカ公証人が署名した書面は、住所変更を証する書面となり得る。

④ 在米日本人の住所を証する書面としては、その本国官憲の証明に係る書面を提出するのが相当であるが、アメリカ公証人の証明にかかるものを添付してされた申請は、便宜受理してさしつかえない。

［照会］　「米国に住所を有する者が登記を申請する場合の不動産登記法第43条〔現行不動産登記令7条1項6号・別表の23の項〕の規定による情報〔登記名義人住所変更を証する情報〕等について

標記の件について当局管内三角支局長から別紙のとおり照会があり、第1項及び第2項については貴見のとおりと考えるが、第3項について左記〔下記〕のとおり疑義があり、決しかねますので至急何分の御指示をお願いいたします。

記

一、　米国に住所を有する米国人が、その住所地についてした宣誓口述に基いて米国公証人が署名した書面は、住所の変更を証する書面として差支えないか。

二、　前項を積極に解した場合、甲が他の乙及び丙の住所地についても宣誓口述をしているとき、乙及び丙の住所の変更を証する書面として差支えないか。

三、　一般的に、米国内に住所を有する米国人又は日本人が登記を申請する場合に提出すべき不動産登記法第43条〔現行不動産登記令7条1項6号・別表の23の項～登記名義人住所変更を証する情報〕又は同法施行細則第41条〔現行不動産登記令7条1項6号・別表〕の規定による書面〔住所証明情報〕としては、いかなる機関の証明に係るものが相当か。

別紙

（昭和40年3月29日付日記第202号熊本地方法務局長あて、熊本地方法務局三角支局長照会）

アメリカ合衆国に在住する日本人及びアメリカ合衆国の国籍を有する二世（日本国籍を有しない者）が日本に所有する不動産を処分することの包括委任をなした場合において、その委任状を添付し所有権移転登記を右〔上〕の代理人によつて申請する場合、ならびに移転登記の前提として登記名義人の住所変更登記をなすについて、左記〔下記〕のとおり疑義があり、目下事件が提出されているので至急何分の御指示をお願いします。

記

一、委任状自体に直接公証人において、その委任事項及び署名の真正である旨を証明しているが、その公証人が米国の権限ある官署において任命されたものであり、かつその署名について真正なものであることの米国官憲（裁判所）又は日本国総領事の証明がなされていない場合においても、委任状は真正なものとして受理してさしつかえないか。

二、委任状は、外国文字をもつて表示されているので、日本語訳文が付されているが、その翻訳人は登記申請代理人においてなしたものでさしつかえないと考えるがどうか。

三、住所変更を証する書面として共有者の1名が公証人の面前で宣誓し、共有者全員についてその住所地の口述をなし公証人の署名した書面を添付しているが、住所変更を証する書面としては、日本人については日本国領事、米国人については米国官公署の証明した書面を提出するのが相当と考えるが、どうか。

なお、参考のため別紙委任状等の写を添付します。

参照　昭和33年8月27日民事甲第1738号民事局長心得通達

昭和30年2月3日民事甲第227号民事局長回答

（原文省略）

翻　訳　文

カリフオルニヤ州 ⎫
サン・ジヤカン郡 ⎭ SS

私　ユキオ・シミズは最初に次のことを宣誓します。

即ち私は1925年3月13日カリフオルニヤ州サンジヤカン郡のスタクトンで生れたアメリカ合衆国の一市民である。

そして私はサダジシミズとカズシミズとの間の長男であり、現在カリフオルニヤ州スタクトンバコンアイスランドスに住んで居る。

そして私はアメリカ合衆国の市民権を放棄したことはないし生まれてから上述の市民権をなくそうとしたことはない。

私の兄弟のヒデオシミズと姉妹のヤスコキヤロリンシミズはカリフオルニヤ州スタクトンで生れ、アメリカ合衆国の彼等の市民権を持つている。それから他の三人姉妹ハツメシミズ、ヨシエシミズ、サツキシミズはカリフオルニヤ州スタクトンの生れで1962年8月以来、彼等はミシガン州に住んで居る。彼等はアメリカ合衆国の市民権を持つているし、生れて以来上述の市民権をなくそうとしたことはない。

フレッド　K　トバナ カリフオルニヤ公証人 サン　ジヤカン市

ユキオシミズ

1965年1月4日私のところで記述宣誓した。

フレッドK　トバナ

カリフオルニヤ州サンジヤカン市公証人

1965年11月23日まで

上記のとおり翻訳しました。

益永　篤㊞

アメリカ合衆国

カリフオルニヤ州

サンシヨウクイン郡

委　任　状

出生によりアメリカ市民である我々カリフオルニヤ州スタクトンのヒデオシミズ、ヤスコキヤロリンシミズ、ミシガン州デトロイトのハツメシミズ、ヨシエシミズおよびサツキシミズの全員はここに日本国熊本県大江町九品寺235の山川松平を我々のために次の資格における事実上の我々の正当な代理人に指命する。

すなわち日本で我々の名義で登録されている全財産の売却、相続、所有権の譲渡、移転、住所および名義の変更に必要なあらゆる処理を行なう資格である。

証　明

我々はここに我々の署名を1964年12月19日に成せり

私　ヘンリー　B　シスケ

アメリカ合衆国ミシガン州

ユキオ　シミズ

ウエイン郡の公証人は　ハツメシミズ、ヨシエシミズ、ヒデオシミズ

サツキシミズの署名を正しいものと証明する。

ヘンリー　B　シスケ

ヤスコキヤロリンシミズ

ハツメ　シミズ

ヨシエ　シミズ

サツキ　シミズ

任期は1967年4月に満期となる。

カリフオルニヤ州

サンジヨウクイン郡

1964年12月19日

正式に任命され宣誓したカリフオルニヤ州の公証人であるフレッドKドバナのもとにヤスコキヤロリンシミズが出頭し、中の証書に自らその名を署名したことを私は証明する。

この証明に際してサンジヨウクイン郡にてこの証明書の上記の日付において私は署名をしここに押印するものである。

フレッド　K　ドバナ

カリフオルニヤ州公証人

私の委任状は1965年11月23日に終る

カリフオルニヤ州

サンジヨウクイン郡

1964年12月30日

私は正式に任命され宣誓したカリフオルニヤ州の公証人であるフレッドKドバナのもとにユキオシミズおよびヒデオシミズが出頭し、中の証書に彼らは自らその名を署名したことを私は

証明する。

この証明に際してサンジヨウクイン郡にてこの証書の上記の日付において私は署名をしここに押印するものである。

フレッド　K　ドバナ

カリフオルニヤ州公証人

私の委任状は1965年11月23日に終る

上記のとおり翻訳しました。

益　永　　篤　㊞」

［回答］　「照会のあつた標記の件については、第1項、第2項及び貴職あて三角支局長照会文中第1項、第2項のいずれも貴見のとおり取り扱つてさしつかえないものと考える。

第3項については、アメリカ合衆国の国籍を有する者についてはアメリカ合衆国官公署の、日本国籍を有する者についてはその者の居住地を管轄する在アメリカ合衆国日本国（総）領事の証明に係る書面を提出するのが相当であるが、便宜、アメリカ合衆国公証人の証明に係る書面を提出してもさしつかえない。」

(3)　ブラジル在住日本人の例（昭54・6・29民三3548）

［要旨］　ブラジル在住の日本人が、①相続分不存在の証明書、②委任状、③所有権移転登記の嘱託承諾書、④遺産分割協議書、⑤住所地に関する宣誓書を提出するにつき、これに添付する本人の署名証明は、ブラジル国の公証人の署名証明でも差し支えない。

本人の署名は、日本文字、ローマ字のいずれか、またはこれらを併記したものでも差し支えない。

［照会］　「伯国在留邦人の署名証明について（照会）

ブラジル連邦共和国に在留する邦人が、本邦の登記所に(1)相続分不存在の証明書、(2)委任状、(3)所有権移転登記の嘱託承諾書、(4)遺産分割協議書及び(5)住所地に関する本人の宣誓書を提出する際、従来最寄りのわが国在外公館（日本国大使館又は総領事館等）へ出頭のうえ本人の署名証明の発給を受けていますが、その居住地が公館より遠隔の地にあつたり、老齢、病気等の理由で容易に公館に出頭出来ない人もいるため、今般在ブラジル日本国大使館に対し同国公証人制度につき調査を指示した結果、同国は公証人に関する統一的法律はないが各州がそれぞれ独自の法律を制定している旨報告越すとともに、その代表的州の関係法規（別添写）を送付越しました。つきましては右〔上〕写を1部送付しますので貴省において下記につき御検討頂きたく結果回報願います。

記

1　前記五つの書類につき伯国の公証人によりなされた本人の署名証明をもつてわが国在外公館の署名証明に代えることは差しつかえないか。

2　上記の原文書は外国語により作成したものでもよいと考えるがいかん。

3　本人の署名は日常使用するローマ字綴りの署名、又は日本文字およびローマ字による署名の併記したものでもさしつかえないと考えるがいかん。」

［回答］　「第1項　　差し支えない。

第2、3項　貴見のとおり。」

第11　共有関係

事例64　共有者中1名の住所移転

共有者の1人が住所を移転した。この場合の「登記の目的」は。

登　記　記　録
共有者　甲　A市1番地
共有者　乙　B市3番地

→

共有者　甲　D市7番地

平成21年12月10日
住所移転

申請手続

共有者の1人につき所有権登記名義人住所変更登記を申請する場合は、登記の目的を「所有権登記名義人住所変更」とする。

申請書

登記の目的	所有権登記名義人住所変更
原　　　因	平成21年12月10日　住所移転
変更後の事項	共有者甲の住所 D市7番地
申　請　人	D市7番地　甲
添付情報	登記原因証明情報　代理権限証明情報
登録免許税	不動産1個につき金1,000円（登税別表1一⑭）

備　考

○　登記の目的

共有者の1人につき登記名義人住所変更登記を申請するときは、単有の登記名義についてする場合と同様に、登記の目的を「所有権登記名義人住所変更」とする（登研318・75）。

事例65　共有者全員が同一日・同一住所に移転

共有者の全員が、同一日に同一場所に移転した。

登記記録			
共有者　甲　A市1番地	→	甲　D市7番地	平成21年12月10日 住所移転
共有者　乙　A市1番地	→	乙　D市7番地	

申請手続

共有者甲、乙の所有権登記名義人住所変更登記は、1件の申請書で申請することができる。

申請書

登記の目的	所有権登記名義人住所変更
原　　　因	平成21年12月10日　住所移転
変更後の事項	共有者甲・乙の住所 　D市7番地
申　請　人	D市7番地　甲 D市7番地　乙
添付情報	登記原因証明情報　代理権限証明情報
登録免許税	不動産1個につき金1,000円（登税別表1一(十四)）

備　考

(1)　登録免許税（昭42・7・26民三794）

「共有者数人が同一の申請書で登記名義人の表示変更の登記を申請する場合の登録免許税は1不動産につき500円〔現行1,000円〕で足りる。」

(2)　申請人

①　登記記録上の住所が同一である共有者Ａ・Ｂが同時に同一の地に住所移転した場合、登記名義人の住所変更登記の申請は1件の申請書で行うことができるが（登研409・85）、この申請はＡ・Ｂが共に申請人となるべきであり、ＡまたはＢの一方から申請することはできない（登研440・80）。

②　代理人は、共有者の1人からの登記申請代理権の授権のみで、共有者全員のために登記名義人住所（または氏名）変更登記を申請することはできない（登研458・94）。

事例66　同一人に係る単有名義と共有名義の住所移転

所有者甲および共有者甲の住所移転登記の一括申請の可否。

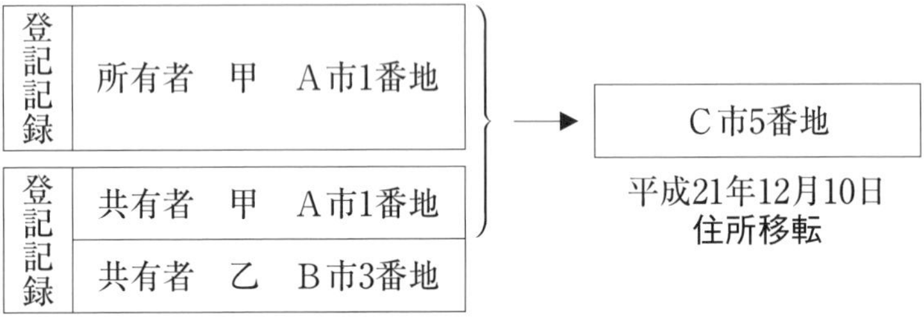

申請手続

登記原因およびその日付が同一であれば、1件の申請書で申請できる。

申請書

登記の目的	所有権登記名義人住所変更
原　　因	平成21年12月10日　住所移転
変更後の事項	所有者及び共有者甲の住所 C市5番地
申　請　人	C市5番地　甲
添付情報	登記原因証明情報　代理権限証明情報
登録免許税	不動産1個につき金1,000円（登税別表1一(十四)）

備　考

○　申請書の数・「変更後の事項」の記載方法

単有名義と共有名義の不動産について住所移転による住所変更登記の申請をする場合、登記原因およびその日付が同一であれば、1件の申請書で申請できる。この場合の「変更後の事項」は、「所有者及び共有者何某の住所」と記載する（登研360・92）。

事例67 甲の単有名義、甲・乙の共有名義の住所移転

甲単有不動産および甲・乙共有不動産の住所移転登記の一括申請の可否。

登記記録	所有者　甲　A市1番地

登記記録	共有者　甲　A市1番地
	共有者　乙　B市3番地

→ 甲・乙ともに

C市5番地

平成21年12月10日
住所移転

申請手続

各不動産につき申請人（所有者）が異なっているから、登記原因およびその日付が同一であっても、甲および乙の住所移転登記を1件の申請書で申請することはできない。

ただし、本事例の場合には、甲については、2個の不動産の住所変更登記を1件の申請書で申請することができる。160頁の 事例66 を参照。

備　　考

(1)　1件の申請書による申請の可否

甲単有名義、甲・乙共有名義の各不動産につき、登記原因およびその日付が同一であっても、甲と乙の住所移転による登記名義人の住所変更の登記を同一申請書によって申請することはできない（登研519・187）。

(2)　登記の申請人

A・Bの共有不動産の場合には、登記申請はA・Bが共に申請人となるべきであり、AまたはBの一方から申請することはできない（登研440・80）。

事例68　共有者中数名が同一日・同一住所に移転

共有者中の数名が、同一日に同じ場所に住所移転した。

登　記　記　録
共有者　甲　A市1番地
共有者　乙　A市1番地
共有者　丙　C市5番地

共有者　甲　A市1番地 → 甲　D市7番地
共有者　乙　A市1番地 → 乙　D市7番地
平成21年12月10日　住所移転

申請手続

登記記録上の住所が同一である共有者甲・乙が同時に同一地に住所移転した場合は、所有権登記名義人住所変更登記の申請は1件の申請書で行うことができる。

申請書

登記の目的	所有権登記名義人住所変更
原　　　因	平成21年12月10日　住所移転
変更後の事項	共有者甲・共有者乙の住所（または、共有者甲・乙の住所） 　D市7番地
申　請　人	D市7番地　甲 D市7番地　乙
添付情報	登記原因証明情報　代理権限証明情報
登録免許税	不動産1個につき金1,000円（登税別表1一(十四)）

備　考

(1)　登録免許税（昭42・7・26民三794）

「共有者数人が同一の申請書で登記名義人の表示変更の登記を申請する場合の登録免許税は1不動産につき500円〔現行1,000円〕で足りる。」

(2)　申請人

登記記録上の住所が同一である共有者Ａ・Ｂが同時に同一の地に住所移転した場合、登記名義人の住所変更登記の申請は1件の申請書で行うことができるが（登研409・85）、この申請はＡ・Ｂが共に申請人となるべきであり、ＡまたはＢの一方から申請することはできない（登研440・80）。

事例69　共有者の移転日・移転場所が異なっている場合

共有者各々につき、住所移転日・移転場所が異なっている場合の一括申請の可否。

登　記　記　録		平成21年1月10日 住所移転／平成21年4月25日 住所移転
共有者　甲　A市1番地	→	共有者　甲　D市7番地（平成21年1月10日 住所移転）
共有者　乙　A市1番地		
共有者　丙　C市5番地	→	共有者　丙　E市9番地（平成21年4月25日 住所移転）

申請手続

登記原因および「変更後の事項」が異なっているから、共有者甲、丙の所有権登記名義人住所変更登記は、別個の申請書で申請する。

申 請 書

共有者甲についての申請書は、次のようになる。

登記の目的	所有権登記名義人住所変更
原　　　因	平成21年1月10日　住所移転
変更後の事項	共有者甲の住所 D市7番地
申　請　人	D市7番地　甲
添付情報	登記原因証明情報　代理権限証明情報

登録免許税	不動産1個につき金1,000円（登税別表1一㈣）

備　考

○　申請書の数

数人の共有者が、同一の登記原因および日付で登記名義人の住所の変更の登記を申請する場合には、同一の申請書で申請することができるが、別々に異なる場所に移転した場合には、各人が別々に申請する（先例解説総覧1080頁、登記手続総覧3・321頁参照）。

事例70　途中の移転経過は異なるが、最終の住所・移転日は全員同じ

共有者全員につき住所移転があり、最終の移転場所と移転日が同一の場合の申請方法。

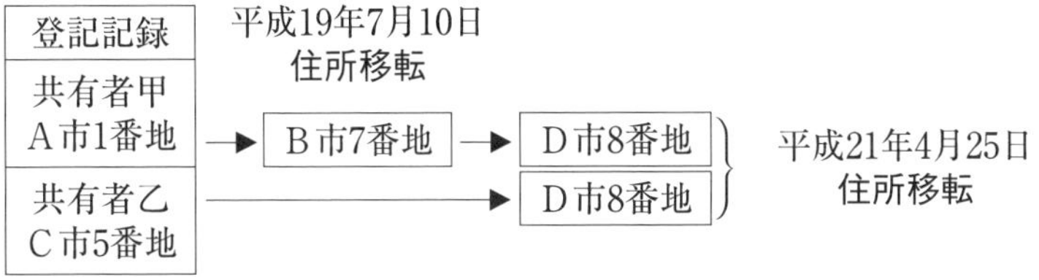

申請手続

共有者甲乙の登記記録上の住所が異っている場合に、共有者甲乙が同一日付で同一場所に住所移転したときは、便宜、同一の申請書で登記名義人住所変更登記を申請することができる。

申 請 書

共有者甲の所有権登記名義人住所変更の登記申請書は、次のようになる（各別に申請した例）。

登記の目的	所有権登記名義人住所変更
原　　　因	平成21年4月25日　住所移転
変更後の事項	共有者甲住所 D市8番地
申　請　人	D市8番地　甲

添付情報	登記原因証明情報　代理権限証明情報
登録免許税	不動産1個につき金1,000円（登税別表1一㈣）

備　考

○　一括申請の可否

①　登記記録上の住所が、共有者甲はＡ、共有者乙はＢである場合に、甲と乙が同一日付で同一の地に住所移転したときは、便宜、同一申請書により登記名義人住所変更登記の申請をすることができるという見解が示されている（登研575・122）。

②　登記記録上の住所が同一である共有者Ａ・Ｂが同時に同一の地に住所移転した場合、登記名義人の住所変更登記の申請は1件の申請書で行うことができる（登研409・85、同440・80）。

③　数人の共有者が、同一の登記原因および日付で登記名義人の住所の変更の登記を申請する場合には、同一の申請書で申請することができるが、別々に異なる場所に移転した場合には、各人が別々に申請する（先例解説総覧1080頁、登記手続総覧3・321頁参照）。

事例71　共有者甲・乙の住所を逆に登記

共有者甲・乙の住所を誤って逆に登記したので、その更正登記の方法。

登記記録		正しい住所
共有者甲　Ｂ市3番地	→	Ａ市1番地
共有者乙　Ａ市1番地	→	Ｂ市3番地

申請手続

所有権登記名義人住所更正登記の申請をする。この場合、共有者甲および乙の各住所の更正は、1件の申請書で申請することができる。

申請書

登記の目的	所有権登記名義人住所更正
原　　因	錯誤
更正後の事項	共有者甲の住所 　Ａ市1番地 共有者乙の住所 　Ｂ市3番地
申　請　人	Ａ市1番地　甲 Ｂ市3番地　乙
添付情報	登記原因証明情報　代理権限証明情報

登録免許税	不動産1個につき金1,000円（登税別表1一㈣）

備　考

(1)　一括申請の可否（昭38・9・25民甲2654）

［照会］　「本事案は登記原因及び其日付並びに抽象的登記の目的（所有権登記名義人表示〔住所〕更正）が同一であり、一括申請を認めても、登記の目的の併記が可能であつて（例示「甲の住所「A」とあるを「B」に、乙の住所「B」とあるを「A」と更正」）その処理には支障がなく、一方申請人の経済及び事務簡素化の見地から決議のとおり認可したいと考えますが、不動産登記法第46条〔現行不動産登記令4条・不動産登記規則35条〕の規定から、いささか疑義がありますので何分の御指示を願います。」

［回答］　「甲、乙の共有とする取得の登記の際、申請の錯誤により、「甲については、乙の住所」を、「乙については、甲の住所」を表示して登記した物件につき、右〔上〕両名の名義人の表示〔住所〕更正の登記を1件で申請があつた場合には、当該申請を受理してさしつかえない。」

(2)　登録免許税（昭42・7・26民三794）

「共有者数人が同一の申請書で登記名義人の表示〔住所・氏名〕変更の登記を申請する場合の登録免許税は1不動産につき500円〔現行1,000円〕で足りる。」

(3)　申請人

①　登記記録上の住所が同一である共有者A・Bが同時に同一の地

に住所移転した場合、登記名義人の住所変更登記の申請は1件の申請書で行うことができるが（登研409・85）、この申請はＡ・Ｂが共に申請人となるべきであり、ＡまたはＢの一方から申請することはできない（登研440・80）。

② 代理人は、共有者の1人からの登記申請代理権の授権のみで、共有者全員のために登記名義人住所（または氏名）変更登記を申請することはできない（登研458・94）。

事例72　共有者の1人から住所変更登記を申請することの可否

共有者の全員が、同一日に同一場所に住所移転した。この住所変更登記の申請を1件の申請書で申請する場合、共有者中の1人から共有者全員のために申請することができるか。

登　記　記　録
共有者甲　A市1番地
共有者乙　A市1番地
共有者丙　A市1番地

平成21年12月10日
住所移転

D市7番地

申請手続

本事例の場合は、共有者全員の登記名義人住所変更登記は1件の申請書で申請することができるが、登記の申請は共有者全員からしなければならない。

申請書

登記の目的	所有権登記名義人住所変更
原　　　因	平成21年12月10日　住所移転
変更後の事項	共有者甲・乙・丙の住所 　D市7番地
	D市7番地　甲

申　請　人	D市7番地　乙 D市7番地　丙
添付情報	登記原因証明情報　代理権限証明情報
登録免許税	不動産1個につき金1,000円（登税別表1一(十四)）

備　考

(1)　申請人

①　登記記録上の住所が同一である共有者A・Bが同時に同一の地に住所移転した場合、登記名義人の住所変更登記の申請は1件の申請書で行うことができるが（登研409・85）、この申請はA・Bが共に申請人となるべきであり、AまたはBの一方から申請することはできない（登研440・80）。

②　代理人は、共有者の1人からの登記申請代理権の授権のみで、共有者全員のために登記名義人住所（または氏名）変更登記を申請することはできない（登研458・94）。

(2)　登録免許税（昭42・7・26民三794）

「共有者数人が同一の申請書で登記名義人の表示〔住所・氏名〕変更の登記を申請する場合の登録免許税は1不動産につき500円〔現行1,000円〕で足りる。」

第12　法人（本店・商号等）

事例73　商号の変更

会社が、商号を変更した。

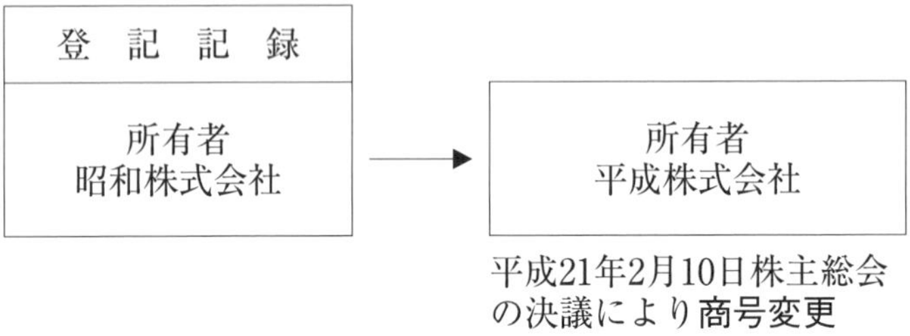

申請手続

商号変更の原因日付は、株主総会の決議の効力が生じた日である。この日付は、登記原因証明情報に記載された商号変更の日を記載することになる。

申 請 書

登記の目的	所有権登記名義人名称変更
原　　因	平成21年2月10日　商号変更
変更後の事項	商号 平成株式会社
申　請　人	B市3番地 平成株式会社 （会社法人等番号　○○○○－○○－○○○○○○） 代表取締役　甲

添付情報	登記原因証明情報　会社法人等番号 代理権限証明情報
登録免許税	不動産1個につき金1,000円（登税別表1一㈹）

備　考

(1)　商号変更の日付

当該法人の登記記録に記録された変更の日を記載する。商号は定款の絶対的記載事項であり、定款の変更をするためには株主総会の決議を要する（会社27①二・466・309②）。株主総会の決議は、決議成立と同時にその効力を生ずるのが原則であるが（詳解商業登記（上）394頁。官庁の許可を要するときは、許可の日）、判例は、「株主総会の決議の効力の発生を条件または期限にかからしめることは、法律の規定、趣旨または条理に反しない限り、原則として許される」としている（最判昭37・3・8民集16・3・473）。

したがって、株主総会における商号変更決議の効力が、将来の一定の日に生ずる旨を条件としている場合は、その効力が生じた日を記載する（当該法人の登記記録に記録された商号変更の日を記載することになる。）。

(2)　登記名義人等の商号中にローマ字等を用いることの許容（平14・10・29民二2551）

(2)　許容
　権利者　甲市乙町何番何号
　　　　　株式会社Bob&Job's　A・C,D・C-21.net

2　登記事項証明書例（甲区）

権利部（甲区）（所有権に関する事項）			
順位番号	登記の目的	受付年月日・受付番号	権利者その他の事項
何	所有権移転	平成何年何月何日 第何号	原因　平成何年何月何日売買 所有者　甲市乙町何番何号 株式会社　Bob&Job's A・C,D・C-21.net

事例74　本店移転

会社が、本店を移転した。

登　記　記　録		
平成株式会社 本店　A市1番地	→	平成株式会社 本店　B市2番地
		平成21年2月10日取締役会の決議により本店移転

申請手続

本店移転の日は、登記原因証明情報に記載された日である。

申請書

登記の目的	所有権登記名義人住所変更
原　　　因	平成21年2月10日　本店移転
変更後の事項	本店 　B市2番地
申　請　人	B市2番地 　　平成株式会社 　　（会社法人等番号　○○○○－○○－○○○○○○○） 　　　代表取締役　甲
添付情報	登記原因証明情報　会社法人等番号 代理権限証明情報
登録免許税	不動産1個につき金1,000円（登税別表1一(十四)）

備　　考

○　本店移転の日付

当該法人の登記記録に記録されている本店移転の日を記載する。本店移転の決議は、株式会社にあっては原則として、指名委員会等設置会社でない取締役会設置会社では取締役会の決議（会社362②)、取締役会非設置会社では取締役の決議（会社348①②）で行う。取締役会等の決議で定めた日に現実に本店を移転したときは、その日が本店移転の日となる（昭41・2・7民四75参照)。

事例75　本店を数回移転

会社が、本店を数回移転している。

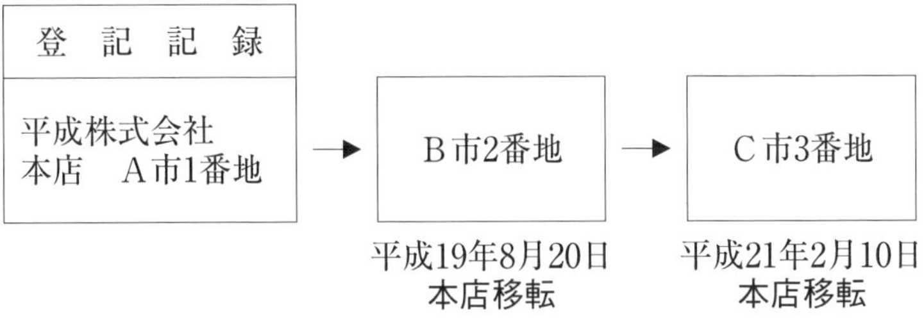

申請手続

同一の登記原因が数個存するときは、最終のものを記載する。

申請書

登記の目的	所有権登記名義人住所変更
原　　　因	平成21年2月10日　本店移転
変更後の事項	本店 　C市3番地
申　請　人	C市3番地 　　平成株式会社 　　（会社法人等番号　○○○○−○○−○○○○○○） 　　　代表取締役　甲
添付情報	登記原因証明情報　会社法人等番号 代理権限証明情報
登録免許税	不動産1個につき金1,000円（登税別表1一(十四)）

備　考

○　登記原因（昭32・3・22民甲423）

「登記名義人の表示〔住所〕の変更が数回にわたってなされている場合には、1個の申請により、直ちに現在の表示〔住所〕に変更の登記をすることができる。なお、この登記を申請するには、申請書に、登記原因及びその日付を併記し（ただし、同種の登記原因（例えば、住所移転）が数個存するときは、便宜その最後のもののみを記載してもさしつかえない。）、各変更を証する書面〔登記原因証明情報〕を添付するのが相当であり、登録税は、1件として徴収すべきである。」

事例76　本店移転・商号変更

会社が、本店移転と商号変更をした。

登記記録				
A市1番地 昭和株式会社	→	B市2番地	→	平成株式会社
		平成21年1月1日 本店移転		平成21年4月1日 商号変更

申請手続

申請情報には、登記原因を併記する。

申請書

登記の目的	所有権登記名義人住所、名称変更
原因	平成21年1月1日　本店移転 平成21年4月1日　商号変更
変更後の事項	本店商号 　B市2番地 　　平成株式会社
申請人	B市2番地 　　平成株式会社 　　（会社法人等番号　○○○○－○○－○○○○○○○） 　　　代表取締役　甲
添付情報	登記原因証明情報　会社法人等番号 代理権限証明情報
登録免許税	不動産1個につき金1,000円（登税別表1一(十四)）

備　考

(1)　登記原因（昭32・3・22民甲423）

「登記名義人の表示〔住所〕の変更が数回にわたってなされている場合には、1個の申請により、直ちに現在の表示〔住所〕に変更の登記をすることができる。なお、この登記を申請するには、申請書に、登記原因及びその日付を併記し（ただし、同種の登記原因（例えば、住所移転）が数個存するときは、便宜その最後のもののみを記載してもさしつかえない。）、各変更を証する書面〔登記原因証明情報〕を添付するのが相当であり、登録税は、1件として徴収すべきである。」

(2)　登録免許税（昭42・7・22民甲2121）

「㊂　登記の区分

1　法別表第1、第1号㈩〔現行⒁〕に掲げる附記登記、抹消した登記の回復の登記、登記の更正の登記、登記の変更の登記は、それぞれ別の区分に属する。

2　同一の申請書で前項の同一の区分に属する登記を申請する場合の登録免許税は、不動産1個につき500円〔現行1,000円〕（法別表第1、第1号㈩、⒀〔現行⒁〕及び法第18条参照）。したがって、1個の不動産につき数個の抵当権の抹消の登記の申請を同一の申請書でする場合の登録免許税は500円〔現行1,000円〕で足りる。」

事例77　住居表示実施による本店変更・商号変更

① 住居表示実施による本店変更後に、商号変更をした。
② 商号変更後に、住居表示実施による本店変更があった。

申請手続

43頁の 事例17 を参照。

事例78　住居表示実施前の本店所在地で登記

住居表示が実施されたのにもかかわらず、住居表示実施前の本店所在地で所有権登記をした。本店所在地を住居表示実施後のものに是正する方法は、住所更正登記によるべきか。

住居表示実施前		住居表示実施		所有権の登記
Ａ市100番地	→	Ａ市〇丁目 2番3号	→	Ａ市100番地

住居表示実施前の本店所在地で登記をした

申請手続

「錯誤」を登記原因とする登記名義人住所更正登記を申請する。登録免許税は課税される。

申 請 書

登記の目的	所有権登記名義人住所更正
原　　　因	錯誤
更正後の事項	本店 Ａ市〇丁目2番3号

申　請　人	A市○丁目2番3号 株式会社　A （会社法人等番号　○○○○－○○－○○○○○○○） 代表取締役　甲
添付情報	登記原因証明情報　会社法人等番号 代理権限証明情報
登録免許税	不動産1個につき金1,000円（登税別表1一⒁）

備　考

(1)　登記の目的・登記原因・登録免許税

住居表示実施により本店所在地が変更されたにもかかわらず、住居表示実施前の本店所在地で所有権取得登記をした場合、本店所在地の是正方法は登記名義人住所更正登記による。この場合にあっては、登録免許税を納付しなければならない（登研452・113）。

(2)　類似例－自然人の場合

38頁 **事例15** を参照。

事例79　組織変更

持分会社が、株式会社に組織変更した。

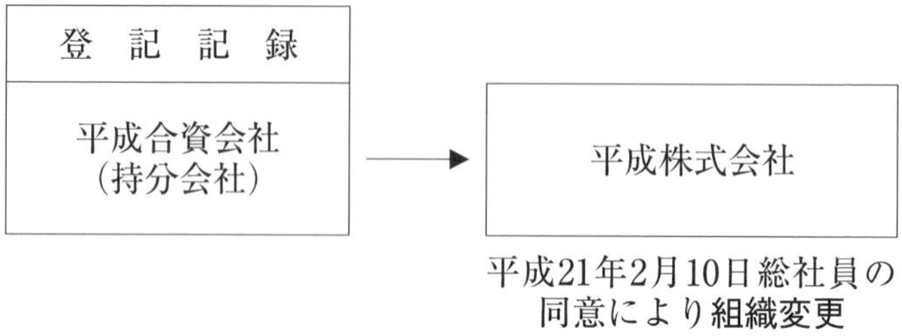

申請手続

持分会社（合名会社・合資会社・合同会社）が株式会社に組織変更した場合は、所有権登記名義人名称変更登記の申請をする。

申請書

登記の目的	所有権登記名義人名称変更
原　　　因	平成21年2月10日　組織変更
変更後の事項	商号 平成株式会社
申　請　人	B市3番地 平成株式会社 （会社法人等番号　○○○○－○○－○○○○○○） 代表取締役　甲

添付情報	登記原因証明情報　会社法人等番号 代理権限証明情報
登録免許税	不動産1個につき金1,000円（登税別表1一㈣）

備　考

(1)　登記の方法

持分会社の組織を変更して株式会社とした場合には、持分会社所有の不動産について、「年月日組織変更」を原因として株式会社名義とする所有権登記名義人の名称変更登記をする（登研32・27、同160・47）。

(2)　組織変更の日付

組織変更をする持分会社は、組織変更計画で定めた組織変更の効力発生日に株式会社となる（会社746①九・747①）。ただし、組織変更計画で定めた効力発生日までに債権者保護手続（会社781②・779）が終了していなければ、組織変更の効力は生じない（会社747⑤）。したがって、効力発生日までに債権者保護手続が終了する見込みがないときは、会社は事前に効力発生日を変更することを要する（会社781②・780参照）。

事例80　特例有限会社の通常の株式会社への移行

特例有限会社が通常の株式会社に移行した。

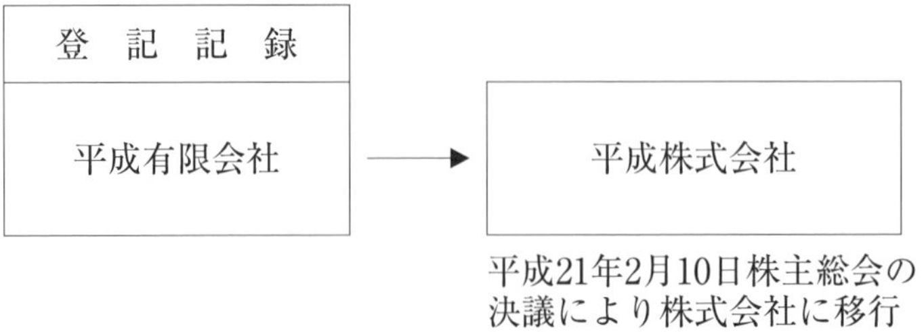

申請手続

会社法および会社法の施行に伴う関係法律の整備等に関する法律により、特例有限会社となった会社は、その商号を変更して、通常の株式会社に移行することができる。

通常の株式会社に移行した場合には、「商号変更」を原因として所有権登記名義人名称変更の登記をする。

申請書

登記の目的	所有権登記名義人名称変更
原　　　因	平成21年2月10日　商号変更
変更後の事項	商号 　平成株式会社
申　請　人	Ａ市3番地 　　平成株式会社 　　（会社法人等番号　○○○○－○○－○○○○○○○） 　　　代表取締役　甲

添付情報	登記原因証明情報　会社法人等番号 代理権限証明情報
登録免許税	不動産1個につき金1,000円（登免別表1一⑭）

備　考

(1)　特例有限会社

廃止前の有限会社法の規定による有限会社であって会社法の施行に伴う関係法律の整備等に関する法律（以下「整備法」という。）の施行の際現に存するもの（旧有限会社）は、整備法の施行日以後は会社法の規定による株式会社として存続する（整備2①）。この株式会社は、商号中に有限会社という文字を用いなければならない（整備3①）。この有限会社を「特例有限会社」という（整備3②参照）。

(2)　特例有限会社の通常の株式会社への移行

①　特例有限会社は、定款を変更してその商号中に株式会社という文字を用いる商号の変更をすることができる。この定款の変更は、②の登記（本店の所在地におけるものに限る。）をすることによって、その効力を生ずる（整備45）。

②　特例有限会社が①の定款変更をする株主総会の決議（特別決議（会社309②十一）をしたときは、その本店の所在地においては2週間以内に、その支店の所在地においては3週間以内に、当該特例有限会社については解散の登記をし、商号の変更後の株式会社については設立の登記をしなければならない（整備46）。

(3) 商号変更を原因とする登記名義人名称変更登記

特例有限会社が、その定款を変更してその商号中に株式会社という文字を用いる商号の変更をして株式会社に移行した場合は、法人格は同一性を維持したままと考えられるので、商号変更を原因とする登記名義人名称変更登記をすれば足りる（登研700・199）。

事例81　会社の吸収合併

吸収合併があった場合の不動産登記の方法。

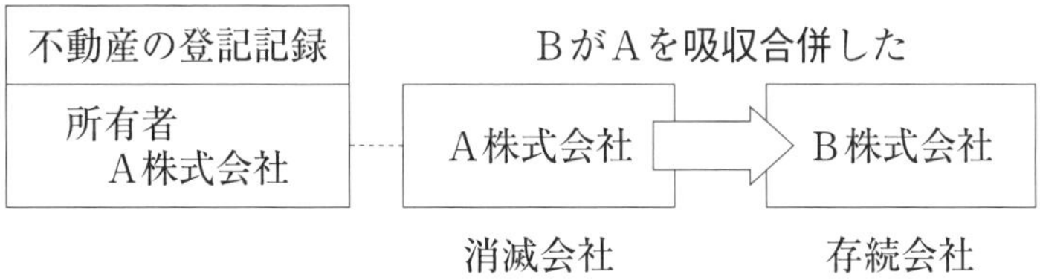

申請手続

吸収合併があった場合には、消滅会社Aから存続会社Bに対し「年月日合併」を登記原因とする所有権移転登記を行う。吸収合併は権利の包括的な承継であるから、所有権登記名義人の住所・名称等の変更登記をするわけではない。

申請書

＜所有権の場合＞

登記の目的	所有権移転
原　　因	平成○年○月○日　合併
権利承継者（または承継会社）	（被合併会社　A株式会社） ○市○町○丁目○番地 B株式会社 （会社法人等番号　○○○○－○○－○○○○○○） 代表取締役　甲

添付情報	登記原因証明情報(注)　会社法人等番号 代理権限証明情報
課税価格	金○円
登録免許税	金○円（課税価格の1,000分の4（登税別表1一(二)イ））

（注）　合併事項の記録がある存続会社の会社法人等番号を提供する（平18・3・29民二755・1参照）。

備　考

(1)　吸収合併における登記原因証明情報

吸収合併存続会社（株式会社）は、吸収合併契約で定めた会社合併の効力発生日に吸収合併消滅会社(吸収合併により消滅する会社)の権利義務を承継する（会社749①六・750①）。吸収合併存続会社の本店の所在地における吸収合併の登記（会社921）は、吸収合併の効力発生要件ではなく、第三者対抗要件とされた（会社908①）。

吸収合併による承継を登記原因とする権利の移転の登記の申請においては合併契約書および会社合併の記載がある吸収合併存続会社の登記事項証明書を、登記原因を証する情報として申請情報と併せて提供しなければならず、合併契約書のみをもって登記原因証明情報とすることはできない（平18・3・29民二755・1(2)）。なお、吸収合併存続会社の登記事項証明書など、登記原因証明情報の一部として登記事項証明書の提供が必要とされている場合においても、吸収合併存続会社の会社法人等番号を提供したときは、登記事項証明書の提供に代えることができる（平27・10・23民二512・2(4)ア）。

(2)　合併前に商号変更をしている場合と住所・名称等の変更登記の要否

消滅会社の商号が変更されたが、甲区の商号変更登記をしていない場合、吸収合併による所有権移転登記をする前提として、商号変更の変更登記申請を要しない。この場合は、合併による所有権移転登記の申請情報には消滅会社の新商号を記載し、申請情報と併せて消滅会社の会社法人等番号（または閉鎖事項証明書）を提供する（書式精義（上）1516頁（注四）参照）。

(3)　合併後に商号変更をしている場合と住所・名称等の変更登記の要否

吸収合併の登記（商業登記）後に存続会社が商号変更の登記（商業登記）をした場合に、合併による不動産の所有権移転登記の申請は、変更後の新商号で申請できる（登研182・172）。

(4)　同一管轄と合併証明情報の省略の可否（平27・10・23民二512・2(4)ア）

会社合併による権利承継の登記を申請する場合において、会社の登記がされている登記所と、不動産所在地を管轄する登記所とが同一であるときは、承継を証する書面〔吸収合併存続会社の登記事項証明書〕の添付を省略できる、とした昭和38年12月17日民甲第3237号は廃止された（不動産登記規則36条の改正）。吸収合併存続会社の会社法人等番号を提供する（平27・10・23民二512・2(4)ア）。

事例82 会社分割

会社分割があった場合の不動産登記の方法。

① 新設分割

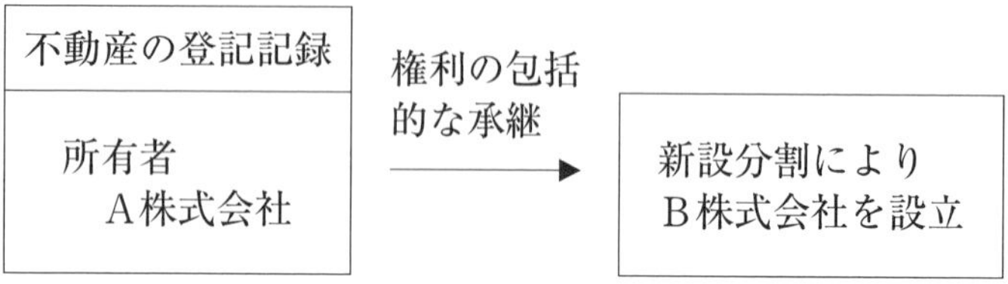

② 吸収分割

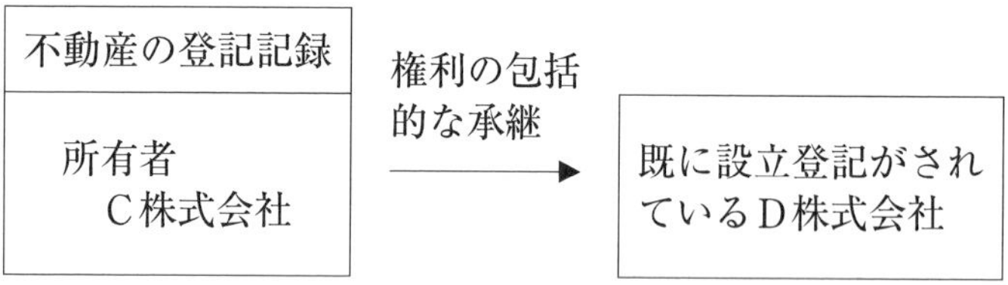

申請手続

新設分割により分割会社Aから新設会社Bへの所有権の承継は、「年月日会社分割」を登記原因とする所有権移転登記によって行う。吸収分割による分割会社Cから既存会社Dへの所有権の承継も同じである（平13・3・30民二867）。

会社分割は、権利の包括的な承継であるから、所有権登記名義人の住所・名称等の変更登記をするわけではない。

申請書

＜所有権の承継の場合＞

登記の目的	所有権移転
原　　因	平成○年○月○日　会社分割
権利者	○市○町○番地 ＜新設分割の場合＞ Ｂ株式会社 （会社法人等番号　○○○○－○○－○○○○○○） 代表取締役　甲 ＜吸収分割の場合＞ Ｄ株式会社 （会社法人等番号　○○○○－○○－○○○○○○） 代表取締役　丙
義務者	○市○町○番地 ＜新設分割の場合＞ Ａ株式会社 （会社法人等番号　○○○○－○○－○○○○○○） 代表取締役　乙 ＜吸収分割の場合＞ Ｃ株式会社 （会社法人等番号　○○○○－○○－○○○○○○） 代表取締役　丁

添付情報	登記原因証明情報　登記識別情報　印鑑証明書 住所証明情報　会社法人等番号 代理権限証明情報
課税価格	金○円
登録免許税	金○円（注）

（注）　課税価格の1,000分の20（登税別表1一㈡ハ）

備　考

(1)　新設分割（株式会社）における登記原因証明情報

新設分割により設立される新設会社（株式会社）は、その本店の所在地において設立の登記をすることによって成立し、その成立の日に新設分割会社（新設分割をする会社）の権利義務を承継する（会社764①）。

したがって、新設分割による承継を登記原因とする権利の移転の登記の申請においては、分割契約書および会社分割の記載がある新設会社の登記事項証明書を、それぞれ登記原因を証する情報として申請情報と併せて提供しなければならない（平18・3・29民二755・1(1)）。なお、新設会社の登記事項証明書など、登記原因証明情報の一部として登記事項証明書の提供が必要とされている場合においても、新設会社の会社法人等番号を提供したときは、登記事項証明書の提供に代えることができる（平27・10・23民二512・2(4)ウ）。

(2)　新設分割と住所証明情報

所有権登記名義人となる新設会社の住所を証する情報（住所証明情報）は、会社分割による所有権移転登記の申請情報と併せて会社法人等番号を提供したときは、当該住所証明情報を提供することを要しない（不登令9、不登規36④、平27・10・23民二512・2(3)ア）。

(3)　吸収分割（株式会社）における登記原因証明情報

吸収分割承継会社（株式会社）は、吸収分割契約で定めた会社分割の効力発生日に吸収分割会社（吸収分割をする会社）の権利義務を承継する（会社758七・759①）。これにより、その本店の所在地における吸収分割の登記（会社923）は、吸収分割の効力発生要件ではなく、第三者対抗要件とされた（会社908①）。

吸収分割による承継を登記原因とする権利の移転の登記の申請においては分割契約書および会社分割の記載がある吸収分割承継会社の登記事項証明書を、登記原因を証する情報として申請情報と併せて提供しなければならず、分割契約書のみをもって登記原因証明情報とすることはできない（平18・3・29民二755・1(2)）。なお、吸収分割承継会社の登記事項証明書など、登記原因証明情報の一部として登記事項証明書の提供が必要とされている場合においても、吸収分割承継会社の会社法人等番号を提供したときは、登記事項証明書の提供に代えることができる（平27・10・23民二512・2(4)ウ）。

事例83 行政区画等の変更による本店変更と法人の非課税証明書

① 行政区画等の変更により本店に変更があった場合、変更証明書として添付する法人の登記事項証明書は、非課税証明書として使用できるか。

② 法人と申請不動産の管轄が同一の場合は、この非課税証明書の添付を省略できるか。

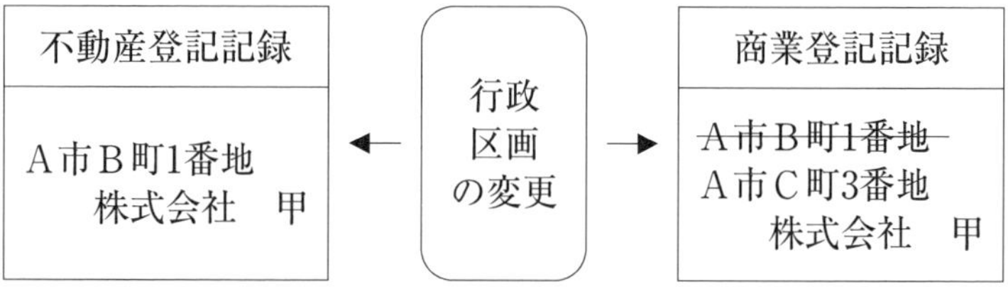

申請手続

① 本店の変更証明書として添付する当該法人の登記事項証明書により行政区画等による変更であることが明らかであるときは、この登記事項証明書を非課税証明書とすることができる（登録免許税法5条5号の適用がある）。なお、当該法人の会社法人等番号によって行政区画等による変更であることが判明する場合には、非課税証明書に代えることができると思われる。

② 法人の管轄登記所と申請不動産の管轄登記所とが同一である場合には代理権限証書等の提供は原則として省略できる、という取扱いは廃止された（不動産登記規則36条1項の改正、平27・10・23民二512・2(4)ア）。会社法人等番号を提供する。

備　考

○　法人の登記事項証明書と非課税証明書（昭56・3・5民三1433）

（筆者注）　法人の管轄登記所と申請不動産の管轄登記所が同一である場合には、登記事項証明書等の提供を省略することができる、という取扱い（不登規36①、昭38・12・17民甲3237）は廃止された（平27・10・23民二512・2(4)ア）ので、現在では［要旨］②および［照会］②の取扱いはされていない。

［要旨］　①　法人が登記名義人本店変更登記を申請する場合に、その変更が行政区画等の変更に伴ってされたことが法人の登記事項証明書で明らかであるときは、この登記事項証明書を非課税証明書とすることができる。

②　なお、法人の管轄登記所と申請不動産の管轄登記所が同一である場合で、法人の登記記録により本店の変更が行政区画等の変更に伴ってされたことが明らかであるときも、同様である。

［照会］　①　「行政区画等の変更により法人の主たる事務所の表示が変更され、法人の登記を修正した後に、その法人が不動産について右〔上〕の事務所の表示の変更による所有権、抵当権等の登記名義人の表示〔住所〕変更の登記を申請する場合には、申請書に事務所の表示の変更を証する書面として添付した登記事項証明書において、行政区画の変更により事務所の表示が変更されたことが明らかであるときは、登録免許税法施行規則第1条第2号の規定による市町村長の証明書を添付しなくても登録免許税法第5条第5号の適用が受けられるものと考えますがいささか疑義がありますのでお伺いします。

②　なお法人の登記の管轄登記所と不動産の登記の管轄登記所が同じである場合において、法人の登記記録において行政区画の変更により法人の事務所の表示が変更されたことが確認できるときも同様と考えますが、併せてお伺いします。」

［回答］　「貴見のとおりと考えます。」

事例84　信用協同組合から信用金庫への組織変更

信用協同組合が信用金庫に組織変更した場合、信用協同組合が有する所有権や抵当権の登記の名義変更の方法。

信用協同組合	平成21年10月12日 → 組織変更	信用金庫

申請手続

信用協同組合が有する所有権登記、抵当権登記等については、組織変更を原因として登記名義人名称変更登記をする。

申請書

登記の目的	所有権登記名義人名称変更
原　　　因	平成21年10月12日　組織変更
変更後の事項	名称 　平成信用金庫
申　請　人	○市○番地 　　平成信用金庫 　　（会社法人等番号　○○○○－○○－○○○○○○） 　　　代表理事　甲
添付情報	登記原因証明情報　会社法人等番号 代理権限証明情報
登録免許税	不動産1個につき金1,000円（登税別表1一(十四)）

備　考

(1)　信用協同組合の信用金庫化（昭29・11・16民甲2404）

［要旨］　信用協同組合が信用金庫に組織変更した場合は、信用協同組合が有する所有権あるいは抵当権等の名義変更は、組織変更を原因として登記名義人名称変更登記をする。

［照会］　「信用協同組合が信用金庫に組織変更した場合不動産の所有権登記或は抵当権登記等の名義変更については組織変更を原因として登記名義人表示〔名称〕変更登記をすればよいと考えますが、いささか疑義がありますので、何分の御回示を賜りたく照会致します。」

［回答］　「貴見のとおりと考える。」

(2)　中小企業等協同組合法9条の8第1項

「信用協同組合は、次の事業を行うものとする。

一　組合員に対する資金の貸付け

二　組合員のためにする手形の割引

三　組合員の預金又は定期積金の受入れ

四　前三号の事業に附帯する事業」

事例85 「何々ビル」を削除後の所有権移転登記

「A市1番地何々ビル」で所有権登記後、商業登記記録の本店の所在から「何々ビル」を削除した。所有権移転登記を申請する場合、登記名義人住所変更登記の申請を要するか。

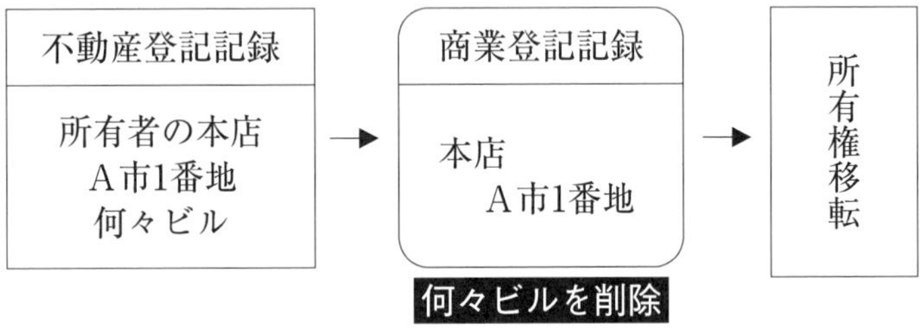

申請手続

登記名義人住所変更登記の申請は不要である。

備　考

(1)　「何々ビル」の削除と住所変更登記の要否

商業登記記録の本店の所在「A市B町C番地何々ビル」のうち「何々ビル」を削除変更した会社が、その変更前に取得した不動産を売却し、その移転登記を申請する場合には、その前提としての所有権登記名義人の住所変更登記は要しない（登研453・124）。

(2)　「市営住宅○号」の記載と住所更正登記の要否（昭40・12・25民甲3710）

［要旨］　住民票の住所欄中、「市営住宅○号」等の記載のある場合には、登記の申請書に「市営住宅○号」等を記載することができる。

前記「市営住宅○号」等の記載をした登記後に、所有権移転の登記の申請書に添付する印鑑証明書に「市営住宅○号」等の記載のない場合でも、住所の更正登記は要しない。

［照会］　「不動産登記法施行細則第41条〔現行不動産登記令7条1項6号・別表〕の規定に基づいて添付される住民票謄抄本の住所欄中、番地に引続いて「市営住宅○号」「○○アパート○棟○号」「○○寮○号室」等の記載のあるものは、その部分の表示まで含めて住所と認定し、登記申請書に記載させるべきであると考えますが、いかがでしようか。

また、右〔上〕の取扱を可とすれば、後日所有権移転登記申請手続に添付する印鑑証明書に前述の記載のないときは、住所の更正登記を要するものと考えますので、可否につきあわせてご指示お願いいたします。」

［回答］　「一、申請書に「市営住宅○号」等を記載することはさしつかえない。なお、この場合には、登記簿〔記録〕にもその旨を記載〔記録〕する。

二、住所の更正の登記は要しない。」

第13 国・地方公共団体

事例86 国有財産の登記名義人

不動産が国有財産である場合、登記名義人の表示方法。

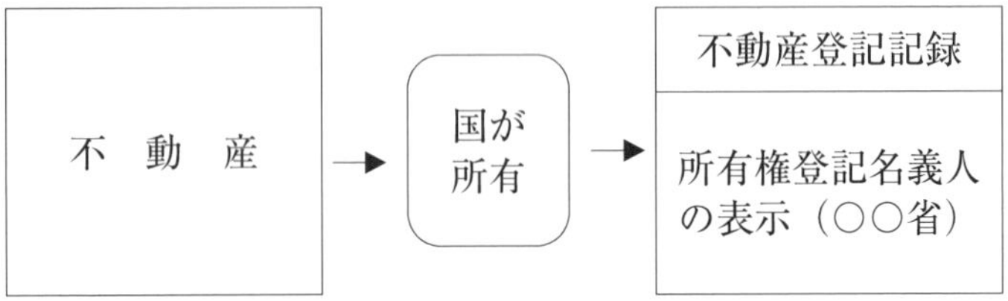

申請手続

不動産が国有財産の場合、所有権登記名義人は、国土交通省、農林水産省等その所管省名を表示する。

備　考

(1) 国が買収した土地の所有権の登記名義人（昭23・2・25民甲81）

［要旨］ 道路敷または河川敷として国が買収した土地の所有権の登記名義人は、国土交通省〔旧・建設省〕である。

［照会］「道路敷又は河川敷として国有に土地を買収した場合その登記権利者はいかなる名義にすべきでしょうか、県よりの登記嘱託書には建設院としておりますが聊か疑義がありますので至急何分の御回示を願いたく稟伺致します。」

［回答］「総理庁名義となすべきものと考える。」

〔前掲「総理庁」は、旧・建設省、現・国土交通省である。〕

(2)　国有財産法

「（国有財産の分類及び種類）

第3条　国有財産は、行政財産と普通財産とに分類する。

2　行政財産とは、次に掲げる種類の財産をいう。

一　公用財産　国において国の事務、事業又はその職員（国家公務員宿舎法（昭和24年法律第117号）第2条第2号の職員をいう。）の住居の用に供し、又は供するものと決定したもの

二　公共用財産　国において直接公共の用に供し、又は供するものと決定したもの

三　皇室用財産　国において皇室の用に供し、又は供するものと決定したもの

四　森林経営用財産　国において森林経営の用に供し、又は供するものと決定したもの

3　普通財産とは、行政財産以外の一切の国有財産をいう。

（行政財産の管理の機関）

第5条　各省各庁の長は、その所管に属する行政財産を管理しなければならない。

（普通財産の管理及び処分の機関）

第6条　普通財産は、財務大臣が管理し、又は処分しなければならない。」

事例87　地方公共団体財産の登記名義人

不動産が地方公共団体の財産である場合、登記名義人の表示方法。

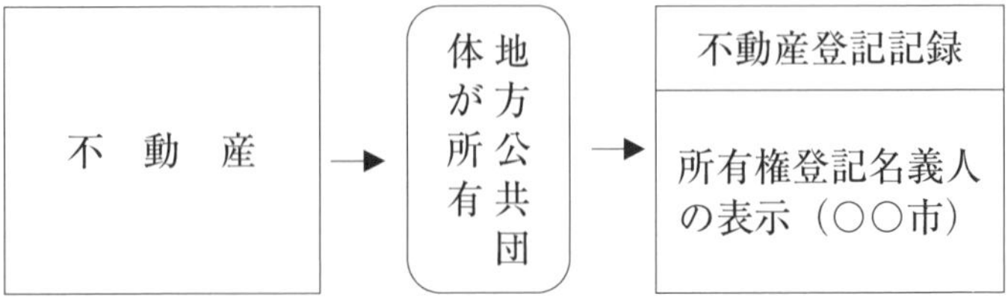

申請手続

不動産が地方公共団体の財産である場合、その所有権登記名義人は地方公共団体の名称で表示する。特別区の場合は、特別区の名称で表示する。

備　考

(1)　地方公共団体

地方公共団体の場合は、その権利の登記名義人を地方公共団体の名称で表示する（実務の手引446頁）。

(2)　特別区

特別区の場合は、その権利の登記名義人を特別区の名称で表示する（実務の手引446頁）。

事例88　国有財産の所管換え

国有財産の登記名義人がA省で表示されている場合に、同財産の所管がB省に所管換えされた場合の登記手続。

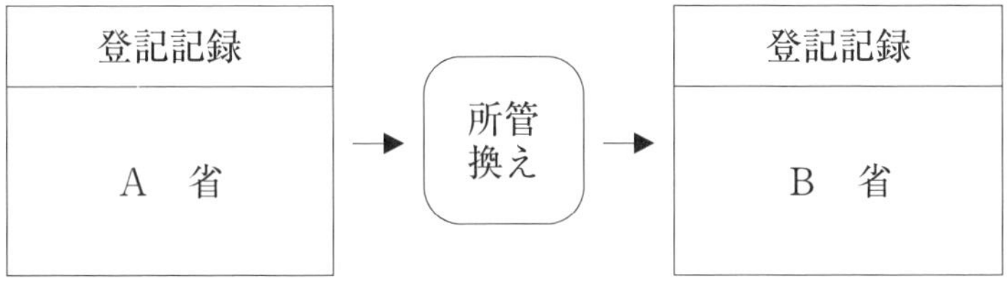

申請手続

国有財産の所管換えがあった場合は、所有権移転登記ではなく、国有財産の登記名義人名称変更登記をする。

申 請 書

登記の目的	所有権登記名義人名称変更
原　　因	平成○年○月○日　所管換
変更後の事項	所有者　B省
嘱　託　者	B省所管不動産登記嘱託職員 何局長　甲
登録免許税	登録免許税法4条1項

備　考

(1)　国有財産の所管換えによる登記手続

① 昭11・5・18民甲564

［通牒］　「既登記ノ官有地ノ所管換アリタル場合ニ於テハ従来其ノ登記ヲ為ササル例ニ有之候処今回之ヲ変更シ所管庁ヨリ登記ノ嘱託アリタルトキハ之ヲ受理シ名義人表示〔名称〕変更登記ニ則リ登記ヲ為スコトニ省議決定致候此段及通牒候也」

② 昭27・8・4民甲1137

［要旨］　所管換えされたものについては、従前の名義のまま分筆登記をした後、登記名義人の名称の変更登記を嘱託してさしつかえない。

［照会］　「元逓信省所管の通信事業特別会計所属であつた一団の土地で、昭和24年6月1日の官制改正により郵政及び電気通信の両省にそれぞれ分割して所管換されたものの内当省所管のものについては、当省において従前の名義のまま分筆登記の嘱託をした後、登記名義人の表示〔名称〕の変更登記を嘱託することと致したく、参考書類添附(省略)協議します。」

［回答］　「貴見の通り取り扱つてさしつかえないものと考える。」

(2)　登記原因―抵当権の事例（昭28・4・8民甲571）

所管換えにより大蔵省（現・財務省）が債権収納管理事務を農林省（現・農林水産省）から引き継いだ場合において、農林省名義にされている抵当権登記につき大蔵省に所管換えがあったときは、所管換えを登記原因として大蔵省名義に抵当権登記名義人の名称変更登記を嘱託する。

この先例の全文は、372頁の **事例162** を参照。

(3)　変更証明書の要否（更正証明書の例）（昭31・9・24民甲2208）

［要旨］　建設省（現・国土交通省）名義になされた買収登記を労働省（現・厚生労働省）名義にする登記名義人の名称更正の嘱託は、受理してさしつかえない。この場合には、錯誤があったことを証する情報の添付を要しない。

［照会］　「建設省は、労働省関西労災病院職員宿舎の敷地として個人有の土地を買収し、その登記が近畿地方建設局長から嘱託されこれを受理登記したところ、労働省労働基準局長から、登記名義人の表示〔名称〕「建設省」としたのは「労働省」の誤りにつき、その更正の登記嘱託があつた場合、これを受理すべきものでしようか。

もし、受理すべきものとすれば、嘱託書にその表示〔名称〕の更正を証する建設省の書面〔錯誤があったことを証する情報〕の添附は、要するでしようか、至急、何分の御指示をお願いします。」

［回答］　「前段受理すべきであり、後段所問の書面の添附を要しないものと考える。」

(4)　国有財産法

「（総轄、所管換及び所属替の意義）

第4条　①　〔略〕

2　この法律において「国有財産の所管換」とは、衆議院議長、参議院議長、内閣総理大臣、各省大臣、最高裁判所長官及び会計検査院長（以下「各省各庁の長」という。）の間において、国有財産の所管を移すことをいう。

3　〔略〕」

事例89　国土交通省名義の不動産を厚生労働省名義に更正

国土交通省名義の不動産につき、厚生労働省名義に名称更正登記ができるか。

登記記録		登記記録
所有者 国土交通省	表示更正登記 →	所有者 厚生労働省

申請手続

国土交通省名義になされた買収登記を厚生労働省名義にする登記名義人の名称更正の嘱託は、受理できる。

備　考

○　更正登記の可否・変更証明書の要否（更正証明書の例）（昭31・9・24民甲2208）

［要旨］　建設省（現・国土交通省）名義になされた買収登記を労働省（現・厚生労働省）名義にする登記名義人の名称更正の嘱託は、受理してさしつかえない。この場合には、錯誤があったことを証する情報の添付を要しない。

［照会］　「建設省は、労働省関西労災病院職員宿舎の敷地として個人有の土地を買収し、その登記が近畿地方建設局長から嘱託されこれを受理登記したところ、労働省労働基準局長から、登

記名義人の表示〔名称〕「建設省」としたのは「労働省」の誤りにつき、その更正の登記嘱託があつた場合、これを受理すべきものでしようか。

もし、受理すべきものとすれば、嘱託書にその表示〔名称〕の更正を証する建設省の書面〔錯誤があったことを証する情報〕の添附は、要するでしようか、至急、何分の御指示をお願いします。」

〔回答〕　「前段受理すべきであり、後段所問の書面の添附を要しないものと考える。」

事例90　所管換えと登記名義人名称変更登記の省略

国有財産の登記名義人がA省で表示されている場合に、同財産の所管がB省に所管換えされた。この場合、所管換えによる登記名義人名称変更登記をしないで、B省から買主Cに所有権移転登記をすることができるか。

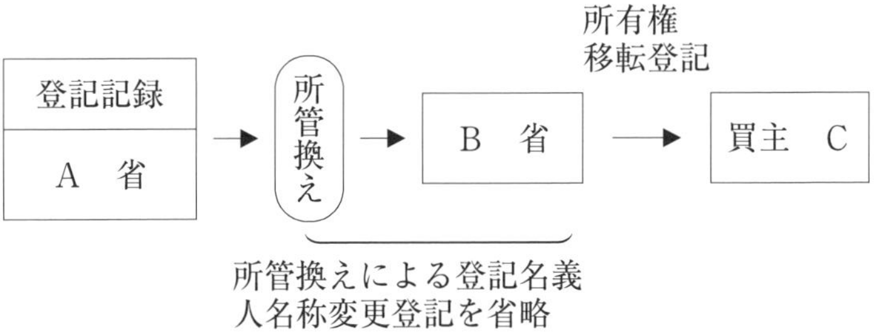

申請手続

A省名義で登記されている国有不動産をB省が引継ぎ、払下げをした場合に、B省へ所管換えによる登記名義人名称変更登記をせず、そのままB省から買主Cへ所有権移転登記嘱託があった場合には受理される。

備　考

○　所有権登記名義人名称変更登記の省略の可否（昭21・7・8民甲315）

［要旨］　元陸、海軍省名義に登記した国有不動産を大蔵省（現・財務省）が引継ぎ、払下をした場合に、大蔵省へ所管換えによる登記名義人名称変更登記をしないで、そのまま大蔵省から個人へ所有権移転登記嘱託があつた場合には受理する。

［照会］　「元陸海軍所属の国有財産ハ、大蔵省ニ於テ引継ヲ受ケ、同省ニ於テ管理処分ヲ為スコトト相成候処、右〔上〕陸海軍省ノ名義ニ所有権登記ヲ為サレタル土地ヲ個人へ払下ヲ為シ、該登記嘱託ヲ為スニ当リテハ、陸海軍省ヨリ大蔵省へ名義変更登記ヲ為シタル上、大蔵省ヨリ個人へ所有権移転登記嘱託ヲ為スヘキモノナレトモ、斯クテハ当大分県下ノミニテモ数万筆ノ登記ヲ要スルモノアリテ、莫大ナル用紙ト手数ヲ要スルニ付、大蔵省ヨリ直接各個人ニ所有権移転登記ヲ為ストモ実質上弊害無之、今回熊本財務局大分管財支所ヨリ照会ノ次第モ有之、至急何分ノ御垂示相煩度」

［回答］　「元陸、海軍省所管ノ国有不動産ニツイテ、大蔵省へ所管換ニ因ル名義人表示〔名称〕変更登記ヲセス、ソノママ大蔵省カラ個人へノ所有権移転登記嘱託カアツタ場合ニモ、コレヲ受理スルコトニシテ宜シイト思考致シマス。」

事例91　省名変更と登記名義人名称変更登記の省略

　省名が変更された場合に、所有権移転登記を申請する前提として、登記名義人名称変更登記の申請を要するか。

申請手続

所有権登記名義人の名称変更登記を省略することができる。

備　考

(1)　省名変更と登記名義人名称変更登記の要否

①　昭53・8・17民三4541

［要旨］　農林省名義に登記されている土地等につき、所有権移転登記を嘱託する前提としてすべき登記名義人の名称変更登記は省略することができる。

［照会］　「農林省設置法の一部を改正する法律（昭和53年法律第87号）の施行に伴い、昭和53年7月5日以降省名が農林省から農林水産省に変更されたことに関し、農地法及び自作農創設特別措置法に基づき、農林省名義に登記されている土地等につき、今後売渡又は譲与等の登記を嘱託する場合その前提としてすべき登記名義人の表示〔名称〕の変更登記を省略する取り扱いで差しつかえないかどうか照会します。」

［回答］　「貴見のとおり取り扱って差し支えないものと考えます。」

②　昭54・2・5民三693

［要旨］　農商務省、農商省および農林省名義で登記されている林野庁の管理に係る不動産についての登記を嘱託する前提としてすべき登記名義人の名称変更登記は便宜省略することができる。

［照会］　「農林省設置法の一部を改正する法律（昭和53年法律第87号）の施行に伴い、昭和53年7月5日以降省名が農林省から農林水産省に変更されたことに関し、農商務省、農商省及び農林水産省名義で登記されている林野庁の管理に係る不動産については、今後登記を嘱託する場合、その前提としてすべき登記名義人の表示〔名称〕の変更登記を便宜省略する取扱いで差し支えないかどうか照会します。」

［回答］　「貴見のとおり取り扱って差し支えないものと考えます。」

(2)　省庁再編の図（2001年1月6日～）

省庁再編以前の省庁	新　省　庁
内閣官房	内閣官房
総理府本府 経済企画庁 沖縄開発庁	内閣府
国家公安委員会 （警察庁）	国家公安委員会

防衛庁	防衛庁〔2007年1月より防衛省〕
金融庁 金融再生委員会	金融庁
総務庁 郵政省 自治省	総務省
法務省	法務省
外務省	外務省
大蔵省	財務省
科学技術庁 文部省	文部科学省
厚生省 労働省	厚生労働省
農林水産省	農林水産省
通商産業省	経済産業省
北海道開発庁 国土庁 建設省 運輸省	国土交通省
環境庁	環境省

事例92　日本電信電話公社・日本専売公社の株式会社化と共済組合

日本電信電話公社の民営化により、日本電信電話公社に所属する職員をもって組織された組合が日本電信電話株式会社に所属する職員をもって組織された組合となった場合に、旧共済組合が所有する不動産の登記名義人名称変更登記の申請手続。

また、日本専売公社の株式会社化の場合の申請手続。

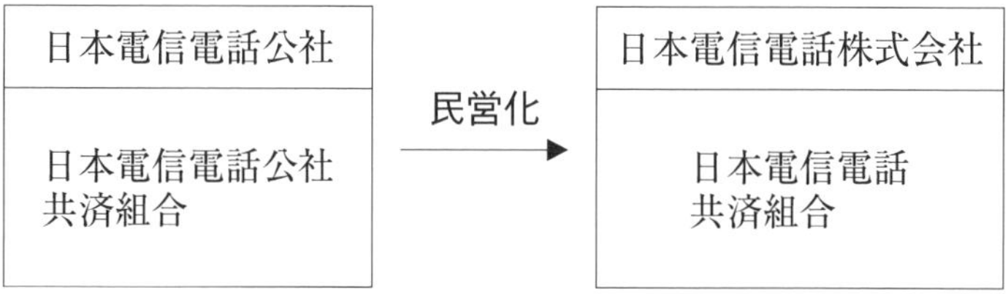

申請手続

① 日本電信電話公社の場合→「昭和60年4月1日名称変更」を登記原因として、登記名義人の名称変更登記をする。

② 日本専売公社の場合→ 備　考 の(3)を参照。

備　考

(1) 日本電信電話公社の株式会社化と組合所有不動産の名称変更登記（昭60・3・29民三1765）

［要旨］　名称が日本電信電話共済組合と変更された場合、公社当時の旧組合所有の不動産は、「昭和60年4月1日名称変更」を原因

として登記名義人名称変更登記をすることができる。

［照会］　「日本電信電話株式会社法及び電気通信事業法の施行に伴う関係法律の整備等に関する法律（昭和59年法律第87号）附則第9条第1項に基づき、日本電信電話公社に所属する職員をもつて組織された組合が、昭和60年4月1日において、日本電信電話株式会社に所属する職員をもつて組織された組合となり、同一性をもつて存続するものとされ、同日付けで、新組合の名称が日本電信電話共済組合と変更されます。

そこで、旧組合名義の不動産の変更登記手続については、「昭和60年4月1日名称変更」を登記原因とする登記名義人の表示〔名称〕変更の登記申請によるものと考えられ、この場合における変更を証する書面は、新組合の法人登記簿の謄本又は抄本〔登記事項証明書〕で足りるものと考えられますが、貴局の意見を賜りたく照会いたします。」

［回答］　「貴見のとおりと考えます。」

(2)　抵当権登記名義人名称変更登記

抵当権の登記名義人が日本電信電話公社共済組合である抵当権の変更登記を申請する場合には、その前提として、日本電信電話共済組合に登記名義人名称変更登記をする必要がある（登研496・118）。

(3)　日本専売公社の株式会社化と組合所有不動産の名称変更登記（昭60・3・29民三1766）

［要旨］　名称が日本たばこ産業共済組合と変更された場合、公社当時の旧組合所有の不動産は、「昭和60年4月1日名称変更」を原因として登記名義人名称変更登記をすることができる。

［照会］　「たばこ事業法等の施行に伴う関係法律の整備等に関す

る法律附則第14条第1項に基づき、日本専売公社に所属する職員をもつて組織された共済組合（「旧組合」）が昭和60年4月1日において日本たばこ産業株式会社に所属する職員をもつて組織された組合（「新組合」）となり、同一性をもつて、存続するものとされ、これに伴い同日付けをもつて、新組合の名称が日本たばこ産業共済組合と変更されます。

そこで、旧組合名義の不動産の変更登記手続については、「昭和60年4月1日名称変更」を登記原因とする登記名義人表示〔名称〕変更の登記申請によるものと考えられ、この場合における変更を証する書面は、新組合の法人登記簿謄本又は抄本〔登記事項証明書〕で足りるものと考えられますが、貴局の意見を承りたく照会いたします。」

［回答］　「貴見のとおりと考えます。」

事例93　国鉄の民営化と共済組合

国鉄改革に伴い、国鉄共済組合が日本鉄道共済組合になった場合に、国鉄共済組合が所有する不動産の登記名義人名称変更登記の申請手続。

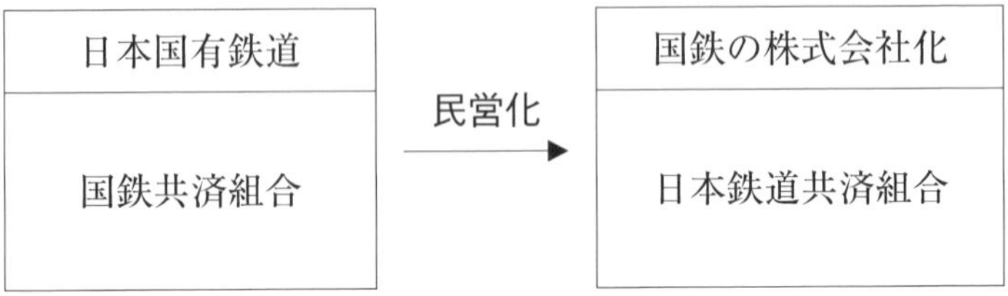

申請手続

「昭和62年4月1日名称変更」を登記原因として、登記名義人の名称変更登記をする。

備　考

(1)　国鉄共済組合の日本鉄道共済組合への変更等（昭62・3・30民三1774）

［要旨］　国鉄の民営化に伴い、国鉄共済組合を登記名義人とする登記について登記名義人名称変更登記、抵当権の抹消登記をするときは、日本鉄道共済組合の登記事項証明書等のほか日本鉄道共済組合と国鉄共済組合との同一性を証する証明書を添付する。

［照会］　「国鉄改革に伴い、国鉄共済組合は昭和62年4月1日から日本鉄道共済組合になるが、同日以降、下記の登記申請を行う場合、登記申請書に日本鉄道共済組合の登記簿謄本〔登記事項証明書〕及び関係書類の外、別添の証明書を添付することにより、登記手続を行つて差し支えないか、御意見をお知らせ下さ

るようお願い致します。

記

1　登記名義人の表示〔名称〕変更等の登記を行うとき

2　抵当権の抹消登記（昭和62年4月1日前に債権が消滅しているもの）を行うとき

（別添）

日本鉄道共済組合と国鉄共済組合の同一性等について

一　日本鉄道共済組合と国鉄共済組合の同一性

日本鉄道共済組合は、日本国有鉄道改革法等施行法（昭和61年12月4日法律第93号。以下「改革法等施行法」という。）附則第15条により、国鉄共済組合から日本鉄道共済組合へ同一性をもつて存続することとなつた。

二　法人格

法人格は、国家公務員等共済組合法（昭和33年5月1日法律第128号。以下「国共法」という。）第4条により与えられている。

三　法人登記

国共法に特段の定めがないため、法人登記は行つていなかつたが、改革法等施行法第89条による改正後の国家公務員等共済組合法（以下「改正後の国共法」という。）第111条の2の規定により、法人登記を行つた。

四　日本鉄道共済組合の代表者

改正後の国共法第8条第2項により日本国有鉄道清算事業団の理事長が日本鉄道共済組合の代表者に定められた。

五　所在地

住居表示に関する法律（昭和37年5月10日法律第119号）第3条第1項及び同条第2項の規定により昭和45年1月1日東京都において住居表示が変更された。

旧住所　東京都千代田区丸ノ内一丁目1番地
新住所　東京都千代田区九の内一丁目6番5号
右記〔上記〕記載事項は、事実に相違ない事を証明する。
昭和　年　月　日
東京都千代田区丸の内一丁目6番5号
日本鉄道共済組合
代表者　日本国有鉄道清算事業団
理事長　○○○○　㊞

［回答］　「貴見のとおり取り扱われて差し支えないものと考えます。」

(2)　国鉄共済組合から日本鉄道共済組合への登記名義人名称変更登記の手続（平2・3・26民三1049）

［要旨］　国鉄共済組合が日本鉄道共済組合として同一性をもって存続することとされたことに伴う登記名義人名称変更登記の手続は、当該不動産の買受人たる日本国有鉄道清算事業団の代位（代位原因＝年月日売買による所有権移転登記請求権）により行うことができる。

［照会］　「国鉄共済組合は昭和62年4月1日、日本国有鉄道改革法等施行法附則第15条の規定により日本鉄道共済組合となり、同一性をもつて存続するものとされています。

今般、日本国有鉄道清算事業団（以下「事業団」という。）は、日本鉄道共済組合から取得した不動産についての所有権移転登記の手続きをするに当たり、その登記の嘱託の前提として、下記の手続きを行うこととして差し支えないか何分のご回答をいただきたくご照会申し上げます。

なお、差し支えない場合は、貴管下法務局及び地方法務局登記官にその旨周知方よろしくお願い申し上げます。

記

一、国鉄共済組合から日本鉄道共済組合への登記名義人の表示〔名称〕の変更登記の手続きは、事業団の代位（代位原因・昭和○年○月○日売買による所有権移転登記請求権）による嘱託で行うこととして差し支えないか。

二、一の嘱託書の様式は、別添様式1で差し支えないか。

三、一の嘱託書に添付する変更証明書は、日本鉄道共済組合の登記簿の謄本又は抄本〔登記事項証明書〕のほか、別添様式2の証明書で差し支えないか。

（様式1）　登記嘱託書

登記の目的　所有権登記名義人表示〔名称〕変更

原　　　因　昭和45年1月1日住居表示実施

昭和62年4月1日名称変更

変更後の事項　主たる事務所

東京都千代田区丸の内一丁目6番5号

名称

日本鉄道共済組合

（被代位者）　東京都千代田区丸の内一丁目6番5号

日本鉄道共済組合

代　位　者　東京都千代田区丸の内一丁目6番5号

日本国有鉄道清算事業団

代位原因　昭和○年○月○日売買による所有権移転登記請求権

添付書類　嘱託書副本　変更証明書　代位原因証書

〔筆者注・登記原因証明情報、代位原因証明情報〕

登録免許税　登録免許税法別表第2

平成　年　月　日嘱託

○○地方法務局○○支局又は出張所御中

嘱　託　者　事務所

日本国有鉄道清算事業団

○○支社長　○○○○　㊞

不動産の表示

所　在						
大　字	字	地　番	地　目	地積㎡		

（様式2）　国鉄共済組合の事務所の変更について

住居表示に関する法律（昭和37年5月10日法律第119号）第3条第1項及び同条第2項の規定により昭和45年1月1日国鉄共済組合の主たる事務所は次のとおり変更された。

旧所在地　東京都千代田区丸ノ内一丁目1番地

新所在地　東京都千代田区丸の内一丁目6番5号

右〔上〕は、事実に相違ない事を証明する。

平成　年　月　日

東京都千代田区丸の内一丁目6番5号

日本鉄道共済組合

代表者　杉　浦　喬　也　印

［回答］　「貴見のとおり取り扱われて差し支えないものと考えます。おつて、この旨法務局長及び地方法務局長に通達したので、念のため申し添えます。」

事例94　中央省庁等改革と国家公務員共済組合

国家公務員共済組合が所有する不動産につき、中央省庁等改革関係法施行法に基づく変更の登記手続。

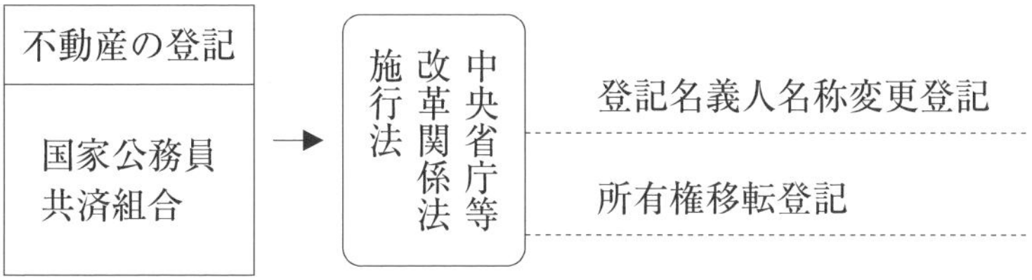

申請手続

中央省庁等改革関係法施行法により、同一性をもって存続する組合については登記名義人名称変更登記をし、解散する組合については権利義務を承継する新組合に所有権移転登記をする。

備　考

(1)　中央省庁等改革関係法施行法と国家公務員共済組合

国家公務員共済組合が所有する不動産の権利に関する登記については、中央省庁等改革関係法施行法1324条の規定により同一性をもって存続する組合（名称が変わらない組合を除く）については、「平成13年1月6日名称変更」を登記原因とする登記名義人名称変更登記をする。ただし、同法1325条の規定により解散し、その権利義務が新組合に承継される組合については、「平成13年1月6日中央省庁等改革関係法施行法第1325条の規定による承継」を登記原因とする所有権移転登記をする（登研638・167）。

(2)　中央省庁等改革関係法施行法1324条・1325条

①「（国家公務員共済組合の存続等）

第1324条　第423条の規定による改正前の国家公務員共済組合法（以下第1328条までにおいて「改正前国共済法」という。）第3条第1項の規定により従前の法務省に属する職員をもって組織された組合（次項において「旧法務省共済組合」という。）、従前の外務省に属する職員をもって組織された組合（次項において「旧外務省共済組合」という。）、従前の大蔵省に属する職員をもって組織された組合（次項において「旧大蔵省共済組合」という。）、従前の農林水産省に属する職員をもって組織された組合（次項において「旧農林水産省共済組合」という。）、従前の通商産業省に属する職員をもって組織された組合（次項において「旧通商産業省共済組合」という。）若しくは従前の郵政省に属する職員をもって組織された組合（次項において「旧郵政省共済組合」という。）、同条第2項第1号イの規定により設けられた組合（次項において「旧防衛庁共済組合」という。）、同条第2項第2号の規定により設けられた組合（次項において「旧刑務共済組合」という。）、同条第2項第3号イの規定により設けられた組合（次項において「旧印刷局共済組合」という。）、同号ロの規定により設けられた組合（次項において「旧造幣局共済組合」という。）、同条第2項第4号イの規定により設けられた組合（次項において「旧厚生省第2共済組合」という。）、同号ロの規定により設けられた組合（次項において「旧厚生省社会保険関係共済組合」という。）又は同条第2項第5号の規定により設けられた組合（次項において「旧林野庁共済組合」という。）は、改革関係法等の施行の日において、それぞれ改正後国共済法第3条第1項の規定により法務省に属する職員をもって組織された組合（次項において「法務省共済組合」という。）、外務省に属する職員をもって組織された組合（次項において「外務省共済組合」という。）、財務省に属する職員をもって組織された組合（次項において「財務省共済組合」という。）、農林水産省に属する職員をもって組織された組合（次項において「農林水産省共済組合」という。）、経済産業省に属する職員をもって組織された組合（次項において「経済産業省共済組合」という。）若しくは郵政共済組合、同条第2項第1号の規定により設けられた組合（次項及び次条において「防衛庁共済組合」という。）、改正後国共済法第3条第2項第2号の規定により設けられた組合（次項において「刑務共済組合」という。）、同条第2項第3号イの規定により設けられた組合（次項において「印刷局共済組合」という。）、同号ロの規定により設けられた組合（次項において「造幣局共済組合」という。）、同条第2項第4号イの規定により設けられた組合（次項において「厚生労働省第2共済組合」という。）、同号ロの規定により設けられた組合（次項において「厚生労働省社会保険関係共済組合」という。）又は同条第2項第5号の規定により設けられた組合（次項において「林野庁共済組合」という。）となり、同一性をもって存続するものとする。

2　旧法務省共済組合、旧外務省共済組合、旧大蔵省共済組合、旧農林水産省共済組合、旧通商産業省共済組合、旧郵政省共済組合、旧防衛庁共済組合、旧刑務共済組合、旧印刷局共済組合、旧造幣局共済組合、旧厚生省第2共済組合、旧厚生省社会保険関係共済組合又は旧林野庁共済組合の代表者は、それ

ぞれ、改革関係法等の施行の日前に、改正前国共済法第9条に規定する運営審議会の議を経て、改正前国共済法第6条及び第11条の規定により、改革関係法等の施行の日以後に係る法務省共済組合、外務省共済組合、財務省共済組合、農林水産省共済組合、経済産業省共済組合、郵政共済組合、防衛庁共済組合、刑務共済組合、印刷局共済組合、造幣局共済組合、厚生労働省第2共済組合、厚生労働省社会保険関係共済組合又は林野庁共済組合となるために必要な定款及び運営規則の変更をし、当該定款につき大蔵大臣の認可を受け、及び当該運営規則につき大蔵大臣に協議するものとする。」

②「（旧国家公務員共済組合の解散等）

第1325条　改正前国共済法第3条第1項の規定により従前の総理府に属する職員をもって組織された組合（以下この条及び次条第2項において「旧総理府共済組合」という。）、従前の文部省に属する職員をもって組織された組合（以下この条及び次条第2項において「旧文部省共済組合」という。）、従前の厚生省に属する職員をもって組織された組合（以下この条及び次条第2項において「旧厚生省共済組合」という。）、従前の運輸省に属する職員をもって組織された組合（以下この条及び次条第2項において「旧運輸省共済組合」という。）、従前の労働省に属する職員をもって組織された組合（以下この条及び次条第2項において「旧労働省共済組合」という。）若しくは従前の建設省に属する職員をもって組織された組合（以下この条及び次条第2項において「旧建設省共済組合」という。）又は改正前国共済法第3条第2項第1号ロの規定により設けられた組合（以下この条において「旧防衛施設庁共済組合」という。）は、改革関係法等の施行の日に解散するものとし、その一切の権利及び義務は、旧総理府共済組合にあっては改正後国共済法第3条第1項の規定により内閣に属する職員をもって組織された組合（以下この条及び次条において「内閣共済組合」という。）が、旧文部省共済組合にあっては同項の規定により文部科学省に属する職員をもって組織された組合（以下この条、次条及び第1328条第1項において「文部科学省共済組合」という。）が、旧運輸省共済組合及び旧建設省共済組合にあっては改正後国共済法第3条第1項の規定により国土交通省に属する職員をもって組織された組合（以下この条、次条及び第1328条第1項において「国土交通省共済組合」という。）が、旧厚生省共済組合及び旧労働省共済組合にあっては改正後国共済法第3条第1項の規定により厚生労働省に属する職員をもって組織された組合（以下この条及び次条において「厚生労働省共済組合」という。）が、旧防衛施設庁共済組合にあっては防衛庁共済組合が、それぞれ承継する。

2〜8　〔略〕」

事例95　内務省名義を県名義とする名称更正登記の可否

買収により所有者を県名義とすべきところを、誤って内務省名義に登記されている場合の是正方法。

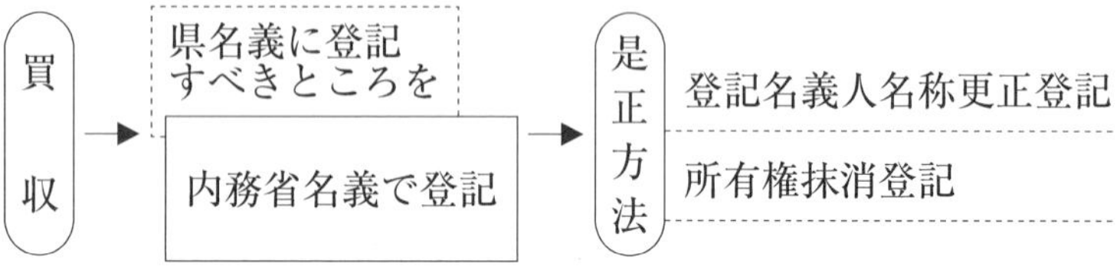

申請手続

登記名義人の名称更正登記はできない。内務省名義の所有権登記を抹消した後に、あらためて県名義で所有権移転登記をする。

備　考

○　内務省名義を県名義とする名称更正登記（昭30・8・5民甲1652）

［要旨］　県名義に買収登記をすべきであるのに誤って内務省名義に登記されている土地については、登記名義人の名称更正登記はできない。内務省名義の登記を抹消した上で、あらためて県名義に移転登記をすべきである。

［照会］　「神奈川県が昭和15、6年の両年度に亘り河川敷の護岸用地及び同護岸工事場用地として、県費をもつて買収したぼう大なる土地について、当時その登記名義人を内務省とする所有権移転登記が完了していることを最近に至り発見し、今般その名義人表示を神奈川県と更正する登記の嘱託があつた。

右〔上〕登記嘱託は、右〔上〕土地が、国有財産台帳に登載されていないことの証明書及び右〔上〕土地は当時神奈川県が県費をもつて買収したものである事実を証する建設大臣の証明書の添附があるので、内務省名義の前記所有権移転の登記は錯誤であることが明らかであり、これを受理してさしつかえないと考えるが、これを、かりに個人である場合についてみるときは、その住所氏名全部を更正することとなるので、ここにいささか疑義を生じ、なお、前記護岸用地以外の護岸工事場用地は、登録税を徴収すべきものにあたると考えるが、この点もいささか疑義があるので併せて至急何分の御回示をお願いいたします。」

［回答］　「内務省名義の所有権移転の登記を抹消した後、神奈川県名義に所有権移転の登記をなすべきであつて、登記名義人の表示〔名称〕の更正の登記をすることはできない。

追つて、右〔上〕の移転の登記の抹消の場合には、登録税は、大正12年11月27日付民事第5213号民事局長回答の例により免除してさしつかえなく、また、右〔上〕の移転の登記の場合には、登録税は、登録法第19条第3号の規定に該当する場合のほかは徴収すべきである。」

第14　同一申請書による申請の可否

事例96　甲不動産は変更、乙不動産は更正

同一人が所有する甲不動産については住所変更登記、乙不動産については更正登記となる場合、1件の申請書で申請できるか。

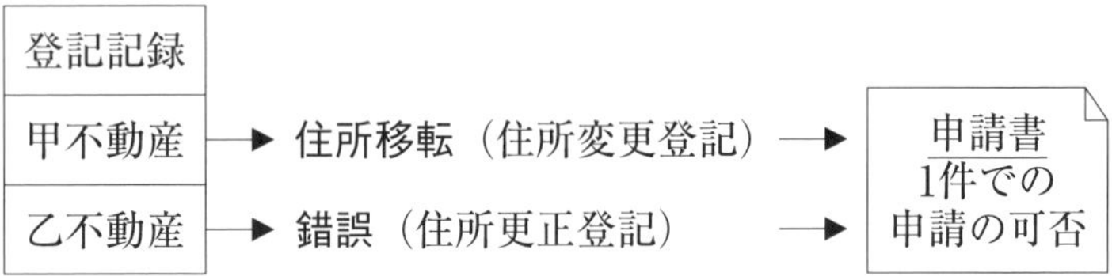

申請手続

不動産ごとに登記原因が異なっているから、1件の申請書で申請することはできない。

備　考

○　物件ごとに登記原因が異なる場合

同一所有者の所有に属する2個の不動産について、その1つは「年月日住所移転」、他は「錯誤」を原因とする所有権登記名義人の住所変更、更正登記を不動産ごとに注釈をつけて、1件の申請書で申請することはできない（登研262・75）。

事例97　甲不動産は氏名更正、乙不動産は住所更正

同一人が所有する甲不動産については氏名更正、乙不動産については住所更正の登記は、1件の申請書で申請できるか。

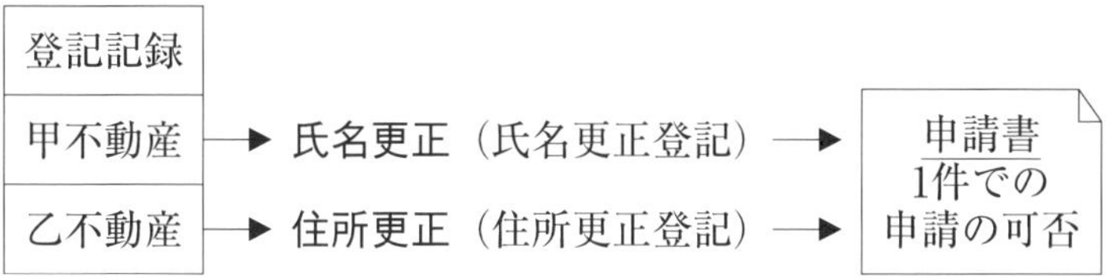

申請手続

不動産ごとに更正後の事項が異なっているから、1件の申請書で申請することはできない。

備　考

(1)　物件ごとに「更正後の事項」が異なる場合

同一所有者の所有に属する2個の不動産について、登記原因はいずれも「錯誤」であるが、「更正後の事項」は、甲不動産は「氏名の更正」、乙不動産は「住所の更正」である場合の所有権登記名義人の住所または氏名の更正登記の申請は、別件ですべきである（登研486・133）。

(2)　1個の不動産について氏名と住所の更正および変更がある場合

①　所有者の氏名更正と住所変更の登記は、1件の申請書で申請することができる（登研396・103）。

②　氏名および住所の錯誤登記、住所移転の登記は、1件の申請書で申請することができる（登研381・90）。

事例98　甲不動産は氏名更正、乙不動産は住所変更・更正

同一所有者の甲不動産については更正登記、乙不動産については変更更正登記をする場合、1件の申請書で申請できるか。

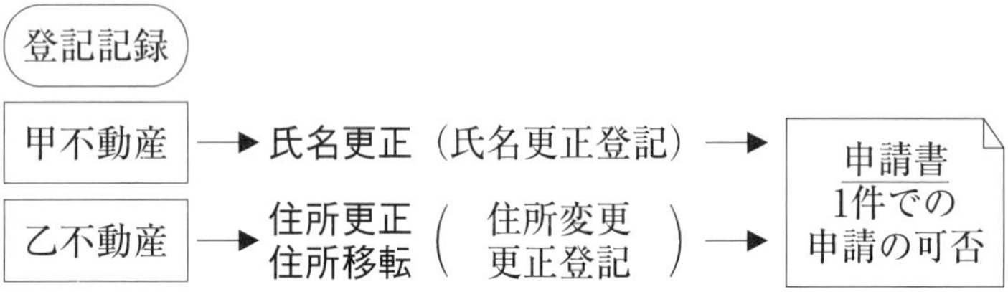

申請手続

不動産ごとに登記原因が異なっているから、1件の申請書で申請することはできない。

備　考

○　登記原因が異なっている場合

①　［問］「左記〔下記〕のような登記名義人の表示〔住所・氏名〕変更更正登記を1申請書により申請があったが、受理できるか。

記

A物件　昭和　年　月　日住所移転

B物件　錯誤・昭和　年　月　日住所移転」

［決議］　「受理できない。」

［民事行政部長指示］　「決議のとおり。」(名法・登記情報17・111)。

②　2個の不動産の登記名義人の住所につき、A物件は住所変更を、B物件は住所更正と変更を要する場合は、その登記を同一の申請書ですることはできない(登研413・97)。

事例99　甲不動産は住居表示実施、乙不動産は住所移転・住居表示実施

同一人所有の甲不動産については住居表示実施、乙不動産については住所移転・住居表示実施の場合、1件の申請書で申請できるか。

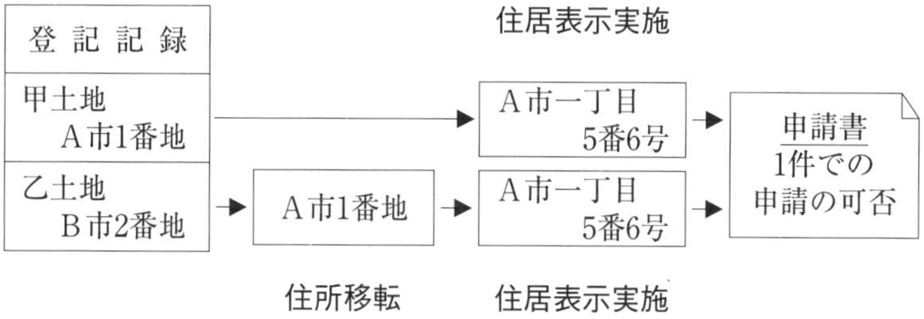

申請手続

1件の申請書で申請することはできない。

備　考

○　一括申請の可否

①　甲土地について「年月日住居表示実施」、乙土地について「年月日住所移転、年月日住居表示実施」を登記原因とする甲・乙両不動産の登記名義人の住所変更登記は、同一の申請書で申請することはできない（登研516・197―根抵当権登記名義人の事例）。

②　81頁の事例33の備　考②を参照。

事例100　数回にわたる住所移転

登記名義人の住所変更が数回にわたってなされている場合には、1件の申請書で申請できるか。

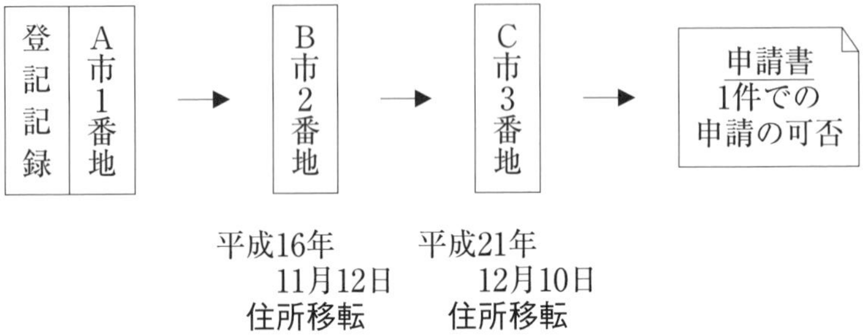

申請手続

1件の申請書で申請することができる。

申 請 書

登記の目的	所有権登記名義人住所変更
原　　因	平成21年12月10日　住所移転
変更後の事項	住所 　C市3番地
申 請 人	C市3番地　甲
添付情報	登記原因証明情報　代理権限証明情報
登録免許税	不動産1個につき金1,000円（登税別表1一(十四)）

備　考

○　1件の申請の可否・登録免許税（昭32・3・22民甲423）

「登記名義人の表示〔住所〕の変更が数回にわたってなされている場合には、1個の申請により、直ちに現在の表示〔住所〕に変更の登記をすることができる。なお、この登記を申請するには、申請書に、登記原因及びその日付を併記し（ただし、同種の登記原因（例えば、住所移転）が数個存するときは、便宜その最後のもののみを記載してもさしつかえない。）、各変更を証する書面〔登記原因証明情報〕を添付するのが相当であり、登録税は、1件として徴収すべきである。」

事例101　単有名義と共有名義の住所移転

甲単有の不動産と、甲共有の不動産について、移転日・移転場所が同一のときは、1件の申請書で申請できるか。

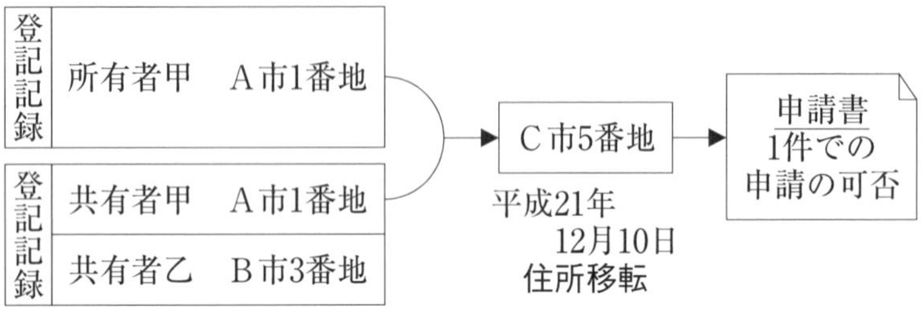

申請手続

登記原因およびその日付が同一であれば、1件の申請書で申請することができる。

申請書

登記の目的	所有権登記名義人住所変更
原因	平成21年12月10日　住所移転
変更後の事項	所有者及び共有者甲の住所 C市5番地
申請人	C市5番地　甲
添付情報	登記原因証明情報　代理権限証明情報
登録免許税	不動産1個につき金1,000円（登税別表1一(十四)）

備　考

○　申請書の数・「変更後の事項」の記載方法

単有名義と共有名義の不動産について住所移転による住所変更登記の申請をする場合、登記原因およびその日付が同一であれば、1件の申請書で申請できる。この場合の「変更後の事項」は、「所有者及び共有者何某の住所」と記載する（登研360・92）。

事例102　共有者甲・乙の住所更正

共有者甲と乙の住所を誤って逆に登記した。これを更正登記する場合、1件の申請書で申請することができるか。

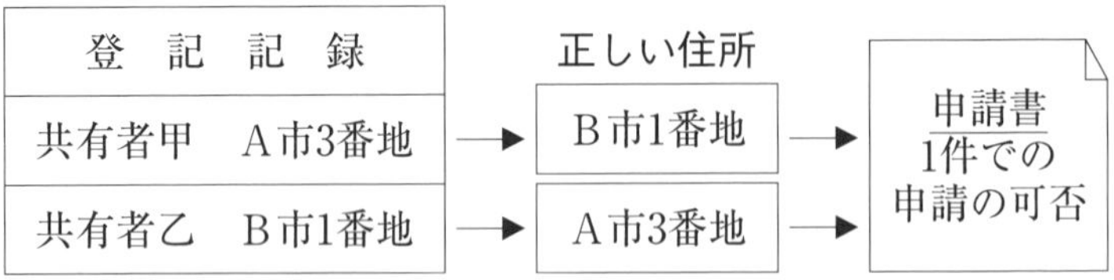

甲と乙の住所を逆に登記した

申請手続

1件の申請書で申請することができる。

備　考

(1)　一括申請の可否（昭38・9・25民甲2654）

［照会］　「本事案は登記原因及び其日付並びに抽象的登記の目的（所有権登記名義人表示〔住所〕更正）が同一であり、一括申請を認めても、登記の目的の併記が可能であつて（例示「甲の住所「A」とあるを「B」に、乙の住所「B」とあるを「A」と更正」）その処理には支障がなく、一方申請人の経済及び事務簡素化の見地から決議のとおり認可したいと考えますが、不動産登記法第46条〔現行不動産登記令4条、不動産登記規則35条〕の規定から、いささか疑義がありますので何分の御指示を願います。」

［回答］　「甲、乙の共有とする取得の登記の際、申請の錯誤によ

り、「甲については、乙の住所」を、「乙については、甲の住所」を表示して登記した物件につき、右〔上〕両名の名義人の表示〔住所〕更正の登記を1件で申請があつた場合には、当該申請を受理してさしつかえない。」

(2)　登録免許税（昭42・7・26民三794）

「共有者数人が同一の申請書で登記名義人の表示〔住所〕変更の登記を申請する場合の登録免許税は1不動産につき500円〔現行1,000円〕で足りる。」

事例103　甲不動産の住所A、乙不動産の住所Bの場合に、Cに住所移転（所有権が本登記の場合）

同一人が、甲不動産は住所Aで登記、乙不動産は住所Bで所有権の本登記をしている場合において、Cに住所移転したときは1件の申請書で申請できるか。

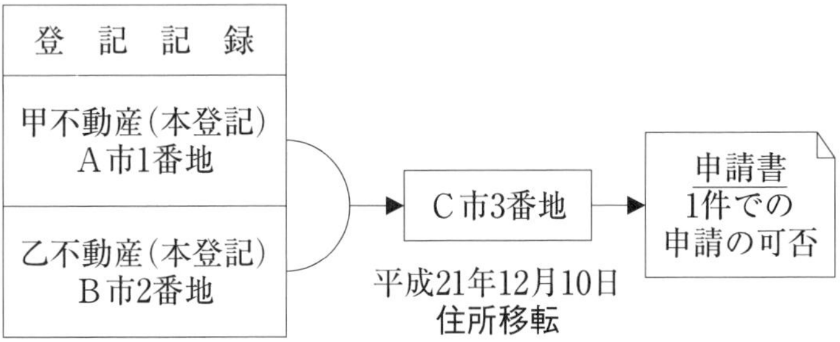

申請手続

1件の申請書で申請することができる。

申 請 書

登記の目的	所有権登記名義人住所変更
原　　　因	平成21年12月10日　住所移転
変更後の事項	住所 　C市3番地
申　請　人	C市3番地　甲

添付情報	登記原因証明情報　代理権限証明情報
登録免許税	不動産1個につき金1,000円（登税別表1一㈢）

備　考

(1)　一括申請の可否

①　甲不動産・乙不動産についての登記名義人の住所変更登記は、1件の申請書で申請することができる（登研283・71）。

②　各不動産ごとに登記記録上の住所が異なっていても、最終の登記原因およびその日付が同一であれば、1件の申請書で申請することができる（事例集131頁）。

③　81頁 事例33 の 備　考 を参照。

(2)　所有権が仮登記の場合

244頁の 事例104 を参照。

事例104　甲不動産の住所A、乙不動産の住所Bの場合に、Cに住所移転（所有権が仮登記の場合）

同一人が、甲不動産は住所Aで所有権の本登記をし、乙不動産は住所Bで所有権の仮登記をしている場合に、Cに住所移転したときは、1件の申請書で申請できるか。

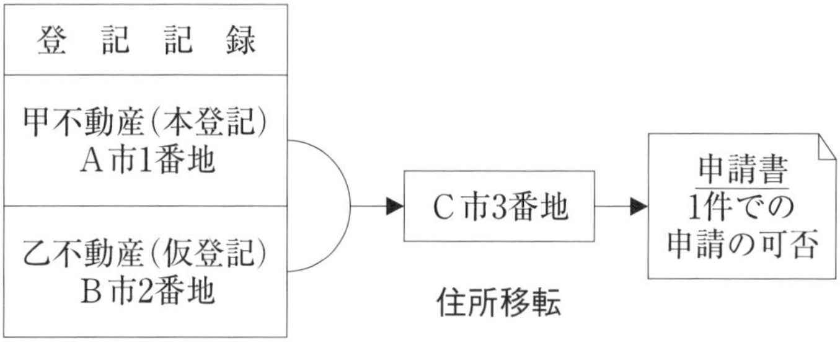

申請手続

1件の申請書で申請することはできない。

備　　考

○　一括申請の可否

同一人が、甲土地については所有権登記名義人、乙土地については所有権仮登記名義人である場合は、1件の申請書で住所変更の登記申請を行うことができない（登研453・123）。

事例105　登記原因の相違と1件の申請の可否

同一人に属する甲土地・乙土地の所有者の登記記録上の住所が異なっている場合、住所変更登記の申請は1件でできるか。

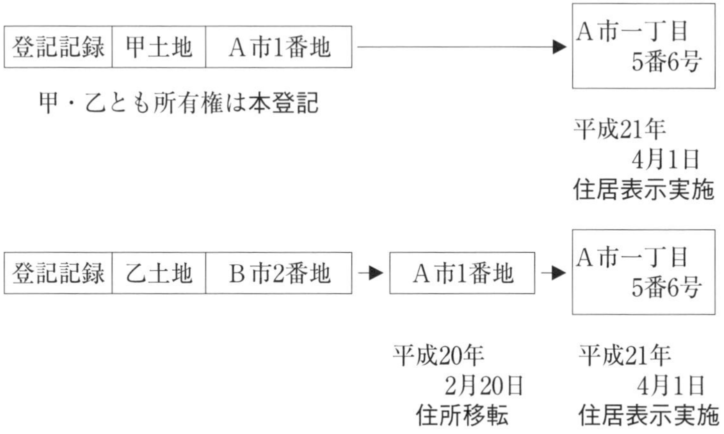

申請手続

甲土地と乙土地の申請を、1件の申請書ですることはできない。

備　考

○　同一申請書で申請することの可否

①　81頁 事例33 の 備　考 ②を参照。

②　甲土地について「年月日住居表示実施」、乙土地について「年月日住所移転、年月日住居表示実施」を登記原因とする甲・乙両不動産の登記名義人の住所変更登記は、同一の申請書で申請することはできない（根抵当権登記名義人の事例・登研516・197）。

事例106 共有者の登記記録上の住所が異なる場合、同一申請書による申請の可否

登記記録上の住所が異なっている共有者2名が、同一日付で同一住所に住所移転した。

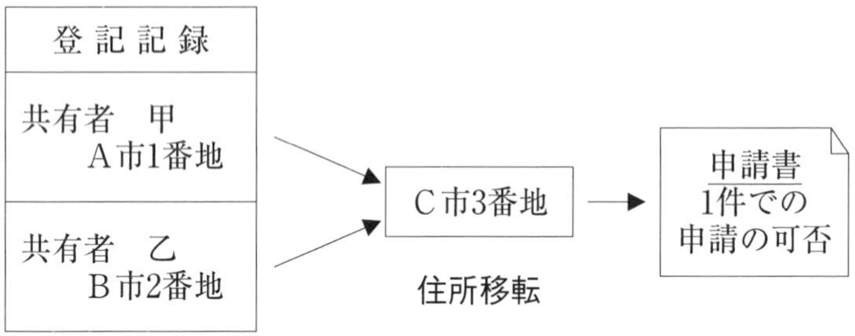

申請手続

同一の日付で同一の地に住所移転した場合は、便宜、同一の申請書で申請することができる。

備　考

○　一括申請の可否

登記記録上の住所が、共有者甲はA、共有者乙はBである場合に、甲と乙が同一日付で同一の地に住所移転したときは、便宜、同一申請書により登記名義人住所変更登記の申請をすることができる（登研575・122）。

事例107　X不動産は甲乙の共有、Y不動産は甲乙丙の共有の場合に、同一日に同住所に移転

共有者が異なっている不動産で、共有者の全員が同一日に同一住所に住所移転した。

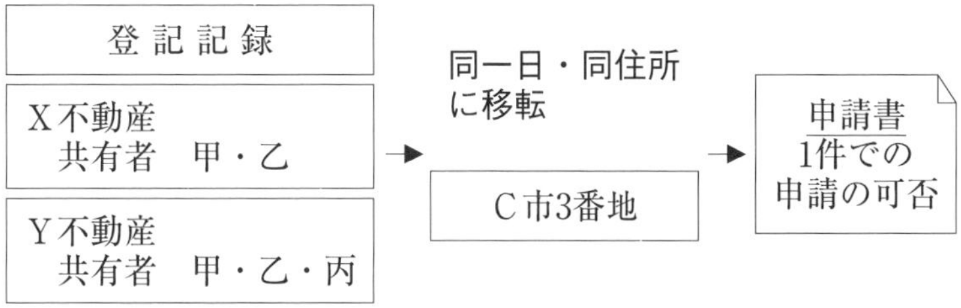

申請手続

本事例の場合は、不動産ごとに共有者が異なっているので、たとえ共有者の全員が、同一日に同一の地に住所を移転した場合であっても、同一の申請書で申請することはできない。

備　考

(1)　当事者の同一

不動産登記令4条は、「申請情報は、登記の目的及び登記原因に応じ、一の不動産ごとに作成して提供しなければならない。ただし、同一の登記所の管轄区域内にある2以上の不動産について申請する登記の目的並びに登記原因及びその日付が同一であるときその他法務省令で定めるときは、この限りでない。」としている。「登記原因及びその日付が同一であるとき」といえるためには、変動原因、発生日付が同一であって、その当事者が同一であることを要する（書

式精義(上)160頁、登先3・12・53参照)。

(2)　申請人の同一

本事例は、Ｘ不動産の共有者は甲・乙、Ｙ不動産の共有者は甲・乙・丙であり、たとえ甲・乙・丙の住所移転の日が同一であってもＸ不動産とＹ不動産の申請人が異なっているから、Ｘ不動産とＹ不動産とを同一の申請書で所有権登記名義人の住所変更登記を申請することはできない(登先306・115)。

(3)　共有不動産の申請人

登記記録上の住所が同一である共有者甲および乙が同時に同一の地に住所移転した場合、甲および乙の登記名義人住所変更登記は一括申請できるが、この場合は甲および乙が共に申請人となるべきであり、甲が単独で甲および乙の登記名義人住所変更登記を申請することはできない(登研440・80)。

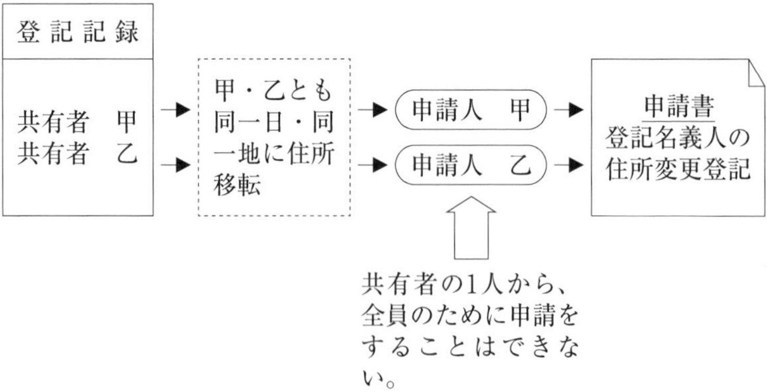

第15　所有権の登記と住所・氏名変更（更正）登記

（所有権保存登記）

事例108　表題部の住所の変更（更正）登記をしないで保存登記を申請

表題部の所有者欄の所有者の表示が、住所変更等により変更があった場合、または錯誤により記載が間違っている場合は、変更（更正）の登記をすることなく、所有権保存登記を申請できるか。

申請手続

表題部の所有者欄に記載された所有者の住所または氏名に変更があった場合または錯誤がある場合には、便宜、住所または氏名変更（更正）登記を申請することなく、同一性が判断できれば、変更または更正を証する書面を添付して所有権保存登記の申請をすることができる。

申　請　書（不動産登記法74条1項1号申請の例）

登記の目的	所有権保存

申　請　人	B市3番地　甲
添付情報	登記原因証明情報　代理権限証明情報
課税価格	金○円
登録免許税	金○円（登税別表1一㈠）

備　考

(1)　住所・氏名変更登記の省略

①　［問］　「一、表題部の所有者欄の氏名が間違って登記されている場合に、更正証明書（不在籍・不在住証明書、戸籍抄本、住民票等）を添付しての所有権保存登記の申請が受理される取扱いは便宜的なものとして理解すべきでしょうか（登研352号103頁参照）。

二、右〔上〕の申請が受理されないとした場合に、所有権の保存登記の前提としての更正登記申請書と連件で提出した場合には受理されるものと考えるがいかがでしょうか。」

［答］　「一、御意見のとおり。

二、受理される（ただし便宜的に）ものと考えます。」（登研360・94）。

②　表題部に記載した所有者の住所が変更した場合、その変更を証する書面を添付して直接所有権保存登記を申請することができる（登研213・71）。

③　表題部に記載した所有者の氏名に錯誤がある場合、その更正を証する書面を添付して所有権保存登記を申請することができる（登研352・103）。

④　「表題部に自己が所有者として記載されている者が所有権保存の登記を申請する場合には、申請書に記載すべき申請人（所有者）の表示は、表題部に記載された所有者の表示と符合していることを要する。しかし、その表示が住所変更等により表題部に記載された所有者の表示と符合しないときは、住所変更等を証する書面を申請書に添付して、その同一人であることを明らかにすべきである。」（書式精義(上)1161頁）

⑤　表題部に記載した所有者の住所、氏名の表示が変更した場合、またはそれらの表示が錯誤により間違っている場合には、これらの変更または更正を証する書面を所有権保存登記の申請書に添付すれば、表題部に記載した所有者の表示の変更または更正の登記を省略して、所有権保存登記の申請をすることができる（登先3・7・94頁・95頁）。

(2)　住所・氏名変更登記の申請をすべきとする見解

「所有権保存登記の申請書に変更等を証する書面を添付する規定はなく、権利の登記における登記官の審査権の性質からいっても、原則どおり、表示に関する登記手続により表題部の所有者の記載を訂正した上で所有権保存登記をすべきものと解すべきであろう。」という見解がある（注解不動産法667頁〔林久〕）。

（所有権移転登記）

事例109　遺贈者の最後の住所が登記記録上の住所と相違

遺贈を登記原因とする所有権移転登記を申請するに際し、遺贈者の死亡時の住所が登記記録上の住所と相違する。住所変更登記をすべきか。

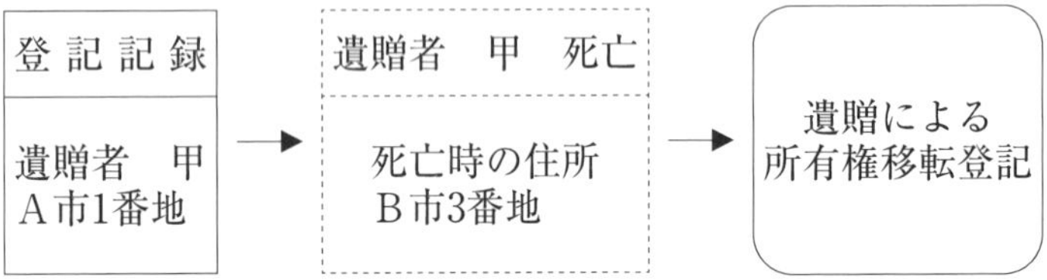

申請手続

遺贈による所有権移転登記を申請する前提として、遺贈者の住所変更登記の申請をしなければならない。

申請書

＜遺言執行者がある場合＞（注）

登記の目的	所有権登記名義人住所変更
原　　因	平成○年○月○日　住所移転
変更後の事項	住所 B市3番地
申　請　人	B市3番地　甲 遺言執行者　　○市○町○番地　乙
添付情報	登記原因証明情報　代理権限証明情報

登録免許税	不動産1個につき金1,000円（登税別表1一㈣）

（注）　登記名義人住所変更登記の申請人

遺贈による所有権移転登記の前提としてする登記名義人住所変更登記の申請は、遺言執行者または被相続人の相続人全員もしくは保存行為としてその1人から申請することができる。なお、登記権利者（受遺者）も債権者代位により申請することができる（登研145・44）。

備　考

(1)　住所変更（更正）登記の要否

①　遺贈を登記原因として遺言執行者と受贈者とが所有権移転登記を申請する場合に、遺贈者の登記記録上の住所と死亡時の住所とが相違するときは、前提として所有権登記名義人の住所変更登記を申請しなければならない（登研635・67〜70、同401・160）。

②　遺贈の登記を申請するにつき、遺贈者の登記記録上の住所が死亡時の住所とが相違するときは、前提として所有権登記名義人の住所変更登記を申請しなければならない（登研380・81）。

(2)　権利移転等の登記の前提としてする氏名または住所の変更登記の要否（昭43・5・7民甲1260）

［要旨］　権利移転等の登記の前提としてする登記名義人の氏名もしくは住所の変更または更正の登記は、省略することができない。

［照会］　「登記事務の簡素合理化のため、次の取扱いは認められないか、何分のご指示を賜りたくお伺いします。

記

登記名義人の氏名及び住所について変更又は錯誤のある場合で、当該登記名義人の権利の移転の登記の際、前提としてする登記名義人の表示〔氏名および住所〕の変更又は更正の登記は、権利の移転の登記の申請書の登記義務者の表示〔氏名および住所〕を登記簿〔記録〕上の表示〔氏名および住所〕及び現在の表示〔氏名および住所〕として併記し、かつ、変更又は更正を証する書面を添付することにより、これを省略する。」

［回答］　「貴見による取扱いをすることはできないものと考える。」

(3)　住所・氏名変更（更正）登記の要否の図

権利の移転・設定等の登記の前提としてなす住所または氏名の変更（更正）登記を省略できる場合は、原則として次のようになる（登研635・67・68参照）。

住所・氏名の変更（更正）登記の要否

- **原則として、省略できない**

  権利移転等の登記の前提としてする登記名義人住所・氏名の変更（更正）登記は、省略することができない（昭43・5・7民甲1260）。

- **省略できる場合（例1）**

  抵当権等の所有権以外の権利の登記を抹消する場合においては、登記名義人住所・氏名の変更（更正）登記を省略してもさしつかえない（昭31・9・20民甲2202、昭31・10・17民甲2370）。

- **省略できる場合（例2）**

  仮登記の抹消をする場合においては、登記名義人住所・氏名の変更（更正）登記を省略してもさしつかえない（昭32・6・28民甲1249）。

- **省略できる場合（例3）**

  所有権登記名義人が改名し、その氏名変更登記をしないうちに家督相続が開始したときは、被相続人の氏名を変更しないで、直ちに相続登記を申請できる（明33・4・28民刑414）。

事例110　遺言執行者の住所の変更

遺贈による所有権移転登記を申請する場合に、遺言執行者の住所変更により、遺言書に記載された同人の住所と印鑑証明書とが一致しないときの対処方法。

申請手続

遺贈による所有権移転登記の申請書に、遺言執行者の住所変更証明情報を添付する。

備　考

○　遺言執行者の住所変更

遺贈による所有権移転登記を受遺者と遺言執行者との共同申請で行う場合に、遺言執行者の資格証明書〔資格証明情報〕として添付する遺言書に記載された遺言執行者の住所が、申請書に添付された印鑑証明書の住所と一致しないときは、その変更を証する書面を添付しなければならない（登研435・115）。

事例111　被相続人の住所（氏名）が登記記録上の住所と相違

① 所有権登記名義人に相続が開始したが、被相続人の住所（または氏名）が変更して登記記録上の住所（または氏名）と相違している場合、相続登記を申請する前提として被相続人の住所（または氏名）変更登記を申請すべきか。

② 被相続人の登記記録上の住所が戸籍の謄本に記載された本籍と異なる場合の取扱いはどうすべきか。

申請手続

① 被相続人の住所変更登記をすることなく、直ちに相続による所有権移転登記を申請することができる。被相続人の登記記録上の住所と最後の住所とが連続する変更証明情報を提供する。被相続人の改名の変更登記は不要であるが、これを証する情報を提供する。

② 住民票の写し（本籍および登記記録上の住所が記載されているものに限る。）、戸籍の附票の写し（登記記録上の住所が記載されているものに限る。）または所有権に関する被相続人名義の登記済証（改正前不動産登記法60条1項）の提供があれば、不在籍証明書および不在住証明書など他の添付情報の提供を要しない。

申請書

登記の目的	所有権移転
原　　　因	平成21年10月5日　相続
相　続　人	（被相続人　甲野広） Ｂ市3番地　乙
添付情報	登記原因証明情報　住所証明情報 代理権限証明情報
課税価格	金○円
登録免許税	金○円（登税別表1一㈡イ）

備　考

(1)　権利移転等の登記の前提としてする氏名変更登記の要否（明33・4・28民刑414）

［要旨］　所有権登記名義人が改名しその変更登記をしないで相続が開始した場合は、被相続人の氏名を変更せず、直ちに相続登記をすることができる。

［照会］　「既登記不動産所有者改名シタルモ未タ表示〔氏名〕ノ変更ヲ為ササリシコト隠居又ハ入夫婚姻等ニ依ル家督相続登記ニ際シ発見シタル場合ト雖不動産登記法第49条第6号〔現行不動産登記法25条7号〕ニ依リ同法第42条〔現行不動産登記法62条、不動産登記令7条1項5号イ〕ノ書面ヲ提出シタルトキハ最早表示〔氏名〕ノ変更ヲ要セス直チニ相続登記ヲ為シテ可ナルヤ或ハ一旦被相続人ヨリ表示〔氏名〕ノ変更ヲ為サシムルモノナルヤ至急御回答ヲ煩度候也」

［回答］　「相続登記ノ件被相続人ハ申請人ニ非ラサルニ付キ不動産登記法第49条〔現行不動産登記法25条〕ヲ適用スルノ限リニ在ラス随ツテ被相続人ノ表示〔氏名〕ヲ変更セス直チニ相続登記ヲ為シ差支ナキ儀ト思考致候此段及回答候也」

(2)　被相続人の同一性を証する情報として住民票の写し等が提供された場合における相続による所有権の移転の登記の可否（平29・3・23民二175）

［照会］　「相続による所有権の移転の登記（以下「相続登記」という。）の申請において、所有権の登記名義人である被相続人の登記記録上の住所が戸籍の謄本に記載された本籍と異なる場合には、相続を証する市区町村長が職務上作成した情報（不動産登記令（平成16年政令第379号）別表の22の項添付情報欄）の一部として、被相続人の同一性を証する情報の提出が必要であるところ、当該情報として、住民票の写し（住民基本台帳法（昭和42年法律第81号）第7条第5号、第12条。ただし、本籍及び登記記録上の住所が記載されているものに限る。）、戸籍の附票の写し（同法第17条、第20条。ただし、登記記録上の住所が記載されているものに限る。）又は所有権に関する被相続人名義の登記済証（改正前の不動産登記法（明治32年法律第24号）第60条第1項）の提供があれば、不在籍証明書及び不在住証明書など他の添付情報の提供を求めることなく被相続人の同一性を確認することができ、当該申請に係る登記をすることができると考えますが、いささか疑義がありますので照会します。」

［回答］　「本月7日付け不登第51号をもって照会のありました標記の件については、貴見のとおり取り扱われて差し支えありません。」

事例112　売主（または贈与者）の死亡と住所・氏名変更登記

売買契約（または贈与契約）締結後、その登記未了のうちに登記義務者が死亡。最後の住所または氏名が登記記録上の住所または氏名と相違する場合は、死亡した登記義務者の住所または氏名の変更登記を要するか。

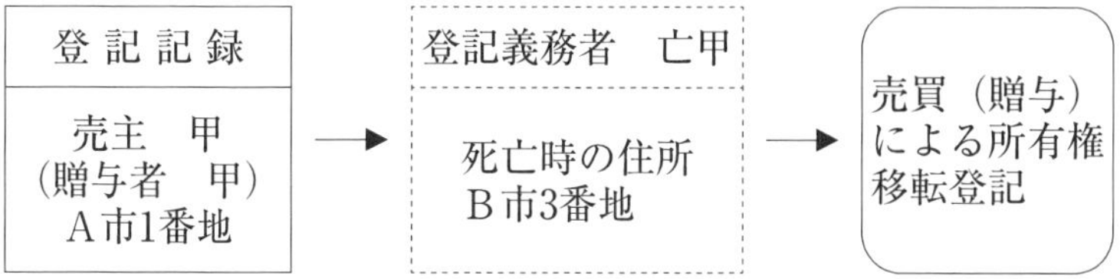

申請手続

売買（または贈与）による所有権移転登記の申請をする前提として、相続人から被相続人の住所変更登記の申請をしなければならない。

申請書

登記の目的	所有権登記名義人住所変更
原　　　因	平成○年○月○日　住所移転
変更後の事項	住所 B市3番地
申　請　人	B市3番地　甲

	相続人　　B市3番地　乙
添付情報	登記原因証明情報　相続を証する書面 代理権限証明情報
登録免許税	不動産1個につき金1,000円（登税別表1一(十四)）

備　考

(1)　住所変更（更正）登記の要否

売買契約（または贈与契約）締結後、その登記未了のうちに登記義務者が死亡し、当該売買（または贈与）を登記原因として所有権移転登記を申請する場合に、登記義務者の登記記録上の住所と死亡時の住所とが相違するときは、所有権移転登記の申請をする前提として所有権登記名義人の住所変更登記を申請しなければならない（登研635・67〜70、同401・160）。

(2)　登記名義人住所変更登記の申請人

本事例における登記名義人住所変更登記の申請は、被相続人の相続人全員または保存行為としてその1人から申請することができる。なお、登記権利者も債権者代位により申請できる（登研145・44）。

(3)　権利移転等の登記の前提としてする氏名および住所変更登記の要否（昭43・5・7民甲1260）

［要旨］　権利移転等の登記の前提としてする登記名義人氏名および住所の変更または更正の登記を省略することはできない。

［照会］　「登記事務の簡素合理化のため、次の取扱いは認められないか、何分のご指示を賜りたくお伺いします。

記

登記名義人の氏名及び住所について変更又は錯誤のある場合で、当該登記名義人の権利の移転の登記の際、前提としてする登記名義人の表示〔氏名および住所〕の変更又は更正の登記は、権利の移転の登記の申請書の登記義務者の表示〔氏名および住所〕を登記簿〔記録〕上の表示〔氏名および住所〕及び現在の表示〔氏名および住所〕として併記し、かつ、変更又は更正を証する書面を添付することにより、これを省略する。」

［回答］　「貴見による取扱いをすることはできないものと考える。」

事例113　持分放棄

甲乙の共有不動産において、乙の持分放棄による甲への持分移転登記をするに際し、甲の住所が既に登記されている住所と異なっている場合には、持分移転登記の前提として、甲の住所変更登記を要するか。

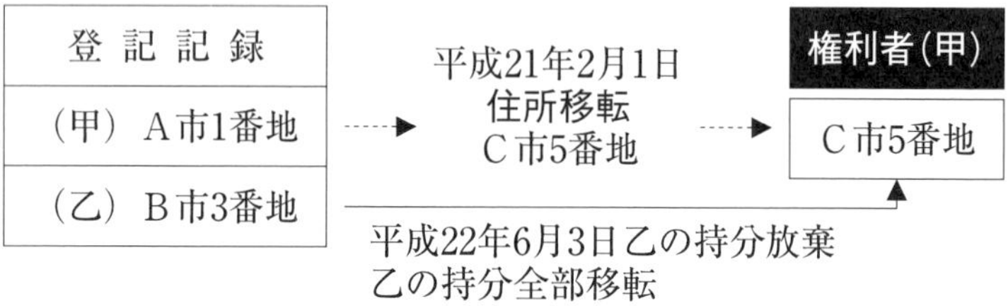

申請手続

乙から甲への持分放棄による持分全部移転登記をする前提として、既に登記済みの甲の住所変更登記をしなければならない。

申請書

登記の目的	所有権登記名義人住所変更
原因	平成21年2月1日　住所移転
変更後の事項	住所 C市5番地
申請人	C市5番地　甲
添付情報	登記原因証明情報　代理権限証明情報
登録免許税	不動産1個につき金1,000円（登税別表1一(十四)）

備　考

(1)　持分譲受人の住所変更登記の要否

甲乙共有の不動産について、持分放棄を登記原因として乙の持分を甲に移転する場合に、甲の登記されている住所が今回申請する持分移転登記の申請書の住所と相違するときは、持分移転登記をする前提として、甲につき住所変更登記をしなければならない（登研473・151）。

(2)　共有者でない者に持分放棄の登記をすることの可否（昭60・12・2民三5441）

［要旨］　甲乙共有名義の不動産につき、甲の持分について共有名義人でない丙のために「持分放棄」を登記原因とする持分移転登記の申請は、受理されない。

［照会］　「甲乙共有名義の不動産につき、甲の持分について共有名義人でない丙のために「持分放棄」を登記原因とする共有持分移転の登記の申請は、受理できないと考えますが、昭和45年2月2日付け民事甲第439号貴職御回答もあり、いささか疑義がありますので、何分の御指示をお願いいたします。」

［回答］　「貴見のとおりと考える。

おつて、この取扱いに反する従前の取扱い（昭和44年6月5日付け民事甲第1132号当職回答及び昭和45年2月2日付け民事甲第439号当職回答）は、変更されたものと了知されたい。」（前掲昭和44年および昭和45年の各回答については、次の(3)を参照）

(3)　前掲(2)の参考先例

①　昭44・6・5民甲1132（この先例は、前掲(2)の先例により変更されている）

［照会］　「共有者のうちの1人の持分放棄による他の共有者へ

の共有持分移転の登記をするについて、他の共有者の氏名または住所の表示に変更を生じている場合は、当該登記申請をする前提として登記名義人の表示〔氏名または住所〕変更登記をなし、登記権利者の表示〔氏名または住所〕と登記名義人の表示〔氏名または住所〕を符合させることを要すると考えるが、その前提登記をなさずになされた当該移転登記の申請は不動産登記法第49条第6号により却下してさしつかえないか。」

［回答］　「持分放棄を原因とする共有持分移転の登記申請書に記載された登記権利者の表示〔氏名または住所〕が、共有持分権の登記名義人の表示〔氏名または住所〕と異なつている場合であつても、当該申請は受理してさしつかえない。

なお、この場合には、右〔上〕の登記権利者と登記名義人とが同一人であることを証する書面の添付も要しないので、念のため申し添える。」

②　昭45・2・2民甲439（この先例は、前掲(2)の先例により変更されている）

［照会］　「甲、乙共有名義の不動産につき、甲の持分について共有名義人でない丙のために「放棄」を登記原因として共有持分移転の登記の申請があつた場合には、不動産登記法第49条第2号〔現行不動産登記法25条2号〕の規定により却下すべきものと考えますが、いささか疑義がありますので、念のため照会します。

参照　昭和44年5月29日民事甲第1134号民事局長回答」

［回答］　「受理すべきものと考える。」

事例114　共有物分割

甲乙の共有不動産において、共有物分割により乙の持分全部を甲へ移転登記をするに際し、甲の住所が既に登記されている住所と異なっている場合には、持分移転登記をする前提として、甲の住所変更登記を要するか。

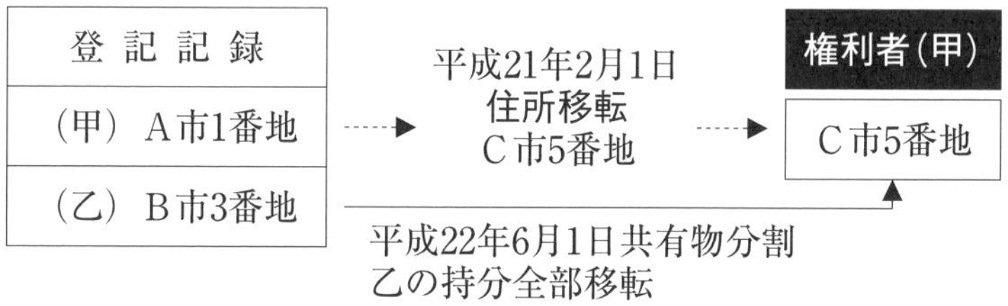

申請手続

共有物分割を登記原因とする乙から甲への持分全部移転登記をする前提として、既に登記済みの甲の住所変更登記をしなければならない。

申請書

登記の目的	所有権登記名義人住所変更
原　　因	平成21年2月1日　住所移転
変更後の事項	住所 C市5番地
申　請　人	C市5番地　甲

添 付 情 報	登記原因証明情報　代理権限証明情報
登録免許税	不動産1個につき金1,000円（登税別表1一(十四)）

備　　考

(1)　持分譲受人の住所変更登記の要否

甲乙共有の不動産について、共有物分割を登記原因として乙の持分を甲に全部移転する場合に、甲の登記されている住所が今回申請する持分移転登記の申請書の住所と相違するときは、持分移転登記をする前提として、甲の住所変更登記をしなければならない（登研573・123）。

(2)　持分放棄に関する先例―共有者でない者に持分放棄の登記をすることの可否（昭60・12・2民三5440）

［要旨］　甲乙共有名義の不動産につき、甲の持分について共有名義人でない丙のために「持分放棄」を登記原因とする持分移転登記の申請は、受理されない。

［照会］　「甲乙共有名義の不動産につき、甲の持分について共有名義人でない丙のために「持分放棄」を登記原因とする共有持分移転の登記の申請は、受理できないと考えますが、昭和45年2月2日付け民事甲第439号貴職御回答もあり、いささか疑義がありますので、何分の御指示をお願いいたします。」

［回答］　「貴見のとおりと考える。

おつて、この取扱いに反する従前の取扱い（昭和44年6月5日付け民事甲第1132号当職回答及び昭和45年2月2日付け民事甲第439号当職回答）は、変更されたものと了知されたい。」（前掲昭和44年および昭和45年の各回答については、262頁 **事例113** の **備　考** (3)を参照）

事例115　旧住所を記載した登記義務者の印鑑証明書

住所をA、B、Cと順次移転し、登記記録上住所をAからCに変更登記をした所有権登記名義人が登記義務者となる場合に、旧住所Bを記載した印鑑証明書（3か月以内）を添付した申請は受理されるか。

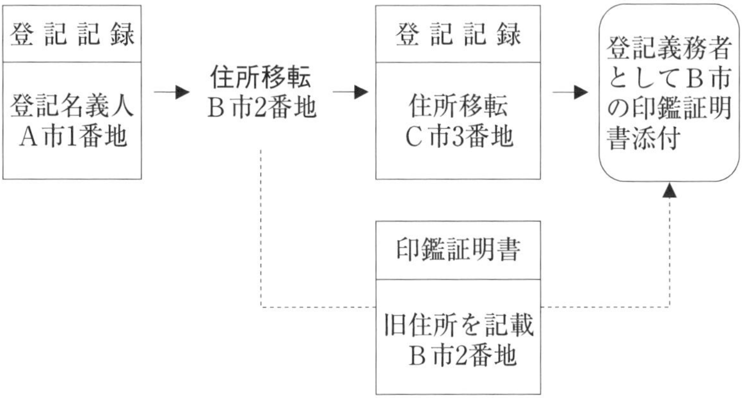

申請手続

登記義務者の印鑑証明書の有効期間が3か月以内であれば、登記義務者の住所をAからB、Cと順次移転したことを証する市町村長の証明書を添付して登記の申請をすることができる。

備　考

○　旧住所を記載した印鑑証明書の添付（昭41・1・22民甲283）

［要旨］　所有権登記名義人の住所をA、B、Cと移転した場合において、AからCへの住所変更登記をした後、登記義務者の印鑑証明書として旧住所Bを記載したもの（発行後3か月以内の

もの）と、住所をＡ、Ｂ、Ｃと順次移転したことを証する証明書を添付して登記の申請があった場合は、受理して差し支えない。

［照会］　「登記簿〔記録〕上住所をＡからＣに変更の登記を受けた所有権登記名義人が登記義務者となる登記につき、住所をＡからＢ、Ｃと順次移転したことを証する市町村長の証明書及び旧住所Ｂを記載した印鑑証明書（発行後3ヶ月以内のもの）を添付して申請があつた場合には、当該申請は便宜受理してさしつかえないものと考えますが、いかがでしようか。

さしかかつた事案につき至急何分の御指示を仰ぎたくお伺いします。」

［回答］　「貴見のとおりと考える。」

事例116　所有権移転原因の更正と前所有者の住所変更

所有権移転登記の完了後に、移転登記の登記原因を更正しようとしたところ、前所有者が住所を変更している場合の取扱い。

申請手続

87頁の 事例36 を参照。

事例117　所有権移転を一部移転に更正する場合に前所有者が住所変更

所有権移転登記を所有権一部移転登記に更正登記する場合に、前所有者の住所が変更しているときの登記手続。

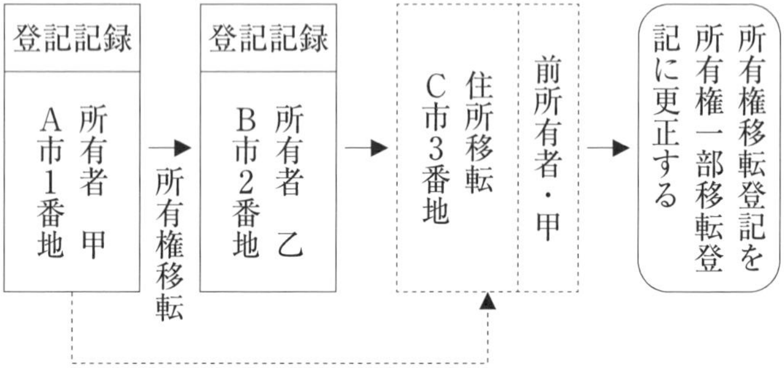

申請手続

甲が住所変更したことを証する書面を、所有権更正登記の申請書に添付すれば足りる。

申請書

＜所有権移転登記の場合＞

登記の目的	何番所有権更正
原　　　因	錯誤
変更後の事項	目　的　所有権一部移転 共有者　B市2番地 　　　　持分○分の○　乙

権　利　者	C市3番地　甲
義　務　者	B市2番地　乙
添 付 情 報	登記原因証明情報　登記識別情報　印鑑証明書 （利害関係人の承諾書）　代理権限証明情報
登録免許税	不動産1個につき1,000円（登税別表1一㈣）

備　考

(1)　所有権移転を一部移転とする更正登記と前所有者の住所変更

所有権移転登記を所有権一部移転登記に更正する登記を申請する場合に、前登記名義人の住所が変更しているときは、その変更を証する書面を添付すれば足りる（登研463・83）。

(2)　所有権抹消と前所有者の住所変更

287頁の **事例123** を参照。

事例118　法人格なき社団の代表者の変更

法人格なき社団が所有する不動産を当該社団の代表者である甲個人名義で所有権登記をしている場合に、代表者が甲から乙に変更したときの登記手続。

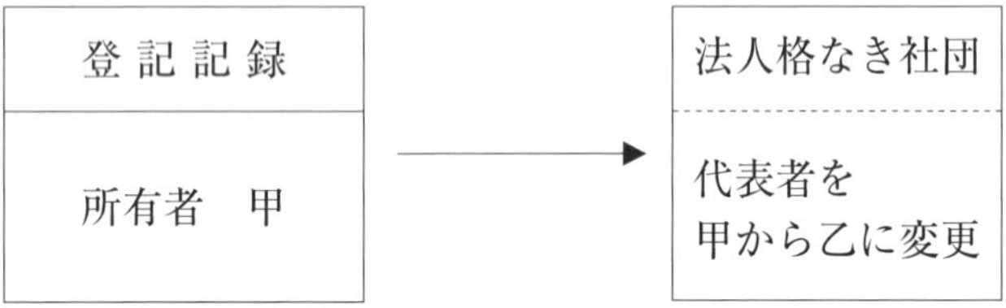

申請手続

法人格なき社団の旧代表者甲を登記義務者、新代表者乙を登記権利者とし、登記原因を「年月日委任の終了」とする所有権移転登記をする。所有権登記名義人住所・氏名変更登記を申請するのではない。

申請書

＜所有権移転登記の場合＞

登記の目的	所有権移転
原　　　因	平成○年○月○日　委任の終了
権　利　者	B市2番地　乙
義　務　者	A市1番地　甲
添付情報	登記原因証明情報　登記識別情報　印鑑証明書 住所証明情報　代理権限証明情報

課税価格	金○円
登録免許税	金○円（登税別表1一㈡ハ）

備　考

(1)　法人格なき社団の代表者の変更

①　昭41・4・18民甲1126

［要旨］　法人格なき社団所有の不動産につき、その構成員のうち数名を所有権の登記名義人としていたところ、この内の1人を単独所有者とする旨の共有持分移転の登記をする場合の登記原因を、「委任の終了」とすることは差し支えない。

［照会］　「共有名義の不動産につき、登記原因を左記〔下記〕の如く記載して、共有者のうちの1人を単独所有者とする旨の共有持分移転登記申請があつたが、この登記原因による登記申請の受否につき決しかねますので、電信で何分のご指示を願います。

なお、本件は、法人格のない社団所有の不動産につき、その構成員のうちの数名を、所有権の登記名義人としていたところ、その後、所有権の登記名義人を、そのうちの1人にするために、右〔上〕の如き登記申請がされたものである。

参照　昭和39年10月15日最高裁判所判決に対する香川参事官の解説（登記研究211巻11頁以下）

記

当該申請により持分を失うこととなる共有者のうち、すでに死亡している者の分については、『準委任終了』生存者の分については、『準委任解除』」

［回答］　「照会の件は、登記原因を「委任の終了」とするのが相当である。」

② 昭53・2・22民三1102

［要旨］　法人格なき社団が所有する不動産につき所有権登記名義人は代表者A1名のところ、B、Cを加え3名とする登記の登記原因は「委任の終了」である。

［照会］　「法人格なき社団の代表者が変更した場合の所有権移転登記の登記原因等について（照会）

標記について、別紙のとおり和歌山地方法務局長から照会があり、左記〔下記〕のとおり回答したいと考えますが、いささか疑義がありますので何分の御指示をお願いします。

記

甲説により取り扱うのが相当と考える。

理由

法人格なき社団がその所有の不動産について個人の名義による登記を受けた場合、それは当該名義人が社団の委任に基づく受任者の立場において登記名義人となつているものと理解すべきである。

別紙

登第111号

昭和51年2月27日

和歌山地方法務局長

大阪法務局長　殿

法人格なき社団の代表者1名を3名に変更した場合の所有権移転登記の登記原因等について（伺い）

法人格なき社団の所有する不動産につき登記名義人は代表者

A1名のところ、B、Cを加え3名に増員する登記の登記原因を「委任の変更」としAよりB、Cに対し持分一部移転の登記申請がありましたが、受否に関し左記〔下記〕両説あり、小職は乙説を相当と考えますが決しかねますので御多忙中恐縮ながら何分の御垂示を賜わりますようお願いいたします。

記

甲説　人格なき社団の不動産につき、その構成員のうち数名を代表者として、これら数名の共有名義としている場合においてそのうちの1名とするための共有持分移転の登記をするには他の者の生存の如何を問わず、その登記原因を「委任の終了」とする先例があり（昭和41・4・18民甲第1126号）これを類推すれば本件登記は受理さしつかえない。

乙説　人格なき社団の資産は構成員に総有的に帰属するものであるから、持分的観念をいれる余地がなく（昭和39・10・15最高裁判決）共有関係において持分の記載のない登記は認めるべきではない。甲説引用の先例は共有名義の登記を人格なき社団の実態に符合さすための登記を認めたものである。

このような登記を認めるとすれば例えば代表者A、B2名（持分各$\frac{1}{2}$）のときAが辞任し、C、Dが新たに加わつた場合Aについては委任が終了しB、C、Dについては委任の変更がなされ2個の登記原因が同時に発生することになり登記の方法がない。また持分についてこれをみるにA持分2分の1をC、Dに移転するとその結果B2分の1、C、D各4分の1となり、社団の代表者が量的に異なることとなり、公示上このような関係を認めるべき法律的根拠がない。」

［回答］　「標記の件については、登記原因を「委任の終了」とするのが相当であると考える。」

(2)　法人格なき社団の代表者の死亡

法人格なき社団の代表者名義の不動産につき同代表者が死亡した場合、新代表者への変更登記は、亡代表者の相続人と新代表者の共同申請による所有権移転登記の方法による。新代表者の単独申請による所有権登記名義人住所・氏名変更登記の方法によるべきでない（登研476・139）。

第16　抹消登記と住所・氏名変更（更正）登記

事例119　所有権の仮登記の抹消と登記義務者の住所・氏名の変更

所有権に関する仮登記の抹消を申請する場合に、当該仮登記名義人の住所・氏名が変更されているときは、住所・氏名変更登記を要するか。

登記記録	1番	所有権移転	○市○番地　甲	
	2番	所有権移転仮登記	A市1番地　乙野花子	仮登記名義人

A市1番地 → 住所移転 → B市3番地

乙野花子 → 氏名変更 → 丙野花子

申請手続

所有権に関する仮登記を抹消するにつき、当該仮登記登記名義人の住所・氏名について変更または更正が生じている場合でも、変更または更正の登記を省略し、変更または更正を証する書面を添付して直ちに仮登記の抹消登記を申請することができる。

申請書

登記の目的	2番仮登記抹消
原　　　因	平成○年○月○日　解除
権　利　者	○市○番地　甲

義務者	B市3番地　丙野花子
添付情報	登記原因証明情報　登記識別情報　変更証明書 代理権限証明情報
登録免許税	不動産1個につき金1,000円（20個を超える場合は2万円。登税別表1一(十五)）

備考

(1)　住所・氏名の変更登記の要否（昭32・6・28民甲1249）

［要旨］　所有権に関する仮登記を抹消する場合に、当該仮登記登記名義人の住所・氏名につき変更または更正が生じていても、変更または更正の証明書を添付することによって、その変更または更正の登記を省略できる。

［照会］　「所有権移転又はその請求権保全の仮登記を抹消する場合において、仮登記名義人の氏名又は住所に錯誤があり又は変更を生じたが、その登記が未了のため登記申請書に記載すべき仮登記名義人の表示〔氏名または住所〕が登記簿〔記録〕と符合しないとき、その錯誤又は変更を証する書面を添付して、右〔上〕前提登記を省略するもさしつかえないでしようか。

至急、何分の御指示をお願いします。」

［回答］　「貴見のとおり取り扱つてさしつかえないものと考える。」

(2)　所有権登記名義人の住所・氏名変更登記の要否

抵当権の抹消登記を申請するにつき、所有権登記名義人に住所・氏名変更が生じているときは、所有権登記名義人の住所・氏名変更登記をしなければならない（登研430・173、同512・157）。

事例120　仮登記名義人の単独申請による仮登記抹消と所有者の住所移転

仮登記名義人（抹消における登記義務者）が単独で仮登記の抹消登記を申請する場合において、所有権登記名義人（抹消における登記権利者）の住所が移転しているときは、抹消登記の前提として、所有権登記名義人の住所変更登記を要するか。

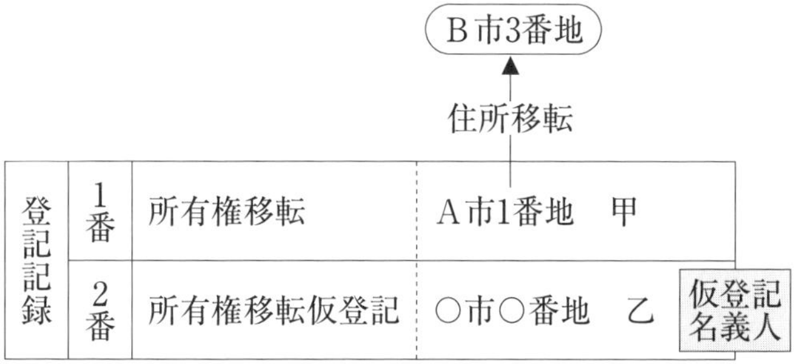

申請手続

所有権移転仮登記の抹消登記を申請する前提として、所有権登記名義人（抹消における登記権利者）甲の住所移転登記をしなければならない。

申請書

＜連件2－1＞

登記の目的	所有権登記名義人住所変更
原　　　因	平成○年○月○日　住所移転

変更後の事項	住所 　Ｂ市3番地
申　請　人	Ｂ市3番地　甲
添 付 情 報	登記原因証明情報　代理権限証明情報
登録免許税	不動産1個につき金1,000円（登税別表1一㈣）

<連件2－2>

登記の目的	2番仮登記抹消
原　　　因	平成○年○月○日　合意解除
権　利　者	Ｂ市3番地　甲
義　務　者 （申請人）	○市○番地　乙
添 付 情 報	登記原因証明情報　登記識別情報　印鑑証明書 （利害関係人の承諾書）　代理権限証明情報
登録免許税	不動産1個につき金1,000円（20個を超える場合は2万円。登税別表1一㈤）

備　考

(1)　所有権登記名義人の住所変更登記の要否

仮登記名義人（抹消における登記義務者）が単独で仮登記の抹消登記を申請する場合において、所有権登記名義人（抹消における登記権利者）の住所が移転されているときは、抹消登記の前提として、所有権登記名義人の住所変更登記を要する（登研471・135）。

(2)　仮登記の抹消方法

仮登記の抹消登記をする方法は、次のように分類できる（不動産申請メモ524頁・525頁参照）。

①　共同申請

仮登記名義人と所有権登記名義人との共同申請（不登26①）。

②　仮登記名義人の単独申請

仮登記名義人は、仮登記の登記済証（または登記識別情報）を添付して単独で抹消登記の申請をすることができる（不登144①）。なお、抹消する仮登記が所有権に関する仮登記である場合は、仮登記名義人の印鑑証明書を添付する（昭32・4・15民甲736）。

③　利害関係人からの申請

登記記録上利害関係を有する者は、仮登記名義人の承諾書（印鑑証明書付）を添付して、単独で抹消登記の申請ができる。例えば、仮登記義務者（抹消における登記権利者）、または抵当権設定仮登記後に登記した後順位抵当権者をあげることができる。

事例121　錯誤による所有権抹消と住所変更登記

錯誤を原因として所有権登記を抹消する場合、所有権登記名義人が住所移転しているときは、抹消登記の前提として住所変更登記を要するか。

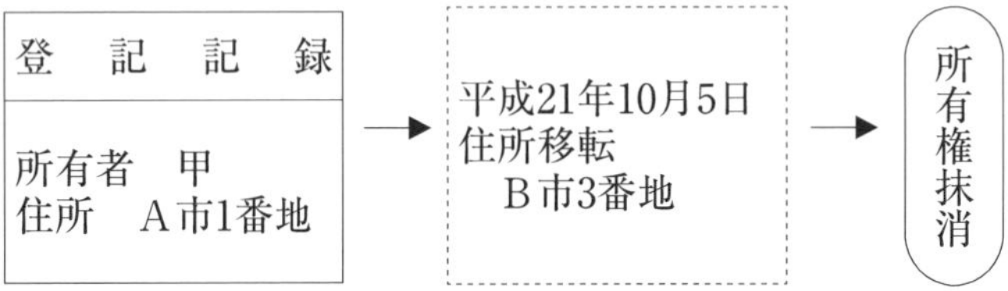

申請手続

所有権抹消登記をする前提として、所有権登記名義人（甲）の住所変更登記を申請しなければならない。

申請書

登記の目的	所有権登記名義人住所変更
原　　　因	平成21年10月5日　住所移転
変更後の事項	住所 Ｂ市3番地
申　請　人	Ｂ市3番地　甲
添 付 情 報	登記原因証明情報　代理権限証明情報

登録免許税	不動産1個につき金1,000円（登税別表1一⒁）

備　考

(1)　登記義務者の住所変更登記の要否

錯誤により所有権移転登記を抹消する場合に、抹消されるべき登記名義人の住所が変更している場合には、所有権抹消登記を申請する前提として、登記義務者につき住所変更登記をする必要がある（登研350・75）。

(2)　権利移転登記の前提としてする住所変更登記の要否（昭43・5・7民甲1260）

［要旨］　権利移転の登記の前提としてする登記名義人住所変更または更正の登記を省略する取扱いは、認められない。

［照会］　「登記事務の簡素合理化のため、次の取扱いは認められないか、何分のご指示を賜わりたくお伺いします。

記

登記名義人の氏名及び住所について変更又は錯誤のある場合で、当該登記名義人の権利の移転の登記の際、前提としてする登記名義人の表示〔氏名および住所〕の変更又は更正の登記は、権利の移転の登記の申請書の登記義務者の表示を登記簿〔記録〕上の表示〔氏名および住所〕及び現在の表示〔氏名および住所〕として併記し、かつ、変更又は更正を証する書面を添付することにより、これを省略する。

理由

住居表示の実施による住所の変更及び地番号の変更による住

所の変更のように物理的な変更を伴わない場合でその直後に権利を喪う登記をする場合、また、官公署等が既に当該権利を取得していてその登記をする前提として代位で登記名義人の表示〔氏名および住所〕の変更又は更正の登記をすることは実質上既に権利の無い者の氏名及び住所を形式上の理由のみで変更又は更正の手続をとるのであつて、しかもこの場合は一般の名義人の表示〔氏名および住所〕の変更又は更正の場合におけることの外に代位の関係についての調査及び記入等の余分の手数を要しながら結局その権利を喪うことの登記をすること、更には代位登記嘱託事件はその作成者が官公署の職員であるところから指導及び提出された事件の調査について司法書士の作成した書類に対してする場合に比して多くの時間を要し、発展途上の本県においてはかかる事件がいちじるしく増加していること、また、一般事件についても住居表示に関する法律施行後は、かかる前提事件を伴うものが相当増加してきている点より、このように省略できる取扱いを認めて頂ければ、申請人の便利はもとより、登記事務従事者の軽減にも役立つものと考えられ、かつ、抹消登記の前提とするものについては、既に省略する取扱いがなされているので、不動産登記法にもいちじるしく抵触することはないものと考えられます。

おつて、この取扱いは、客月13、14日の両日にわたり開催された東京法務局管内登記課長会同の際、全員一致でこの取扱いによることができるよう本省へ要望することと決議された協議問題第11問によるものであります。」

［回答］　「貴見による取扱いをすることはできないものと考える。」

事例122　所有権抹消登記と登記義務者の住所変更

調停調書に基づき所有権抹消登記をする場合に、登記義務者（所有権登記名義人）の住所が、調停調書と登記記録とで異なるときは、住所変更登記を要するか。

調　書（成立）

当事者目録

原　告　　A市1番地　甲　**抹消登記の登記権利者**

被　告　　現在の住所　C市3番地　乙　**抹消登記の登記義務者**

（登記記録上の住所）　B市2番地

申請手続

調停調書に基づき所有権抹消登記の申請をする場合において、調停調書記載の登記義務者（所有権登記名義人）の住所が、調停調書に記載されたものと登記記録に記載されたものとで相違しているときは、所有権抹消登記を申請する前提として所有権登記名義人住所変更登記を要する。

申請書

＜原告の代位による所有権登記名義人住所変更登記の場合＞

登記の目的	所有権登記名義人住所変更
原　　　因	平成○年○月○日　住所移転

変更後の事項	住所 　Ｃ市3番地
被代位者	Ｃ市3番地　乙
代位者	Ａ市1番地　甲
代位原因	平成○年○月○日調停（または解除・合意解除・権利放棄）の所有権抹消登記請求権（注）
添付情報	登記原因証明情報　代位原因証書 代理権限証明情報
登録免許税	不動産1個につき金1,000円（登税別表1一(十四)）

（注）代位権発生の原因を記載する。

備　考

○　登記義務者の住所変更登記の要否

①　調停調書に基づき所有権抹消登記の申請をする場合に、調停調書記載の登記義務者の住所および氏名が、調停調書に記載されたものと登記記録上のものとが相違しているときは、住所および氏名の変更証明書を添付しても、所有権登記名義人住所変更登記を省略することはできない（登研546・152）。

②　錯誤により所有権移転登記を抹消する場合に、抹消されるべき登記名義人の住所が変更している場合には、所有権抹消登記を申請する前提として、登記義務者につき住所変更登記をする必要がある（登研350・75）。

事例123　所有権抹消登記と前所有者の住所変更

所有権登記を抹消して前所有者に所有権を回復する場合に、前所有者（抹消における登記権利者）が住所を変更している場合の取扱い。

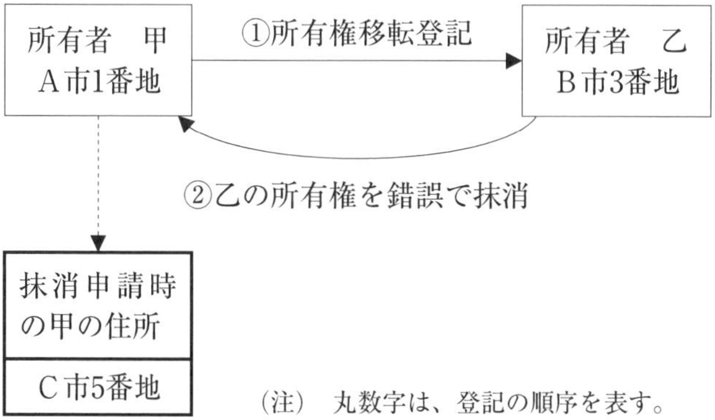

（注）丸数字は、登記の順序を表す。

申請手続

前所有権登記名義人甲（登記権利者・所有権の回復を受ける者）の同一性を証する変更書面を添付して、所有権登記名義人乙の所有権抹消登記の申請をすることができる。

申請書

登記の目的	何番所有権抹消
原　　因	錯誤
権 利 者	C市5番地　甲

義　務　者	Ｂ市3番地　乙
添付情報	登記原因証明情報　登記識別情報　印鑑証明書 変更証明書　代理権限証明情報
登録免許税	不動産1個につき金1,000円（20個を超える場合は2万円。登税別表1一㈤）

備　考

(1)　所有権の回復登記と登記権利者の住所変更登記の要否

甲から乙への所有権移転登記を錯誤により抹消する場合に、申請書に記載された登記権利者（所有権を回復する甲）の住所氏名が登記記録上の表示と相違するときは、登記義務者の表示（住所氏名）が相違する場合と異なり、その同一性を証する書面（住所氏名の変更を証する書面）を添付して抹消登記の申請をすることができる（登研435・117、同463・83）。

(2)　前登記名義人の住所変更登記の可否

現に効力を有しない前所有権登記名義人（甲）が、自己（甲）の登記名義人住所変更登記を申請することはできない。例えば、甲から乙に所有権移転登記をした後に、この登記原因を更正しようとしたところ甲が他に住所移転している場合は、更正登記の申請書に甲の住所の変更を証する書面を添付すれば足りる（登研346・91）。

事例124　買戻特約の抹消登記と買戻権者の住所変更

買戻特約の登記を抹消する場合に、買戻権者（買戻特約の抹消登記における登記義務者）の住所または氏名に変更（または錯誤）があるときは、抹消登記を申請する前提として、買戻権者の表示の変更（または更正）登記を要するか。

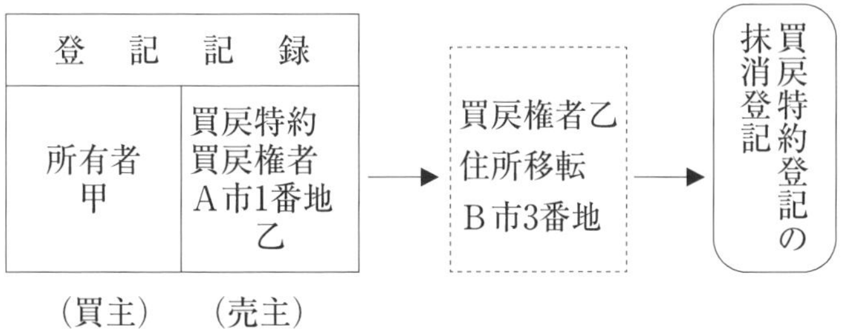

申請手続

買戻権者についての住所・氏名変更（更正）登記をすることなく、買戻特約登記の抹消登記申請書に買戻権者の住所・氏名変更（更正）証明書を添付して申請することができる。

備　考

○　買戻特約登記の抹消と買戻権者の住所・氏名変更の可否

買戻特約登記の抹消登記を申請する場合において、当該抹消登記における登記義務者（買戻権者）の氏名または住所に錯誤があり、または変更を生じたが、その登記が未了のため登記申請書に記載すべき登記義務者の住所または氏名が登記記録と符合しないとき、その錯誤または変更を証する書面を添付して、買戻権者の住所・氏名変更（更正）登記を省略して差し支えない（登研460・105）。

第17　仮登記の本登記と住所・氏名変更（更正）登記

事例125　仮登記名義人の住所変更と本登記の手続

仮登記をした後に仮登記登記名義人が住所変更をした場合、この仮登記を本登記にするに際し、仮登記登記名義人の住所変更登記を要するか。

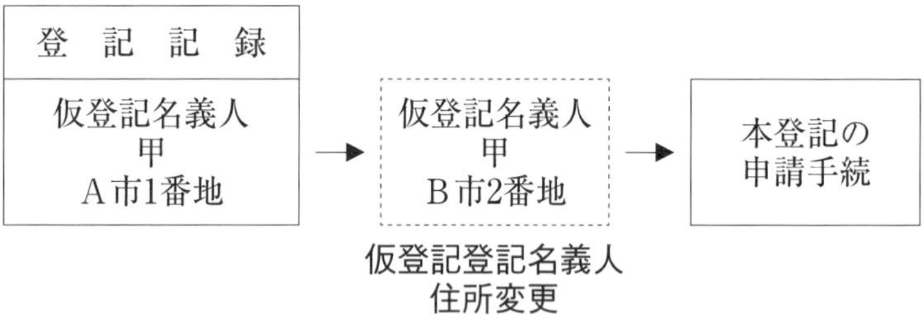

申請手続

仮登記に基づく本登記をする前提として、仮登記名義人の住所変更登記を申請しなければならない。

申請書

登記の目的	何番仮登記名義人住所変更
原　　　因	平成○年○月○日　住所移転
変更後の事項	住所 B市2番地

申　請　人	B市2番地　甲
添 付 情 報	登記原因証明情報　代理権限証明情報
登録免許税	不動産1個につき金1,000円（登税別表1一㈣）

備　考

(1)　仮登記名義人の住所・氏名変更登記の要否（昭38・12・27民甲3315）

［要旨］　仮登記に基づく本登記の申請に際し、仮登記権利者（仮登記名義人）の住所または氏名に変更（または錯誤）がある場合は、本登記の申請をする前提として、仮登記名義人の住所または氏名の変更（または更正）登記を要する。

［照会］　「仮登記に基づく本登記の申請に際し、仮登記権利者の住所又は氏名に変更(又は錯誤)がある場合における仮登記名義人の表示〔住所・氏名〕の変更(更正)の登記を省略することの可否について、左記〔下記〕の両説があり、乙説によって処理すべきものと考えますが、決しかねますので、何分の御指示を下さるようお伺いします。

記

甲説　登記事務の簡素化、申請人の利便を考慮し、当該本登記の申請書に、変更(更正)を証する書面を添付せしめ、便宜、仮登記名義人の表示〔住所・氏名〕の変更(更正)の登記を省略してさしつかえない。

〔略〕

乙説　登記簿〔記録〕上仮登記権利者の表示と本登記権利者の表示〔住所・氏名〕が異なることは、公示制度上適当でないから、仮登記名義人の表示〔住所・氏名〕の変更(更正)

の登記を省略すべきでない。」

［回答］　「貴見のとおりと考える。」

(2)　仮登記名義人の住所が数回変更している場合

本事例において、仮登記名義人（甲）の表示〔住所〕が数回変更されているときは、申請書にその登記原因およびその日付を併記し（ただし、同種の登記原因が数個存在するときは、便宜その最後のもののみを記載してさしつかえない）、各変更を証する書面を添付して、直ちに現在の仮登記名義人の表示〔住所〕に変更登記することができる（昭32・3・22民甲423、先例解説総覧672頁、70頁の**事例27**を参照）。

第18　相続関係

事例126　被相続人の住所（氏名）が登記記録上の住所と相違

所有権登記名義人に相続が開始したが、被相続人の住所（または氏名）が変更して登記記録上の住所（または氏名）と相違している場合、相続登記を申請する前提として被相続人の住所（または氏名）変更登記を申請すべきか。

申請手続

256頁の 事例111 を参照。

事例127　相続登記をしないで被相続人の住所更正登記のみできるか

死亡した所有権登記名義人の登記記録上の住所が間違っている場合に、相続登記をしないで登記名義人住所更正登記のみを申請することができるか。

登　記　記　録				死亡者の登記名義人 住所更正登記の申請
所有権登記名義人　甲 A市1番地	→	甲 死亡	→	更正後・A市2番地

申請手続

相続人が被相続人の住所または氏名の更正登記を申請することは、可能である。

備　考

(1)　死亡者の住所または氏名の更正登記の可否

相続による所有権移転登記をする場合に、被相続人の登記記録上の表示と最後の住所または氏名とが相違するときは、住所・氏名の変更（または更正）登記を省略して相続登記を申請することができるが（明33・4・28民刑414）、これは便宜省略することができるという趣旨であり、変更または更正ができないという意味ではない（256頁の 事例111 参照）。

したがって、「表示〔住所・氏名〕更正登記の申請ができることは問題ないといえるが、問題はその時期である。すなわち、相続登記をするときに、その前提としてのみ当該表示〔住所・氏名〕更正登記申請ができるということになるのか否かである。答は否である。〔略〕不動産登記法42条〔現行不動産登記法62条、不動産登記令7条1項5号イ〕の趣旨に準じてその相続人が表示〔住所・氏名〕更正の登記申請をすることは可能であると解して差し支えないであろう。」（登先305・113・114）。

(2)　権利移転等の登記の前提としてする氏名変更登記の要否（明33・4・28民刑414）

［要旨］　所有権登記名義人が改名しその変更登記をしないで相続が開始した場合は、被相続人の氏名を変更登記をしないで、直ちに相続登記をすることができる。

［照会］　「既登記不動産所有者改名シタルモ未タ表示〔氏名〕ノ変更ヲ為ササリシコト隠居又ハ入夫婚姻等ニ依ル家督相続登記ニ際シ発見シタル場合ト雖不動産登記法第49条第6号〔現行不動産登記法25条7号〕ニ依リ同法第42条〔現行不動産登記法62条、不動産登記令7条1項5号イ〕ノ書面ヲ提出シタルトキハ最早表示〔氏名〕ノ変更ヲ要セス直チニ相続登記ヲ為シテ可ナルヤ或ハ一旦被相続人ヨリ表示〔氏名〕ノ変更ヲ為サシムルモノナルヤ至急御回答ヲ煩度候也」

［回答］　「相続登記ノ件被相続人ハ申請人ニ非ラサルニ付キ不動産登記法第49条〔現行不動産登記法25条〕ヲ適用スルノ限リニ在ラス随ツテ被相続人ノ表示〔氏名〕ヲ変更セス直チニ相続登記ヲ為シ差支ナキ儀ト思考致候此段及回答候也」

事例128　胎児が、相続登記をした後に生きて生まれた場合

胎児を含めて法定相続分による相続登記をした後に、胎児が生きて生まれた場合の登記手続。

登　記　記　録
共有者 　A市1番地 　　持分2分の1 　　　乙 　A市1番地 　　　　2分の1 　　　亡甲妻乙胎児

→

平成21年10月1日

亡甲妻乙胎児・丙が生きて生まれた

申請手続

胎児を含めた法定相続分による共同相続登記後に、胎児が生きて生まれてきた場合は、後掲 備　考 (1)のように所有権登記名義人の住所・氏名変更登記を申請する。

申 請 書

登記の目的	所有権登記名義人住所、氏名変更
原　　　因	平成21年10月1日　出生
変更後の事項	共有者亡甲妻乙胎児の氏名住所 　A市1番地　丙

申　請　人	A市1番地　丙
添 付 情 報	登記原因証明情報（注）　代理権限証明情報
登録免許税	不動産1個につき金1,000円（登税別表1一㈣）

（注）登記原因証明情報として、胎児の出生・氏名を証明する戸籍謄（抄）本、および胎児の出生後の住民票を添付する。戸籍謄（抄）本からは、「亡甲妻乙胎児」の関係がわかるものであることを要する。なお、この戸籍謄（抄）本は代理権限証明情報の一部として使用することができる（代理権限証明情報として使用する場合は、市町村長の作成した日から3か月以内であることを要する。不登令17①）。

備　考

(1)　胎児が生きて生まれてきた場合の登記事項証明書例

権　利　部（甲区）（所有権に関する事項）			
順位番号	登記の目的	受付年月日・受付番号	権利者その他の事項
1	所有権移転	平成21年8月10日第300号	原因　平成21年6月25日相続 共有者 A市1番地 持分2分の1　乙 A市1番地 2分の1 亡甲妻乙胎児
付記1号	1番登記名義人住所、氏名変更	平成21年10月18日第540号	原因　平成21年10月1日出生 共有者亡甲妻乙胎児の氏名住所 A市1番地　丙

(2) 胎児が死体で生まれてきた場合

299頁の **事例129** を参照。

(3) 胎児の相続登記（昭29・6・15民甲1188）

胎児は「亡何某妻何某胎児」として、相続登記すべきであるとの明治31年11月19日民刑第1406号の民刑局長回答は、今なお維持されておりますか。昭和7年10月6日大審院判決（大審院判例集11巻2023頁以下）によりますと、わが民法では出生以前には、胎児の行為を代行すべき機関に関する規定がないので、胎児は出生以前には、その遡及的に享有すべき権利の行使又は処分をなし得ない旨判示していますので、右〔上〕登記は不可能のように思われますから、御伺いいたす次第であります。

若し、右〔上〕判例が維持されているとすれば胎児の法定代理人となる者は、胎児を懐胎している母でしようか。

（参照、中川善之助　相続法　38頁）

また、胎児出生までに、遺産の分割の登記ができますか。

何分の御垂示をお願いいたします。

［回答］　本年3月27日付日記第2840号で問合せのあつた標記の件については、次のように考える。

記

民法第886條の規定は、胎児にも相続能力を認めたものと解されるから、胎児のための相続登記をなし得る旨の明治31年11月19日民刑第1406号民刑局長回答の趣旨は、現行法の下においても維持すべきである。この場合には、未成年者の法定代理の規定が胎児にも類推適用される。しかし、胎児の出生前においては、相続関係が未確定の状態にあるので、胎児のために遺産分割その他の処分行為をすることはできない。

事例129　胎児が、相続登記をした後に死体で生まれた場合

胎児を含めて法定相続分による相続登記をした後に、胎児が死体で生まれた場合の登記の是正方法。

登　記　記　録
共有者 A市1番地 持分2分の1 乙 A市1番地 2分の1 亡甲妻乙胎児

→ 平成21年10月1日

亡甲妻乙胎児・丙が死体で生まれた

申請手続

胎児を含めて法定相続分による共同相続登記をした後に、胎児が死体で生まれてきたときは、所有権の更正登記をする。

申請書

登記の目的	1番所有権更正
原　　　因	錯誤
変更後の事項	所有者 A市1番地　乙

権　利　者	A市1番地　乙
義　務　者	A市1番地　亡甲妻乙胎児
添付情報	登記原因証明情報　登記識別情報　印鑑証明書 代理権限証明情報
登録免許税	不動産1個につき金1,000円（登税別表1一㈩）

備　考

(1)　胎児が死体で生まれてきた場合の登記事項証明書例

胎児を含めて法定相続分による共同相続登記をした後に、胎児が死体で生まれてきた場合は、相続登記の更正登記をする。

権　利　部（甲区）（所有権に関する事項）			
順位番号	登記の目的	受付年月日・受付番号	権利者その他の事項
1	所有権移転	平成21年8月10日第300号	原因　平成21年6月25日相続 共有者 A市1番地 持分2分の1　乙 A市1番地 2分の1 亡甲妻乙胎児
付記1号	1番所有権更正	平成21年10月18日第540号	原因　錯誤 所有者　A市1番地 乙

⑵　胎児が生きて生まれてきた場合

296頁の **事例128** を参照。

⑶　胎児の相続登記（昭29・6・15民甲1188）

胎児は「亡何某妻何某胎児」として、相続登記すべきであるとの明治31年11月19日民刑第1406号の民刑局長回答は、今なお維持されておりますか。昭和7年10月6日大審院判決（大審院判例集11巻2023頁以下）によりますと、わが民法では出生以前には、胎児の行為を代行すべき機関に関する規定がないので、胎児は出生以前には、その遡及的に享有すべき権利の行使又は処分をなし得ない旨判示していますので、右〔上〕登記は不可能のように思われますから、御伺いいたす次第であります。

若し、右〔上〕判例が維持されているとすれば胎児の法定代理人となる者は、胎児を懐胎している母でしようか。

（参照、中川善之助　相続法　38頁）

また、胎児出生までに、遺産の分割の登記ができますか。

何分の御垂示をお願いいたします。

［回答］　本年3月27日付日記第2840号で問合せのあつた標記の件については、次のように考える。

記

民法第886條の規定は、胎児にも相続能力を認めたものと解されるから、胎児のための相続登記をなし得る旨の明治31年11月19日民刑第1406号民刑局長回答の趣旨は、現行法の下においても維持すべきである。この場合には、未成年者の法定代理の規定が胎児にも類推適用される。しかし、胎児の出生前においては、相続関係が未確定の状態にあるので、胎児のために遺産分割その他の処分行為をすることはできない。

事例130　相続人不分明による相続財産法人化の手続

甲が死亡したが、甲に相続人のあることが明らかでない場合に、被相続人の相続財産法人化の住所・氏名変更登記の手続。

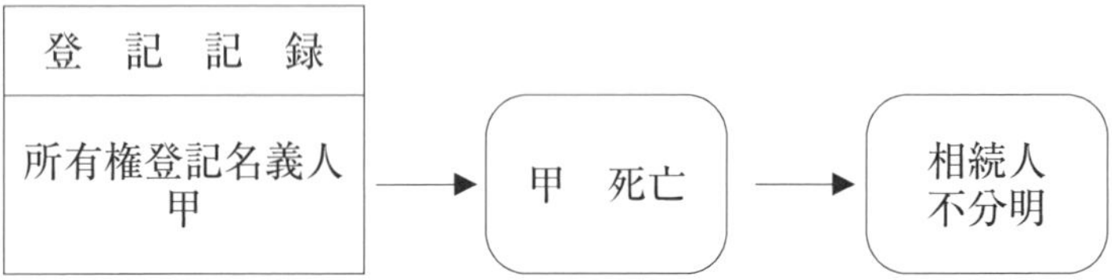

申請手続

(1)　相続が開始したが、被相続人に相続人のあることが明らかでないときは、相続財産は法人となる（民951）。この場合の登記手続は、被相続人甲から相続財産法人への所有権移転登記ではなく、登記名義人の氏名変更登記（被相続人名義の所有権登記に対する付記登記）によって行う。

(2)　被相続人の登記記録上の氏名・住所と死亡時の氏名・住所とが異なるときは、申請書にその変更についての登記原因・その日付を併記する（登研665・165）。

申請書

＜(1)　登記記録上の氏名・住所と死亡時の氏名・住所が同一の場合＞

登記の目的	所有権登記名義人氏名変更
原　　　因	平成21年5月5日　相続人不存在

変更後の事項	亡甲相続財産
申　請　人	B市○町3番地 　亡甲相続財産管理人　乙
添付情報	登記原因証明情報　代理権限証明情報
登録免許税	不動産1個につき金1,000円（登税別表1一(十四)）

＜(2)　登記記録上の氏名・住所と死亡時の氏名・住所が異なる場合＞

登記の目的	所有権登記名義人氏名、住所変更
原　　因	平成○年○月○日　氏名変更 平成○年○月○日　住所移転 平成○年○月○日　相続人不存在
変更後の事項	C市○町5番地 　亡甲′相続財産
申　請　人	B市○町3番地 　亡甲′相続財産管理人　乙
添付情報	登記原因証明情報　代理権限証明情報
登録免許税	不動産1個につき金1,000円（登税別表1一(十四)）

(注1)　変更前の住所・氏名を朱抹する（登研665・165参照）。

(注2)　記録例196を参照。

＜(3)　被相続人の死亡後に住居表示が実施された場合＞

登記の目的	所有権登記名義人氏名、住所変更
原　　因	平成○年○月○日　相続人不存在 平成○年○月○日　住居表示実施
変更後の事項	C市○一丁目○番○号 　亡甲相続財産
申　請　人	B市○町3番地 　亡甲相続財産管理人　乙
添付情報	登記原因証明情報　代理権限証明情報
登録免許税	不動産1個につき金1,000円（登税別表1一(十四)）

(注1)　変更前の住所・氏名を朱抹する（登研665・166参照）。

(注2)　記録例197を参照。

備　考

(1)　「相続人のあることが明らかでないとき」とは

民法951条でいう「相続人のあることが明らかでないとき」とは、相続人の有無が不明なことをいうが、相続人のないことが明らかである場合も本条に含まれる。相続人のあることの有無の判断の時期は、相続開始の時を基準とする（相続法逐条解説（中）226頁）。

なお、民法951条にいわゆる「相続人のあることが明らかでないとき」とは、相続人の存否不明をいうのであって、相続人の生死不明又は行方不明等は含まれない（東京高決昭50・1・30判時778・64）。所在または生死が明らかでない場合は、不在者ないし失踪者として処理するので（民25以下）、相続人の不存在にはあたらない。

(2)　登記名義人住所・氏名変更の登記（昭10・1・14民甲39）

［要旨］　相続人のあることが明らかでない場合において、相続財産を法人名義にするには、登記名義人住所・氏名変更の付記登記をする。

［照会］　「一、相続人アルコト分明ナラサルニ因リ被相続人所有名義ノ不動産ニ対シ抵当権者カ相続財産管理人ノ選任及代位ニ因ル所有権移転登記(法人名義)ヲ為サスシテ特別代理人ニ対シテ競売ノ申立ヲ為シ登記ノ嘱託アリタル場合受理シ差支ナキヤ

二、抵当権者ハ第三取得者ニ代位シテ相続其ノ他ノ登記ヲ申請スルコトヲ得ルヤ」

［回答］　「第1項ハ相続財産タル法人名義ト為リタル旨ノ附記登記ヲ為シタル上ニ於テ競売申立ノ登記ノ嘱託ヲ受理スルヲ相当トス

第2項ハ貴見ノ通代位シテ登記ノ申請ヲ為スコトヲ得ルモノト思考致候此段及回答候也

追テ従来相続財産カ法人名義ニ変更アリタル場合所有権移転ノ登記トシテ取扱居候処右〔上〕ハ寧ロ所有権登記名義人ノ表示〔住所・氏名〕ノ変更ノ登記ニ準スルヲ相当トシ之カ取扱方ヲ変更シタル儀ニ有之候条為念申添候」

(3)　登記事項証明書例（申請書(1)の例（記録例195参照））

権　利　部（甲区）（所有権に関する事項）			
順位番号	登記の目的	受付年月日・受付番号	権利者その他の事項
2	所有権移転	平成16年7月25日第100号	原因　平成16年7月25日売買

			所有者 A市○町1番地　甲
付記1号	2番登記名義人氏名変更	平成21年5月23日第150号	原因　平成21年5月5日相続人不存在 登記名義人 亡甲相続財産

(4)　相続財産管理人の代理権・代理権消滅

①　相続財産管理人は、民法103条に定める管理行為と、同957条に示す清算行為の範囲内で、相続財産法人を代理する権限を有する。この代理権限は、相続財産法人の法定代理権である（注釈民法27巻665頁〔金山正信〕、民953参照）。

②　相続財産管理人の代理権は、相続人が相続の承認をした時に消滅する（民956①）。出現した相続人が相続を承認しないで放棄して相続人不存在となれば、相続財産法人は存続する（注釈民法27巻678頁・679頁〔金山正信〕。限定承認の場合は民926参照）。

(5)　添付書類

相続財産法人化の登記名義人氏名変更登記の申請書に添付する書面については、307頁の**事例131**を参照。

事例131　相続財産法人化の登記申請書の添付書類

相続財産法人化の氏名変更登記の申請書に添付すべき書面。

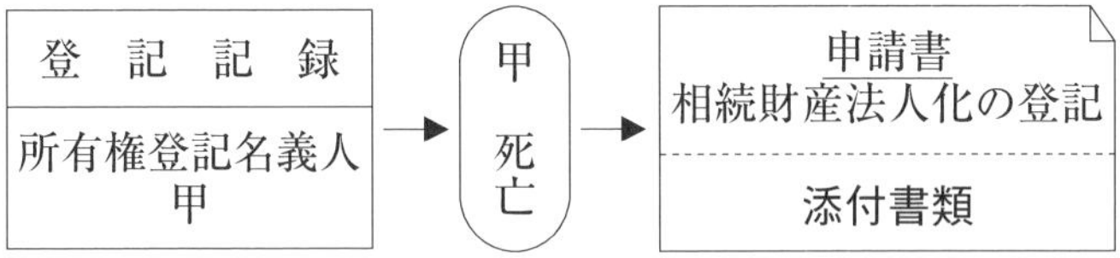

申請手続

相続人不分明により相続財産を法人名義にする登記の申請書には、次の(1)または(2)の区別に従い書面を添付する。

(1)　相続財産管理人選任書の記載によって、相続財産管理人の選任が相続人不存在の場合であることおよび死亡者の死亡年月日が明らかでないとき

①　登記原因証明情報（不登令7①五ロ）

相続財産管理人選任書の記載によって、当該相続財産管理人の選任が相続人不存在の場合であること（注）、および死亡者（当該被相続人甲）の死亡年月日が明らかでないときは、戸籍（除籍）謄抄本を添付して、登記原因の日付たる死亡者の死亡年月日（相続財産法人の成立日）、および相続人が戸籍上不存在であることを証明する。

なお、被相続人の死亡時の住所と登記記録上の住所とが相違する場合は、その住所の変更を証する書面を添付する。

②　代理権限証明情報（不登令7①二）

(a)　代理人によって登記の申請をするときは、委任状を添付する。

(b)　家庭裁判所による相続財産管理人の選任書

（注）　家庭裁判所が審判によって相続財産管理人を選任するのは、相続人の不存在の場合のみに限られない。例えば、限定承認後の財産管理（民926②）、相続人が数人ある場合の相続財産の管理（民936①）、財産分離請求後の相続財産の管理（民943）等の場合における相続財産の管理人の選任がある（家事別表1参照）。

(2)　相続財産管理人選任書の記載によって、相続財産管理人の選任が相続人不存在の場合であることおよび死亡者の死亡年月日が明らかなとき

①　登記原因証明情報（不登令7①五ロ）

相続財産管理人選任書の記載によって、当該相続財産管理人の選任が相続人不存在の場合であることおよび死亡者（当該被相続人甲）の死亡年月日が明らかであるときは、戸籍（除籍）謄抄本の添付を要しない。

②　代理権限証明情報（不登令7①二）

(a)　代理人によって登記の申請をするときは、委任状を添付する。

(b)　家庭裁判所による相続財産管理人の選任書

備　考

(1)　戸籍（除籍）謄抄本の添付の要否（昭39・2・28民甲422）

［要旨］　相続財産管理人選任書の記載によって、相続財産管理人の選任が相続人不存在の場合であること、および死亡者の死亡年月日が明らかでないときは、これらを証する戸籍（除籍）の謄抄本を添付する。

［照会］　「相続人不存在のため、所有権の登記名義人を『亡何某相続財産』たる法人名義とする表示〔氏名〕変更登記申請書に

は、一般に申請書副本及び相続財産管理人選任書のほか、所有権登記名義人の死亡の事実の記載ある戸籍または除籍の抄本を添付すれば足りると考えますが、相続人の不存在を明らかにするために戸籍謄本等の添付を要するとの説もあり、決しかねておりますので、何分のご垂示を賜りたくお伺いいたします。」

［回答］　「相続財産管理人選任書の記載によつて、当該相続財産管理人の選任が相続人不存在の場合であること及び死亡者の死亡年月日が明らかでないときは、右〔上〕事項を証する書面として戸籍(除籍)の謄本若しくは抄本の添付を要するものと考える。

なお、前記選任書の記載によつて、相続人不存在の場合の選任であること及び死亡者の死亡年月日が明らかであるときは、申請書副本のほか前記選任書を添付すれば足りるので、念のため申し添える。」

(2)　官報公告と代理権限証明情報

相続財産管理人の選任の公告がされた官報をもって、相続財産管理人の代理権限証書〔代理権限証明情報〕に代えることはできない(登研582・185)。

事例132　競売の申立てと相続財産法人化の手続

所有者（債務者）甲が死亡したが相続人が不分明であるため特別代理人の選任申立てをし、選任された特別代理人を相手に担保権実行による競売の申立てをした。この場合、差押登記の嘱託の前提としてする相続財産法人化の登記は、特別代理人が申請できるか。

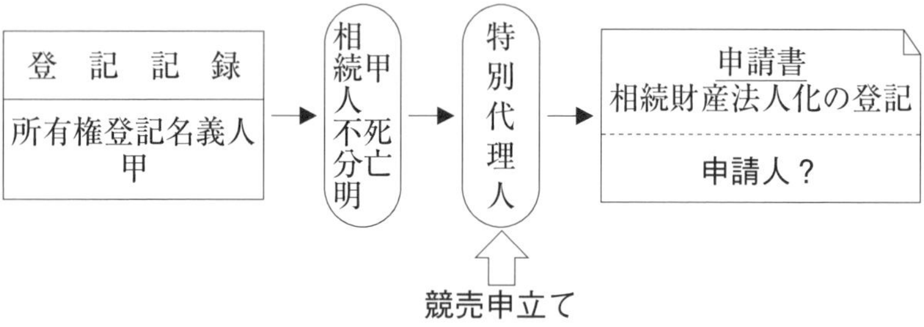

申請手続

相続財産管理人は、民法103条に定める管理行為と、同957条に示す清算行為の範囲内で、相続財産法人を代理する権限を有する。この代理権限は、相続財産法人の法定代理権である（注釈民法27巻665頁〔金山正信〕、民953参照）。したがって、選任された特別代理人（備　考(1)(2)）が相続財産法人化の登記名義人氏名変更登記を申請することはできない。開始決定を原因とする差押えの登記嘱託を含めてその後の手続は、相続財産管理人の選任および相続財産法人への氏名変更登記を待たなければならない（不動産執行19頁参照）。

備　考

(1)　特別代理人

債権者は、相続財産管理人の選任を待っていたのでは損害を受ける可能性がある場合には、執行裁判所に特別代理人の選任を求め、選任された特別代理人に対して競売開始決定の送達までの手続をすることができる（不動産執行18頁・19頁、民執20、民訴35①・37参照）。

【民事執行法20条】
「特別の定めがある場合を除き、民事執行の手続に関しては、民事訴訟法の規定を準用する。」
【民事訴訟法35条1項】
「法定代理人がない場合又は法定代理人が代理権を行うことができない場合において、未成年者又は成年被後見人に対し訴訟行為をしようとする者は、遅滞のため損害を受けるおそれがあることを疎明して、受訴裁判所の裁判長に特別代理人の選任を申し立てることができる。」
【民事訴訟法37条】
「この法律中法定代理及び法定代理人に関する規定は、法人の代表者及び法人でない社団又は財団でその名において訴え、又は訴えられることができるものの代表者又は管理人について準用する。」

(2)　相続財産法人化の登記の申請人

「特別代理人は、急を要する場合において競売の申立てをするために選任されたものであり、相続財産法人をその限りにおいて代理する者にすぎないのであって、相続財産の管理・清算権限を有しない以上、登記名義人の表示〔氏名〕変更をすることはできないものと考えます。

なお、いったん特別代理人が選任された場合であっても、その後に相続財産管理人を選任することは差し支えない〔略〕、相続財産の管理人の選任を求めて、同人において相続財産法人名義に登記名義人の表示〔氏名〕変更の登記申請をしてもらうか、あるいは、抵当権者が同人に代位して、当該登記を申請することができます。」（カウンター相談Ⅰ・269頁、後掲(3)参照）。

(3)　相続財産を法人化するための氏名変更登記の申請人（昭10・1・14民甲39）

［要旨］　相続人のあることが明らかでない場合において、相続財産を法人名義にするには、登記名義人氏名変更の付記登記をする。

［照会］　「一、相続人アルコト分明ナラサルニ因リ被相続人所有名義ノ不動産ニ対シ抵当権者カ相続財産管理人ノ選任及代位ニ因ル所有権移転登記(法人名義)ヲ為サスシテ特別代理人ニ対シテ競売ノ申立ヲ為シ登記ノ嘱託アリタル場合受理シ差支ナキヤ

二、抵当権者ハ第三取得者ニ代位シテ相続其ノ他ノ登記ヲ申請スルコトヲ得ルヤ」

［回答］　「第1項ハ相続財産タル法人名義ト為リタル旨ノ附記登記ヲ為シタル上ニ於テ競売申立ノ登記ノ嘱託ヲ受理スルヲ相当トス

第2項ハ貴見ノ通代位シテ登記ノ申請ヲ為スコトヲ得ルモノト思考致候此段及回答候也

追テ従来相続財産カ法人名義ニ変更アリタル場合所有権移転ノ登記トシテ取扱居候処右〔上〕ハ寧ロ所有権登記名義人ノ表示〔氏名〕ノ変更ノ登記ニ準スルヲ相当トシ之カ取扱方ヲ変更シタル儀ニ有之候条為念申添候」

参考　上記の通達では、特別代理人が相続財産法人化の登記名義人氏名変更登記の申請をすることができるか否かは明らかでない（カウンター相談Ⅰ・267頁）。

第19　判決・仮処分・仮差押え等と住所・氏名変更（更正）登記

事例133　判決による所有権移転登記と住所変更登記の要否

判決に基づき所有権移転登記をする場合に、登記義務者の住所が判決正本と登記記録とで異なるときは、住所変更登記を要するか。

判　　決

当事者目録

原　告　　A市1番地　甲

被　告　　現在の住所　C市3番地　乙

（登記記録上の住所）　B市2番地

申請手続

確定した判決に基づき所有権移転登記の申請をする場合において、登記義務者の住所が、判決正本に記載されたものと登記記録上のものとで相違しているときは、判決正本に現在の住所と登記記録上の住所とが併記されていても、所有権移転登記を申請する前提として所有権登記名義人住所変更登記をしなければならない。

備　考

○　住所変更登記の要否

① 判決によって所有権移転登記を申請する場合において、判決正本に登記義務者（被告）の住所として、登記記録上の住所と現住所とが併記されているときであっても、その前提として登記名義人住所変更（更正）登記を省略することはできない（登研611・171）。

② 判決によって所有権移転登記を申請する場合において、登記義務者の住所が登記記録に記録されている住所と相違するときは、判決正本に登記記録上の住所が併記されていても、登記名義人住所変更登記を省略することはできない（登研429・120）。

なお、登記研究427号102頁は、判決正本に登記記録上の住所が併記されていれば、登記名義人住所変更登記の申請を要しないとしているが、前掲登記研究429号で変更された。

③ 判決により時効取得を登記原因とする所有権移転登記を申請するにあたり、登記名義人の登記記録上の住所と判決書の住所が相違する場合は、その住所変更登記を要する（登記権利者が、代位により登記義務者の住所変更登記を申請することができる）（登研455・92）。

事例134　和解調書による所有権移転登記と住所変更登記の要否

和解調書に基づき所有権移転登記をする場合に、登記義務者の住所が判決正本と登記記録とで異なるときは、住所変更登記を要するか。

和　解　調　書

当事者目録

原　告　　A市1番地　甲

被　告　　現在の住所　C市3番地　乙

（登記記録上の住所）　B市2番地

申請手続

和解調書に基づき所有権移転登記の申請をする場合において、登記義務者の住所が、和解調書に記載されたものと登記記録上のものとで相違しているときは、和解調書に現在の住所と登記記録上の住所とが併記されていても、所有権移転登記を申請する前提として所有権登記名義人住所変更登記をしなければならない。

備　考

○　住所変更登記の要否

和解調書に登記義務者（被告）の現住所と登記記録上の住所とが併記されているときは、代位による所有権登記名義人住所変更の登記をしなければ、権利者（原告）単独で所有権移転登記の申請をすることはできない（登研476・140）。

事例135 調停調書による所有権移転登記と住所変更登記の要否

調停調書に基づき所有権移転登記をする場合に、登記義務者の住所が調停調書と登記記録とで異なるときは、住所変更登記を要するか。

調　書（成立）

当事者目録

原　告　　A市1番地　甲

被　告　　現在の住所　C市3番地　乙

（登記記録上の住所）　B市2番地

申請手続

調停調書に基づき所有権移転登記の申請をする場合において、登記義務者の住所が、調停調書に記載されたものと登記記録上のものとで相違しているときは、調停調書に現在の住所と登記記録上の住所とが併記されていても、所有権移転登記を申請する前提として所有権登記名義人住所変更登記をしなければならない。

備　考

○　住所変更登記の要否

調停調書により所有権移転登記をする際に、調書記載の登記義務者の住所が登記記録の住所と符合しない場合において、調書記載の住所が正しいときは、住所の変更または更正の登記を要し、調書記載の住所が誤っているときは、当該住所についての更正決定書を添付して登記の申請をする（登研383・91）。

事例136　調停調書による所有権抹消登記と住所変更登記の要否

調停調書に基づき所有権抹消登記をする場合に、登記義務者の住所が調停調書と登記記録とで異なるときは、住所変更登記を要するか。

調　書（成立）

当事者目録
　原　告　　A市1番地　甲
　被　告　　現在の住所　C市3番地　乙
　　　　　　（登記記録上の住所）　B市2番地

申請手続

調停調書に基づき所有権抹消登記の申請をする場合において、調停調書記載の登記義務者の住所が、調停調書に記載されたものと登記記録上のものとで相違しているときは、所有権抹消登記を申請する前提として所有権登記名義人住所変更登記を省略することはできない。

備　考

○　住所変更登記の要否

調停調書に基づき所有権抹消登記の申請をする場合に、調停調書記載の登記義務者の住所および氏名が、調停調書に記載されたものと登記記録上のものとが相違しているときは、住所および氏名の変更証明書を添付しても、所有権登記名義人住所・氏名変更登記を省略することはできない（登研546・152）。

事例137　処分禁止仮処分の嘱託登記と住所変更登記の要否

登記義務者の住所が、処分禁止仮処分の嘱託書の住所と登記記録の住所とで異なるときは、住所変更登記を要するか。

登　記　嘱　託　書

登記の目的	処分禁止仮処分
原　　　因	平成○年○月○日○地方裁判所仮処分命令
権　利　者	B市3番地　甲
義　務　者	（住所＝登記記録上の住所と異なっている）　乙

申請手続

処分禁止仮処分の嘱託登記をする前提としての住所変更登記は、これを省略することができる（本事例に関する後掲の昭和46年通達は民事保全法施行前のものであるから、所有権についての登記請求権を保全するための処分禁止の仮処分の登記の目的を「仮処分」としているが、民事保全法の施行に伴い解説では「処分禁止仮処分」と記載する）。

備　考

(1)　仮処分の登記嘱託と住所変更登記の要否（昭46・2・9民甲539）

［照会］　「左記〔下記〕の問題については、いずれも積極に解しますが、これに対する貴見を承知したく照会します。

一、　同一登記義務者の登記簿〔記録〕上の住所が物件ごとに異なる数個の不動産について、その登記簿上の住所を物件ごとに特定し、現住所と併記して処分禁止の仮処分決定がされた場合、同決定に基づく仮処分の登記を嘱託するには、嘱託書に登記義務者の登記簿〔記録〕上の住所を物件ごとに特定し、これを現住所と併記して嘱託してさしつかえないか。

二、　〔略〕」

［回答］　「貴見のとおり取り扱つてさしつかえないものと考えます。」

(2)　本執行による所有権移転登記の場合

仮処分登記の嘱託をする場合に、その前提としての債務者（所有者）の住所変更登記を要しないとする前掲(1)の先例の趣旨は、仮処分における緊急性の要求、裁判所が義務者の同一性を調査確認していること、および仮処分登記は本執行の前提となる登記であること等による（先例解説総覧875頁）。

本執行により所有権移転登記をする場合には、その前提として義務者（債務者・所有者）の住所変更登記をしなければならない（先例解説総覧875頁）。

(3)　民事保全法の施行と登記記録の記録例（平2・11・8民三5000記載例1）

①　民事保全法の施行後の処分禁止仮処分登記（所有権についての登記請求権の保全）

【甲区】（所有権に関する事項）				
【順位番号】	【登記の目的】	【受付年月日・受付番号】	【原　因】	【権利者その他の事項】
2	所有権移転	平成11年7月	平成12年	所有者

		25日第100号	7月25日 売買	○市○町○番地　乙
3	処分禁止仮処分	平成15年9月10日第89号	平成15年9月8日東京地方裁判所仮処分命令	債権者 B市3番地　甲

（注1）　この登記事項証明書例は、平成20年法務省令62号による不動産登記規則の改正により、A4判たて型となり記録された登記事項の配置等が一部変更されている。

（注2）　平2・11・8民三5000第3

「一　所有権についての登記請求権を保全するための処分禁止の仮処分

(1)　仮処分の登記

所有権についての登記請求権を保全するための処分禁止の仮処分の登記（保全法第53条第1項）については、登記の目的の記載を『処分禁止仮処分』とし、これとは別に禁止事項を記載することはしない。」

（注3）　民事保全法が施行される前においては、民事執行法180条1項は仮処分の執行については、「仮差押えの執行又は強制執行の例による」と規定するにとどまったため、処分禁止の仮処分の執行方法およびその効力については必ずしも明らかでなかった。しかし、平成3年1月1日に民事保全法が施行され同法58条1項は、同法「第53条第1項〔（注4）の条文を参照〕の処分禁止の登記の後にされた登記に係る権利の取得又は処分の制限は、同項の仮処分の債権者が保全すべき登記請求権に係る登記をする場合には、その登記に係る権利の取得又は消滅と抵触する限度において、その債権者に対抗することができない。」とし、仮処分の効力を明らかにした。

民事保全法53条1項の規定により、処分禁止の仮処分の執行方法は「処分禁止の登記」をする方法によること、および、その効力は同法58条1項で明確にされた。したがって、登記の目的を「処分禁止仮処分」と記載することで、従来「禁止事項」を記載（後掲㋑の記載例を参照）していたのと同様に評価することができる（揖斐・登研515・87)。

（注4）　民事保全法53条1項

「不動産に関する権利についての登記（仮登記を除く。）を請求する権利（以下「登記請求権」という。）を保全するための処分禁止の仮処分の執行は、処分禁止の登記をする方法により行う。」

②　従前の仮処分登記（所有権についての登記請求権の保全）

（受付番号・受付日　省略）

登記の目的	仮処分
原　　因	平成○年○月○日○地方裁判所仮処分命令
禁 止 事 項	譲渡、質権、抵当権、賃借権の設定その他一切の処分
債　権　者	Ｂ市3番地　甲

（注）　前掲(3)①の（注2）を参照

事例138　仮差押えの嘱託登記と住所変更登記の要否

登記義務者の住所が、仮差押えの嘱託書の住所と登記記録の住所とで異なるときは、住所変更登記を要するか。

登　記　嘱　託　書

登記の目的	仮差押え
原　　　因	平成○年○月○日○地方裁判所仮差押命令
権　利　者	B市3番地　甲
義　務　者	（住所＝登記記録上の住所と異なっている）　乙

申請手続

仮差押えの嘱託登記をする前提としての住所変更登記は、これを省略することができる。

備　考

(1)　仮差押えの登記嘱託と登記簿上の住所の符合（昭46・2・9民甲539）

［照会］　「左記〔下記〕の問題については、いずれも積極に解しますが、これに対する貴見を承知したく照会します。

一、　〔略〕

二、　仮差押決定に基づく登記嘱託前に登記義務者の住所の変更登記がされていた場合、それを補正するには、登記官が右〔上〕嘱託の却下処分（不動産登記法第49条第6号）をする前に、その更正決定正本とともに嘱託書の住所を更正した旨の書面を提出すればよいか。」

［回答］　「貴見のとおり取り扱つてさしつかえないものと考えます。」

⑵　本執行による所有権移転登記の場合

仮差押えにおける緊急性の要求、裁判所が義務者の同一性を調査確認していること、および仮差押登記は本執行の前提となる登記であること等を考慮した場合、仮差押登記の嘱託をする前提として、債務者（所有者）の住所変更登記を要しない（先例解説総覧875頁）。

本執行により所有権移転登記をする場合には、その前提として義務者（債務者・所有者）の住所変更登記をしなければならない（先例解説総覧875頁）。

事例139　仮差押債権者等から債権者である登記名義人の住所・氏名変更登記申請をすることの可否

仮差押登記等の処分の制限の登記名義人から、当該処分制限の登記につき登記名義人住所（または氏名）変更登記の申請をすることの可否。

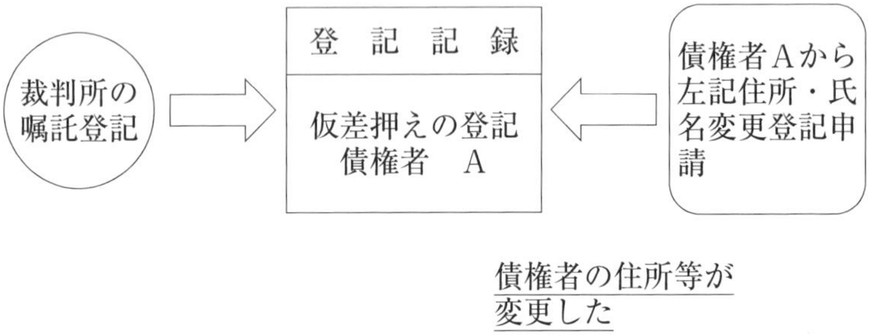

申請手続

仮差押えの登記等の処分制限の登記の登記名義人から、登記名義人の住所または氏名の変更登記申請がなされた場合は受理される。

備　考

○　嘱託でなされた登記を、債権者が自ら住所・氏名変更登記を申請することの可否（昭42・6・19民甲1787）

［要旨］　仮差押えの登記等の処分の制限の登記の登記名義人から、登記名義人住所または氏名の変更登記の申請がなされた場合は、受理できる。この場合は、名義人住所または氏名の変更登記をした旨を当該登記の嘱託裁判所に通知する。

［照会］　「仮差押登記等の処分の制限の登記における債権者等の

登記権利者の表示〔住所・氏名〕変更の登記申請が当該権利者等からなされた場合、便宜受理してさしつかえないものと考えますが、いささか疑義がありますので何分の御指示をお願いいたします。

参照　明治37・8・18民刑834号民刑局長回答〔後掲 参考 を参照〕

右〔上〕先例の事案等の場合債権者の同一性認定のため特に本件申請を認める必要性と実益がある。

［回答］　「貴見のとおり取り扱つてさしつかえないものと考える。

おつて、右〔上〕の取扱いをした場合は、名義人の表示〔住所・氏名〕変更の登記をした旨を処分の制限の登記の嘱託裁判所に通知するのが相当である。」

参考　明治37・8・18民刑834号民刑局長回答

［要旨］仮差押後第三者に所有権移転登記をした不動産に対しても、仮差押債権者からの申立てにより、強制競売開始決定およびその登記をすることができる。

［照会］「仮差押中債務者カ第三者ニ所有権移転登記ヲ為シタル不動産ニ付キ債務者ニ対スル執行名義ヲ以テ仮差押債権者ヨリ申立テタルトキハ強制競売開始決定差支ナキヤ電信ニテ回答アレ」

［回答］　「貴見ノ通ト思考ス」

事例140　登記官の過誤による登記の職権更正

仮差押権利者を「中司クリ」として登記すべきところを、誤って「西原クリ」と登記した。その後、本件不動産はＢに所有権移転登記されたが、職権で氏名更正登記ができるか。

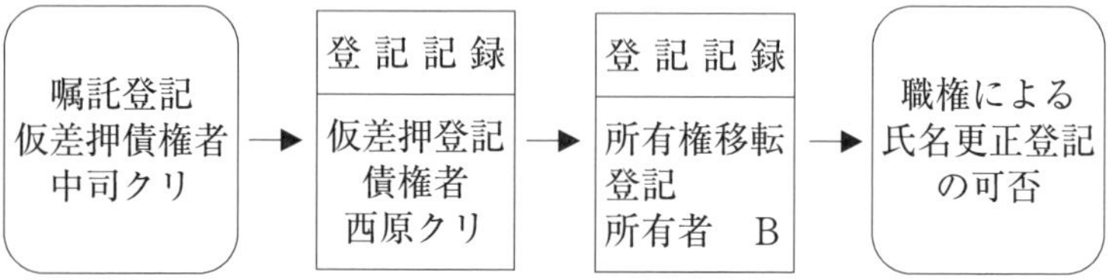

申請手続

登記官は、第三者に所有権移転がされた後であっても、仮差押権利者の住所・氏名を不動産登記法67条により更正することができる。ただし、登記上の利害関係を有する第三者（当該登記の更正につき利害関係を有する抵当証券の所持人または裏書人を含む。）がある場合にあっては、当該第三者の承諾があるときに限られる。

備　考

(1)　職権による表示更正登記（昭41・5・16民甲1202）

［要旨］　仮差押登記嘱託書に記載された権利者の住所・氏名を登記官の過誤により誤記した場合、第三者に所有権移転がされた後であっても、仮差押権利者の住所・氏名を不動産登記法67条により更正することができる。

［照会］　「不動産登記法第64条〔現行同法67条〕による更正登記に関する疑義について

標記について、左記〔下記〕の通り疑義を生じましたので、至急何分の御指示を賜わりたくお伺いします。

なお、本件はさしかかつた事案であることを申し添えます。

記

一、仮差押権利者「新居浜市萩生治良丸西原秀雄方中司クリ」のために仮差押登記が嘱託されたが、誤つて仮差押権利者「新居浜市萩生治良丸西原クリ」と記入登記した。

二、その後同一不動産につき高橋茂直のため所有権移転登記がなされた。（現所有権登記名義人）

三、今回右〔上〕仮差押登記事項中仮差押権利者の表示〔氏名〕を不動産登記第64条により「新居浜市萩生治良丸中司クリ」と登記名義人表示〔氏名〕更正登記をすることができると考えますが、いかがでしようか。

［回答］　「貴見のとおりと考える。」

(2)　不動産登記法67条

「（登記の更正）

第67条　登記官は、権利に関する登記に錯誤又は遺漏があることを発見したときは、遅滞なく、その旨を登記権利者及び登記義務者（登記権利者及び登記義務者がない場合にあっては、登記名義人。第3項及び第71条第1項において同じ。）に通知しなければならない。ただし、登記権利者、登記義務者又は登記名義人がそれぞれ2人以上あるときは、その1人に対し通知すれば足りる。

2　登記官は、前項の場合において、登記の錯誤又は遺漏が登記官の過誤によるものであるときは、遅滞なく、当該登記官を監督する法務局又は地方法務局の長の許可を得て、登記の更正をしなければならない。ただし、登記上の利害関係を有する第三者（当該登記の更正につき利害関係を有する抵当証券の所持人又は裏書人を含む。以下この項において同じ。）がある場合にあっては、当該第三者の承諾があるときに限る。

3　登記官が前項の登記の更正をしたときは、その旨を登記権利者及び登記義務者に通知しなければならない。この場合においては、第1項ただし書の規定を準用する。

4　第1項及び前項の通知は、代位者にもしなければならない。この場合においては、第1項ただし書の規定を準用する。」

事例141　○○堂書店こと甲野太郎と表示することの可否

嘱託書に権利者の表示として「○○堂書店こと甲野太郎」と記載されている場合に、商号または通称名を登記できるか。

仮処分の嘱託書
権利者
　○○堂書店こと
　甲野太郎

→

登　記　記　録
権利者
　○○堂書店こと
　甲野太郎

申請手続

仮処分登記嘱託書の登記権利者たる私人の表示に、その商号または通称名を冠記している場合は、登記記録にはその氏名、住所のみを記録する。

備　考

○　私人の氏名に商号・通称名を冠記することの可否（昭38・1・21民甲130）

［要旨］　仮処分登記嘱託書の登記権利者たる私人の氏名にその商号または通称名を冠記している場合でも、受理して差し支えないが、登記記録にはその氏名、住所のみを記録する。

［照会］　「嘱託書に登記権利者の表示〔氏名〕として「東京都何区何町何丁目何番地何何堂書店こと甲野太郎」と記載し（仮処分決定正本における債権者の表示〔氏名〕も同様であります。）、不動産の譲渡、質権、抵当権、賃借権の設定その他一切の処分

を禁止する仮処分の登記の嘱託がありましたが、次の点につき疑義がありますので、何分の御指示を賜わりたくお伺いします。

記

一、私人が登記権利者である場合には、その氏名を登記簿〔記録〕に記載〔記録〕するのであるから、嘱託書には、その商号又は通称名を冠記すべきでないと考えるがどうか。

二、本件の場合には、私人を登記権利者とする嘱託であるとみて、その嘱託を受理し、登記簿〔記録〕には、住所と氏名を記載〔記録〕すべきものと考えるがどうか。」

［回答］　「一、二いずれも貴見のとおりと考えます。」

事例142　仮登記仮処分命令と住所変更登記の要否

仮登記を命ずる仮処分命令正本の仮登記義務者の住所が登記記録上の住所と異なっている場合、この仮登記を申請する前提として登記名義人住所変更登記をすべきか。

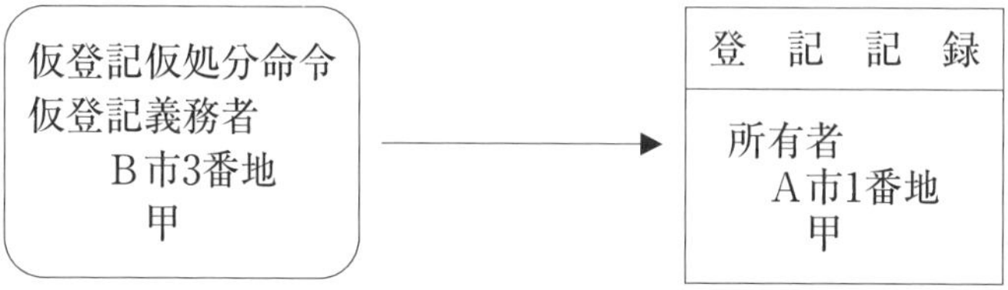

申請手続

仮登記を命ずる処分の正本に基づき仮登記権利者が仮登記を申請する場合には、その前提として登記名義人住所変更登記を要する。この場合、仮登記権利者は債権者代位により登記名義人住所変更登記を申請することができる。

申　請　書

＜売買の場合＞

登記の目的	所有権登記名義人住所変更
原　　　因	平成○年○月○日　住所移転
変更後の事項	住所 B市3番地
（被代位者）	B市3番地　甲

代　位　者	○市○町○丁目○番地　乙
代位原因	平成○年○月○日売買の所有権移転仮登記請求権
添付情報	登記原因証明情報　代位原因証書 代理権限証明情報
登録免許税	不動産1個につき金1,000円（登税別表1一㈿）

備　考

○　仮登記を命ずる処分命令と登記名義人住所変更登記

仮登記を命ずる処分命令を得て仮登記の申請をする場合（不登108）において、仮登記義務者の登記記録上の住所と仮登記を命ずる処分命令の正本に記載された住所とが一致しないときは、仮登記の申請をする前提として、債権者代位により登記名義人住所変更登記をしなければならない（登研214・72）。

第20　破産・競売と住所・氏名変更（更正）登記

事例143　破産管財人による住所変更登記の申請

破産管財人が不動産を任意売却する場合に、住所変更登記を要するときは、破産管財人から申請することができるか。

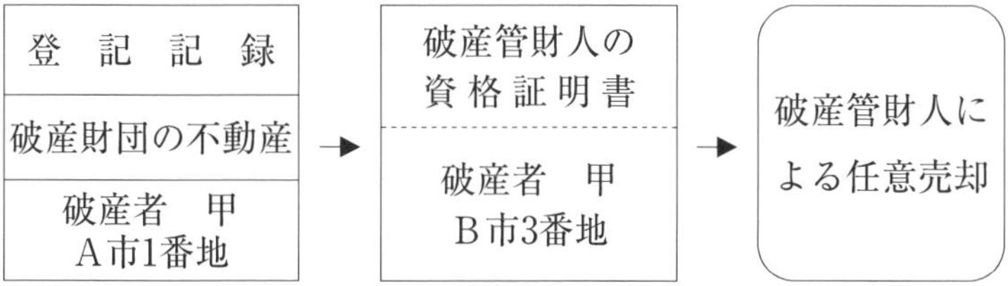

申請手続

破産財団に属する不動産を任意売却するにあたり、破産者の現住所と登記記録上の住所とが相違する場合には、破産管財人は登記名義人住所変更登記の申請をすることができる。

申請書

登記の目的	所有権登記名義人住所変更
原　　　因	平成21年10月5日　住所移転
変更後の事項	住所 　B市3番地

申　請　人	Ｂ市3番地　甲 破産者甲破産管財人 　○市○町○番地　乙
添付情報	登記原因証明情報 破産管財人の資格証明情報
登録免許税	不動産1個につき金1,000円（登税別表1一㈣）

備　考

(1)　破産管財人による登記名義人住所変更登記の申請

破産管財人が破産者所有の不動産を任意売却するにあたり、破産者の現在の住所と登記記録上の住所が相違する場合は、破産管財人は登記名義人住所変更登記の申請をすることができる（登研454・133、同555・109～112参照）。

(2)　破産法78条

「（破産管財人の権限）

第78条　破産手続開始の決定があった場合には、破産財団に属する財産の管理及び処分をする権利は、裁判所が選任した破産管財人に専属する。

2～6〔省略〕」

事例144　破産の嘱託登記と住所変更登記の要否

破産登記の嘱託書に現住所と登記記録上の住所とを併記したときは、住所変更登記を省略できるか。

登　記　嘱　託　書

登記の目的	破産
原　　　因	平成○年○月○日午前○時○地方裁判所破産手続開始決定
所　有　者	B市3番地　甲
（登記記録上の住所）	A市1番地

申請手続

破産の登記嘱託書に記載する所有者の住所は、登記記録上の住所と破産決定書における破産者の住所とが符合していることを要するが、破産者の住所が登記記録上の住所と異なるために、嘱託書に現住所と登記記録上の住所とを併記して裁判所から破産登記の嘱託がされた場合は、便宜受理して差し支えないとする見解がある。

備　　考

○　現住所と登記記録上の住所の併記

破産者の登記記録上の住所と現住所とが異なるために、破産者の登記記録上の住所と現住所とを併記して裁判所から破産登記の嘱託がされたときは、前提としての所有権登記名義人住所変更登記を省略しても、便宜受理して差し支えないとする見解がある（登研601・193）。

事例145　競売による売却の嘱託登記と住所変更登記の要否

競落嘱託書の住所と登記記録上の住所とが異なるときは、住所変更登記を要するか。

登　記　嘱　託　書

登記の目的	所有権移転
原　　　因	平成○年○月○日強制競売による売却（担保権の実行の場合：平成○年○月○日競売による売却）
権　利　者	B市3番地　甲
義　務　者	（住所＝登記記録上の住所と異なっている）　乙

申請手続

買主への所有権移転登記を申請する前提として、住所変更登記をしなければならない。

備　　考

(1)　住所変更登記の要否

①　「登記においては登記義務者の住所として複数の住所を肯認することはできないので〔略〕、したがって、このような場合には、買受人への権利の移転の登記の前提ないしはその一態様

として、登記義務者の登記簿〔記録〕上の住所の変更の登記をしなければならないのである（民執法82条1項1号の登記に含まれるものと解されよう）。」（先例解説総覧追加編Ⅱ355頁）。後掲(3)の先例を参照。

②　「競落に伴い裁判所書記官が買受人への所有権移転登記の嘱託をする場合（民事執行法82条）には、その前提としての登記義務者の住所の変更の登記が必要であることはいうまでもないが、この場合には、本来競落人が行うべき代位による登記義務者の表示〔住所〕変更の登記を、便宜裁判所書記官が右〔上〕所有権移転登記と併せて嘱託ができると解される余地もある（平成元年12月25日民三第5521号民事局長通達参照）。」（登研601・192）。なお、前掲先例については(3)を参照。

(2)　民事執行法82条1項

「買受人が代金を納付したときは、裁判所書記官は、次に掲げる登記及び登記の抹消を嘱託しなければならない。

一　買受人の取得した権利の移転の登記

二・三　〔略〕」

(3)　同名異人所有の一括競売不動産の移転登記と一括申請の可否（平元・12・25民三5221）

［照会］　「一括売却された複数の不動産について、氏名又は名称は同一であるが、住所を異にする登記義務者がある場合には、別紙の記載例のように、同一の嘱託書に物件ごとに住所及び氏名又は名称を記載して代金納付による登記の嘱託をして差し支えないか。」

（別紙）記載例

物件1について 　住所　○○市○○町○丁目○番地 　氏名　甲　野　太　郎 物件2について 　住所　○○市××町×丁目×番地 　氏名　甲　野　太　郎

［回答］　「貴見のとおり取り扱って差し支えありません。」

コメント　「本件照会事案は、『一括売却された複数の不動産について、氏名又は名称は同一であるが、住所を異にする登記義務者がある場合』についてのものである。換言すれば、同名異人所有の複数の不動産について一括売却された場合に関してのものである。」（先例解説総覧追加編Ⅱ354頁）。

なお、仮に、本件照会事案の登記義務者が同一人である場合は、本項（申請手続）および（備　考）(1)①の取扱いとなる（先例解説総覧追加編Ⅱ355頁）。

事例146　競売の申立てと相続財産法人化の手続

所有者（債務者）甲が死亡したが相続人が不分明であるため、特別代理人の選任申立てをし、選任された特別代理人を相手に担保権実行による競売の申立てをした。この場合、差押登記の嘱託の前提としてする相続財産法人化の登記は、特別代理人が申請できるか。

申請手続

310頁の 事例132 を参照。

2

乙区に関する住所・氏名の変更・更正の登記

第１　（根）抵当権の抹消登記

事例147　（根）抵当権抹消と（根）抵当権者の住所変更

（根）抵当権を抹消するに際し、（根）抵当権者の住所が変更されている場合、登記義務者たる（根）抵当権者の住所変更登記を要するか。

登　記　記　録		
所有者（設定者）　甲	──▶	変更なし
（根）抵当権者　乙 A市1番地	──▶	B市2番地　（根）抵当権者住所移転

申請手続

（根）抵当権の抹消登記申請書に、（根）抵当権登記名義人の住所変更を証する書面を添付すれば、（根）抵当権登記名義人の住所変更登記を要しない。

備　考

(1)　本店移転登記の要否（昭31・9・20民甲2202）

［要旨］　（根）抵当権の登記を抹消する場合に、登記義務者の本店が変更しているときは、その変更証明書を添付すれば、名義人の住所変更の登記をしないで、直ちに抹消登記を申請することができる。

［照会］　「日本長期信用銀行が登記権利者として登記した抵当権（根抵当権）の登記の抹消を申請するに当り、抵当権者（根抵

当権者）として登記簿〔記録〕に記載された当行の住所は、昭和31年9月17日東京都千代田区九段一丁目3番地から東京都千代田区丸ノ内二丁目3番地の2に移転したのであるが、当該抹消登記の申請書に当行の住所の変更があったことを証する書面を添附すれば、抵当権者（根抵当権者）の登記名義人の表示〔住所〕変更の附記登記を申請することを要せず、直ちに抹消登記を申請して差しつかえないか。何分の御回示下さるようお願いいたします。」

［回答］　「貴見のとおり取り扱つてさしつかえないものと考える。」

(2)　住所・氏名の変更登記の要否（昭31・10・17民甲2370）

［要旨］　前掲(1)の通達（抹消登記をするにつき、（根）抵当権登記名義人の住所変更（更正）がある場合の取り扱い）は、長期信用銀行の場合に限らず、一般普通銀行、個人または一般の会社等の法人である場合でも、（根）抵当権登記名義人の住所変更（更正）登記を省略してもさしつかえない。

この通達の全文は、344頁の **事例148** を参照。

(3)　登記権利者（所有権登記名義人）の住所・氏名変更登記の要否

抵当権の抹消登記を申請するにつき、登記権利者（所有権登記名義人）に表示の変更が生じているときは、登記権利者（所有権登記名義人）の住所（氏名）変更登記をしなければならない（登研430・173、同512・157）。

事例148　所有権以外の権利の登記の抹消と登記義務者の住所・氏名の変更

所有権以外の権利の登記の抹消を申請するにつき、当該登記名義人（抹消登記における登記義務者）の住所・氏名が変更されている場合は、住所・氏名の変更登記を要するか。

登　記　記　録			
所有者（設定者）　甲	→	変更なし	
賃借権者　乙野花子 Ａ市1番地	→	丙野花子 Ｂ市2番地	賃借権者 氏名変更 住所移転

申請手続

所有権以外の権利（本事例：賃借権）の登記の抹消を申請するにつき、当該権利の登記名義人の住所・氏名が変更しているときは、その変更書面を添付すれば、住所・氏名の変更登記（乙野花子の住所・氏名変更の登記）をすることなく、直ちに抹消登記を申請できる。

申請書

賃借権（所有権以外の権利の登記）の抹消登記を申請する前提として、賃借権登記名義人（抹消登記における登記義務者）の住所・氏名変更の登記を省略して、直ちに抹消登記を申請することができる。この場合、抹消登記の申請書に記載する登記義務者の表示は、変更後の住所・氏名を記載し、その変更証明書を添付する。

<賃借権抹消登記の場合>

登記の目的	何番賃借権抹消
原　　　因	平成21年10月5日　解除
登記権利者	○市○町○丁目○番地　甲
登記義務者	Ｂ市2番地　丙野花子
申　請　人	〔略〕
添付情報	登記原因証明情報　登記識別情報 代理権限証明情報
登録免許税	不動産1個につき金1,000円（登税別表1一㈩。不動産の個数が20個を超える場合は2万円）

備　考

(1)　住所・氏名の変更登記の要否（昭31・10・17民甲2370）

［要旨］　所有権以外の権利の登記の抹消を申請する場合において、当該権利の登記名義人の住所・氏名が変更しているときは、その変更書面を添付すれば、住所・氏名の変更登記を省略して、直ちに抹消登記を申請することができる。

［照会］　「昭和31年9月20日付民事甲第2202号〔342頁 **事例147** の **備　考** (1)の通達〕をもつて、貴官御通達の趣旨は、一般普通銀行又は個人が債権者の場合もこれに準じて直ちに抹消登記を申請し得るものと解して差しつかえないか、聊か疑義がありますので、何分の御回示を賜わりたくお伺いします。」

［回答］　「抵当権（根抵当権）等の所有権以外の権利の登記の抹消を申請する場合において、当該権利の登記名義人の氏名又は

住所に変更を生じたが、その名義人表示〔氏名または住所〕の変更の登記が未了のため、申請書に記載すべき登記義務者の表示〔氏名または住所〕が登記簿〔記録〕上の表示〔氏名または住所〕と符合しないときは、その変更の事実を証する書面を添附すれば、当該権利の登記名義人が個人又は一般の会社等の法人である場合でも、その名義人表示〔氏名または住所〕の変更の登記を省略してもさしつかえない。

追つて、登記名義人の表示〔氏名または住所〕の更正の登記をなすべき場合も、同様に取り扱つてさしつかえない。」

(2)　抹消すべき登記が仮登記の場合の取扱い

277頁の **事例119** を参照。

(3)　抹消すべき登記が所有権本登記の場合の取扱い

285頁の **事例122** を参照。

(4)　登記権利者（所有権登記名義人）の住所・氏名変更登記の要否

抵当権の抹消登記を申請するにつき、登記権利者（所有権登記名義人）に住所または氏名の変更が生じているときは、登記権利者（所有権登記名義人）の住所または氏名の変更登記をしなければならない（登研430・173、同512・157）。

(5)　日本郵政公社共済組合から日本郵政共済組合への名称変更に伴う抵当権の抹消登記の取扱い

平成19年12月12日民二2693を参照。

(6)　商工組合中央金庫の株式会社商工組合中央金庫への転換に伴う不動産登記事務の取扱い

平成20年9月12日民二2473を参照。

第2　根抵当権の設定・変更・元本確定の登記

事例149　根抵当権設定と所有者の住所変更

根抵当権設定登記を申請する場合に、担保提供者（所有者）の住所が登記記録上の住所と相違するときは、住所変更登記を要するか。

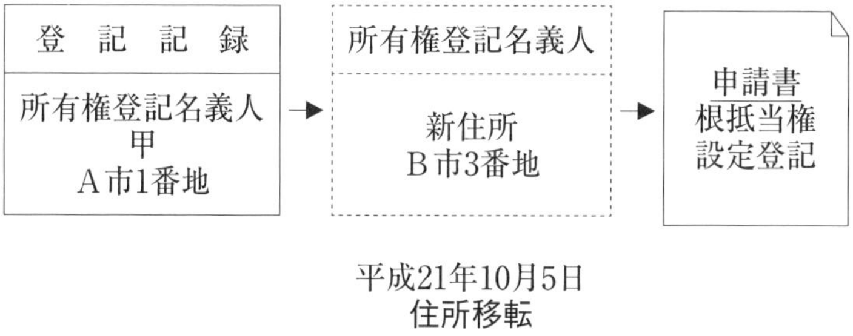

申請手続

根抵当権設定登記を申請する前提として、担保提供者（所有権登記名義人）の住所変更登記を申請しなければならない。

申請書

登記の目的	所有権登記名義人住所変更
原　　　因	平成21年10月5日　住所移転
変更後の事項	住所 B市3番地

申　請　人	B市3番地　甲
添 付 情 報	登記原因証明情報　代理権限証明情報
登録免許税	不動産1個につき金1,000円（登税別表1一㈣）

備　考

(1)　権利移転等の登記の前提としてする氏名・住所変更登記の要否
（昭43・5・7民甲1260）

［要旨］　権利移転等の登記の前提としてする登記名義人氏名・住所の変更または更正の登記を省略することはできない。

［照会］　「登記事務の簡素合理化のため、次の取扱いは認められないか、何分のご指示を賜りたくお伺いします。

記

登記名義人の氏名及び住所について変更又は錯誤のある場合で、当該登記名義人の権利の移転の登記の際、前提としてする登記名義人の表示〔氏名または住所〕の変更又は更正の登記は、権利の移転の登記申請書の登記義務者の表示〔氏名または住所〕を登記簿〔記録〕上の表示〔氏名または住所〕及び現在の表示〔氏名または住所〕として併記し、かつ、変更又は更正を証する書面を添付することにより、これを省略する。」

［回答］　「貴見による取扱いをすることはできないものと考える。」

(2)　住所・氏名変更（更正）登記の要否の図

権利の移転・設定等の登記の前提としてなす住所または氏名の変更（更正）登記の省略の可否は、原則として次のようになる（登研635・67・68参照）。

住所・氏名の変更（更正）登記の要否

- **原則として、省略できない**

  権利移転等の登記の前提としてする登記名義人住所・氏名の変更（更正）登記は、省略することができない（昭43・5・7民甲1260）。

- **省略できる場合（例1）**

  抵当権等の所有権以外の権利の登記を抹消する場合においては、登記名義人住所・氏名の変更（更正）登記を省略しても差し支えない（昭31・9・20民甲2202、昭31・10・17民甲2370）。

- **省略できる場合（例2）**

  仮登記の抹消をする場合においては、登記名義人住所・氏名の変更（更正）登記を省略しても差し支えない（昭32・6・28民甲1249）。

- **省略できる場合（例3）**

  所有権登記名義人が改名し、その氏名変更登記をしないうちに家督相続が開始したときは、被相続人の氏名を変更しないで、直ちに相続登記を申請できる（明33・4・28民刑414）。

(3)　住所・氏名変更登記の要否

「金融機関等が有する根抵当権により担保される債権の譲渡の円滑化のための臨時措置に関する法律」4条の規定に基づき、根抵当権の元本確定登記を根抵当権者が単独で申請する場合であっても、根抵当権設定者の住所または氏名に変更があるときは、その登記名義人表示変更登記を省略することはできない。この場合には、根抵当権者の代位申請により登記名義人住所・氏名変更登記をすることができる（登研614・163）。

参考

「金融機関等が有する根抵当権により担保される債権の譲渡の円滑化のための臨時措置に関する法律」は、平成17年4月1日に失効しているが、前掲登記研究614号163頁の取扱いは、現在も維持されている（登研677・215）。

事例150　追加設定登記と根抵当権者の本店または商号の変更

根抵当権の追加設定登記をするにつき、根抵当権者の本店または商号が既設定登記の表示と相違するときは、住所または名称の変更登記を要するか。

登　記　記　録
根抵当権者　甲 Ａ市1番地

→

根抵当権者甲の本店
新本店 Ｂ市3番地

平成21年10月1日
本店移転

申請手続

既登記の根抵当権について、その後、根抵当権者の本店または商号に変更があった場合は、追加設定登記を申請する前提として、根抵当権者の住所または名称の変更の登記を申請しなければならない。

申請書

登記の目的	何番根抵当権登記名義人住所変更
原　　　因	平成21年10月1日　本店移転
変更後の事項	本店 Ｂ市3番地

申　請　人	B市3番地 株式会社　甲銀行 （会社法人等番号　○○○○－○○－○○○○○○○） 代表取締役　乙
添付情報	登記原因証明情報 会社法人等番号　代理権限証明情報
登録免許税	不動産1個につき金1,000円（登税別表1一㈣）

備　考

(1)　住所変更登記の要否

根抵当権の追加設定登記を申請する場合において、前登記の根抵当権者の本店が旧表示で登記されているときは、追加設定登記の前提として、根抵当権者について本店移転による登記名義人住所変更登記を要する。根抵当権者の住所変更登記をしないで、追加設定登記の申請書に変更証明書を添付したとしても、この追加設定登記の申請は受理されない（登研422・104）。

(2)　商工組合中央金庫の株式会社商工組合中央金庫への転換に伴う不動産登記事務の取扱いについて

平成20年9月12日民二2473号を参照。

事例151　特例方式による（根）抵当権の債務者の住所・氏名変更

特例方式によるオンライン申請によって（根）抵当権の債務者の住所（本店）または氏名（商号）の変更（更正）登記の申請において、市町村長等が作成した情報を登記原因を証する情報とする場合には、当該登記原因を証する情報を記録した電磁的記録の提供がなくても受理されるか。

根抵当権既設定事項

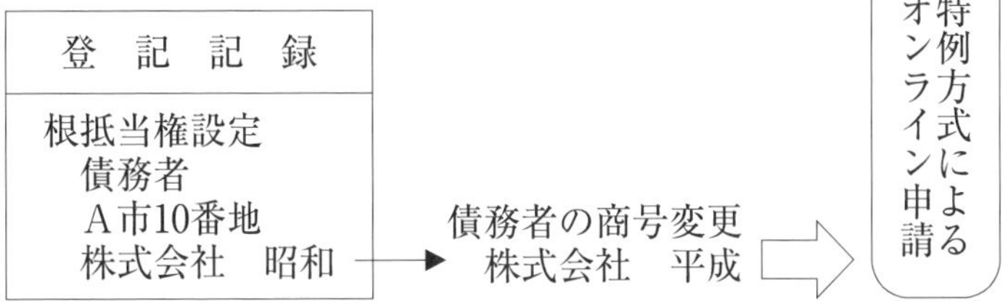

申請手続

不動産登記令附則5条1項の規定（特例方式によるオンライン申請の規定）による（根）抵当権の債務者の氏名（名称）または住所（本店）についての変更の登記または更正の登記の申請において、市町村長、登記官その他の公務員が職務上作成した情報を登記原因を証する情報とする場合には、同条4項の規定に基づく書面に記載された登記原因を証する情報を記録した電磁的記録の提供がないときであっても、不動産登記規則附則22条2項に規定する不動産登記法64条の登記に準じて受理して差し支えない。

備　考

［要旨］　不動産登記令附則第5条第1項の規定による（根）抵当権の債務者の氏名もしくは名称または住所についての変更の登記または更正の登記の申請における同条第4項の規定に基づく書面に記載された登記原因を証する情報を記録した電磁的記録の提供の要否について（平20・3・19民二950）

［照会］　不動産登記令附則第5条第1項の規定による（根）抵当権の債務者の氏名若しくは名称又は住所についての変更の登記又は更正の登記の申請において、市町村長、登記官その他の公務員が職務上作成した情報を登記原因を証する情報とする場合には、同条第4項の規定に基づく書面に記載された登記原因を証する情報を記録した電磁的記録の提供がないときであっても、不動産登記規則附則第22条第2項に規定する不動産登記法第64条の登記に準じて受理して差し支えないと考えますが、いささか疑義がありますので照会します。

［回答］　照会のあった標記の件については、貴見のとおりと考えます。

事例152　追加設定登記と債務者の本店または商号の変更

根抵当権の追加設定登記をするにつき、債務者の本店または商号が既設定登記の本店または商号と相違するときは、住所または名称の変更登記を要するか。

登　記　記　録	→	債務者の本店または商号の変更	
債務者　乙 C市5番地	→	新本店 D市7番地	新本店 C市D区5番地

平成21年10月1日
本店移転または区制施行

申請手続

① 既登記の根抵当権について、債務者の本店または商号に変更があった場合は、追加設定登記を申請する前提として、根抵当権者を登記権利者、担保提供者を登記義務者とする共同申請により根抵当権の変更登記（債務者の住所または名称の変更登記）を申請しなければならない。

② 既登記の根抵当権の債務者の住所について、区制施行などの地番変更を伴わない行政区画の変更が行われた場合は、既登記の変更を要しない。

申請書

登記の目的	何番根抵当権変更（本店移転の場合）
原　　因	平成21年10月1日　本店移転
変更後の事項	債務者 D市7番地　　乙

権　利　者	○市○町○丁目○番地 　株式会社　甲銀行 　（会社法人等番号　○○○○－○○－○○○○○○） 　代表取締役　丙
義　務　者	D市7番地 　株式会社　乙 　（会社法人等番号　○○○○－○○－○○○○○○） 　代表取締役　丁
添付情報	登記原因証明情報　登記識別情報 印鑑証明書　会社法人等番号　代理権限証明情報
登録免許税	不動産1個につき金1,000円（登税別表1一㈢）

備　考

(1)　住所または名称の変更登記の要否

根抵当権の既登記設定事項中、債務者の本店または商号の変更があったときは、追加設定登記を申請する前提として、既登記設定事項につき債務者の住所または名称の変更登記を要する（登研442・85、同422・105、同411・84、民398の17①参照）。複数債務者の住所移転日が異なる場合の抵当権の変更登記は、一の申請情報によって申請することはできず、登記の目的および登記原因ごとにそれぞれ個別に申請しなければならない（登研803・141）。

(2)　債務者の住所について、区制施行などの地番変更を伴わない行政区画の変更が行われた場合

既登記の根抵当権の債務者の住所について、区制施行などの地番変更を伴わない行政区画の変更が行われた場合は、既登記の債務者の変更登記をすることなく、追加設定の登記をすることができる（平22・11・1民二2758）。

事例153　取扱店の表示

根抵当権者の取扱店につき、下記の場合は変更登記を要するか。

①　既登記の取扱店がＡ支店の場合に、追加設定登記はＢ支店とするとき。

既設定登記記録		追　加　設　定
根抵当権者　甲 取扱店　Ａ支店	追加 ＋	根抵当権者　甲 取扱店　Ｂ支店

②　既登記の根抵当権には取扱店の表示がない場合に、追加設定登記には取扱店を表示するとき。

既設定登記記録		追　加　設　定
根抵当権者　甲 取扱店の記載なし	追加 ＋	根抵当権者　甲 取扱店　Ａ支店

③　既登記の根抵当権には取扱店の表示がある場合に、追加設定登記には取扱店を表示しないとき。

既設定登記記録		追　加　設　定
根抵当権者　甲 取扱店　Ａ支店	追加 ＋	根抵当権者　甲 取扱店の記載なし

申請手続

①②③のいずれの場合も、根抵当権登記名義人の取扱店の変更（または追記）の登記をすることなく、追加設定登記の申請をすることができる。

備　考

(1)　取扱店変更（追記）登記の要否

共同根抵当権の追加設定登記の申請をなすにあたり、根抵当権者の取扱店の表示が既登記の取扱店の表示と異なっていても、それらの取扱店変更の登記を申請しないで、追加設定登記の申請をすることができる（登研382・81）。

(2)　取扱店の追記の登記（昭36・9・14民甲2277）

［照会］　「昭和36年5月17日付民事甲第1134号通達（及び同日付民事㈢発第453号依命通知）〔取扱店の申請書への記載を認めた通達〕に伴う登記事務の取扱いについて、左記〔下記〕のとおり疑義がありますので、何分の御指示をお願いいたします。

記

一、〔略〕

二、既存の抵当権（根抵当権を含む。）の設定登記に取扱支店を追加するための、遺漏を原因とする抵当権登記名義人表示〔取扱店〕更正登記の申請は認められるでしょうか。」

［回答］　「抵当権の登記名義人の表示〔取扱店〕変更の登記に準じ、便宜認めてさしつかえない。」

事例154　元本確定登記と根抵当権者の本店または商号の変更

根抵当権の元本確定登記をする場合に、根抵当権者の本店または商号に変更があるときは、その住所または名称の変更登記の申請を要するか。

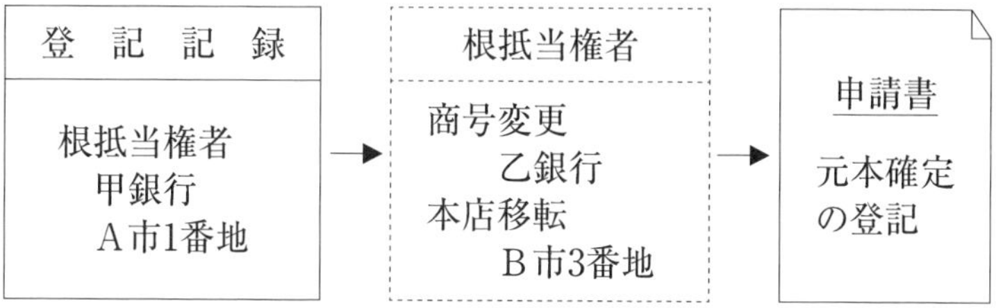

申請手続

根抵当権の元本確定登記を申請する前提として、根抵当権登記名義人（根抵当権者）の住所または名称の変更登記の申請をしなければならない。

申請書

登記の目的	何番根抵当権登記名義人住所、名称変更
原　　　因	平成○年○月○日　本店移転 平成○年○月○日　商号変更
変更後の事項	本店商号 B市3番地 株式会社　乙銀行

申　請　人	B市3番地 　　株式会社　乙銀行 　　（会社法人等番号　〇〇〇〇－〇〇－〇〇〇〇〇〇） 　　　代表取締役　丙
添付情報	登記原因証明情報　会社法人等番号 代理権限証明情報
登録免許税	不動産1個につき金1,000円（登税別表1一㈣）

備　考

○　**権利移転等の登記の前提としてする住所・氏名変更登記の要否**（昭43・5・7民甲1260）

［要旨］　権利移転等の登記の前提としてする登記名義人住所・氏名の変更または更正の登記を省略することはできない。

［照会］　「登記事務の簡素合理化のため、次の取扱いは認められないか、何分のご指示を賜りたくお伺いします。

記

登記名義人の氏名及び住所について変更又は錯誤のある場合で、当該登記名義人の権利の移転の登記の際、前提としてする登記名義人の表示〔住所または氏名〕の変更又は更正の登記は、権利の移転の登記申請書の登記義務者の表示〔住所または氏名〕を登記簿〔記録〕上の表示及び現在の表示〔住所または氏名〕として併記し、かつ、変更又は更正を証する書面を添付することにより、これを省略する。」

［回答］　「貴見による取扱いをすることはできないものと考える。」

事例155　根抵当権設定と住所・氏名変更登記の委任事項の要否

根抵当権設定登記を申請する場合に、その前提として所有権登記名義人の住所変更登記を要するときは、委任状に住所変更登記の申請を委任する旨の記載があることを要するか。

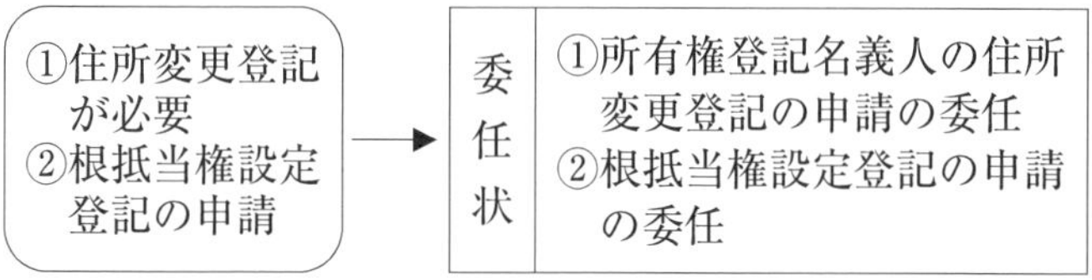

申請手続

所有権登記名義人の住所変更登記を申請する旨の委任事項が、記載されていることを要する。

申請書

登記の目的	所有権登記名義人住所変更
原　　　因	平成○年○月○日　住所移転
変更後の事項	住所 　B市3番地
申　請　人	B市3番地　甲
添付情報	登記原因証明情報　代理権限証明情報
登録免許税	不動産1個につき金1,000円（登税別表1一(十四)）

備　考

○　住所・氏名変更登記申請の委任事項の要否

委任状に「根抵当権設定に関する一切の行為を委任する」または「根抵当権設定の登記の申請に関する一切の行為を委任する」旨の記載がある場合でも、所有権登記名義人住所・氏名変更等の前提登記の申請を必要とするときは、その旨を委任事項として明記するのが相当である（登研455・93）。

事例156　根抵当権の変更と利害関係人の住所変更登記の要否

根抵当権の変更登記をするにつき利害関係人の承諾書を要する場合において、その利害関係人に登記名義人住所変更が生じているときは、当該利害関係人の住所変更登記を要するか。

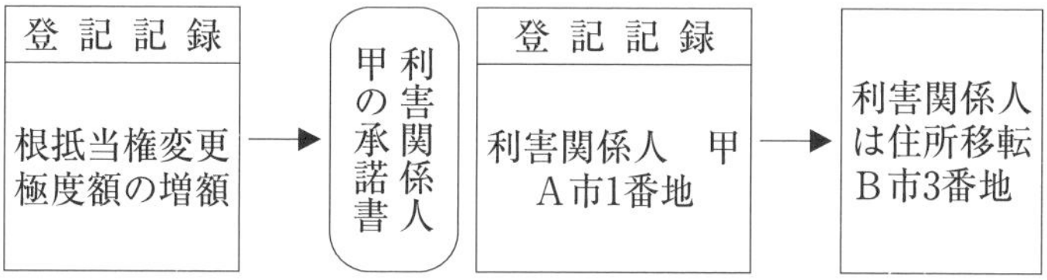

申請手続

利害関係人の住所変更登記は要しないが、根抵当権の変更登記申請書に利害関係人の住所の変更を証する書面を添付する。

備　考

○　利害関係人の住所・氏名変更登記の要否

根抵当権の変更登記をするについて利害関係人の承諾書を要する場合に、その利害関係人の住所等に変更があっても住所・氏名変更登記を要しない。この場合においては、根抵当権変更登記の申請書に利害関係人の住所・氏名について変更があったことを証する書面を添付する（登研362・83）。

事例157　国民生活金融公庫等の（株）日本政策金融公庫への統合

国民生活金融公庫、中小企業金融公庫、農林漁業金融公庫および国際協力銀行は株式会社日本政策金融公庫に統合されたが、その統合による根抵当権の承継は、根抵当権移転登記によるべきか。

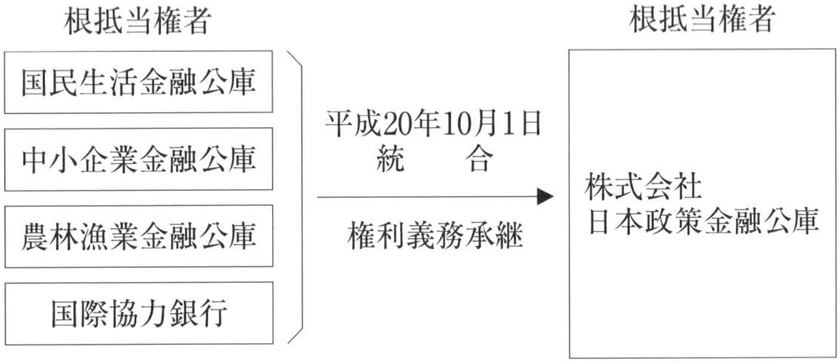

申請手続

権利承継者を株式会社日本政策金融公庫とする根抵当権の移転登記を申請する。登記原因は、国民生活金融公庫の場合にあっては「平成20年10月1日株式会社日本政策金融公庫法附則第15条第1項による承継」となる。

備　考

(1)　登記原因

権利承継者を株式会社日本政策金融公庫とする根抵当権の移転登記の登記原因は、前述した国民生活金融公庫を除き次のとおりである。

被承継者	登記原因
農林漁業金融公庫	平成20年10月1日株式会社日本政策金融公庫法附則第16条第1項による承継
中小企業金融公庫	平成20年10月1日株式会社日本政策金融公庫法附則第17条第1項による承継
国際協力銀行	平成20年10月1日株式会社日本政策金融公庫法附則第18条第1項による承継

(2)　申請書等の参考先例

日本政策投資銀行を（根）抵当権者とする（根）抵当権が、日本政策投資銀行から株式会社日本政策投資銀行に承継された場合の不動産登記事務の取扱いについては、平成20年9月19日民事二2500号を参照。

第３　抵当権の設定・変更の登記

事例158　抵当権設定と所有者の住所変更

抵当権設定登記を申請する場合に、担保提供者（所有者）の住所が登記記録上の住所と相違するときは、住所変更登記を要するか。

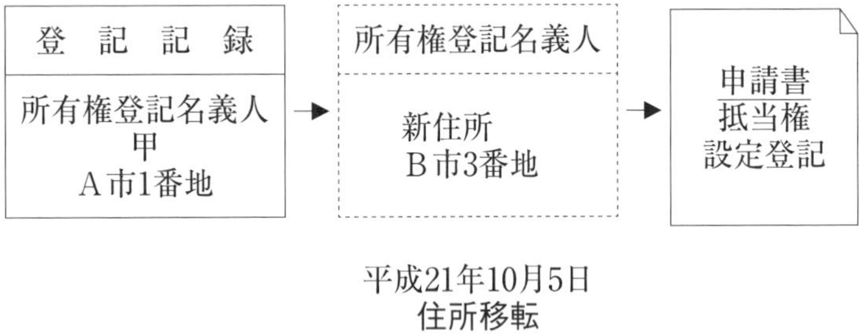

申請手続

347頁の 事例149 を参照。

事例159　追加設定登記と抵当権者の本店または商号の変更

抵当権の追加設定登記をするにつき、抵当権者の本店または商号が既設定登記の本店または商号と相違するときは、住所または名称の変更登記を要するか。

登　記　記　録
抵当権者　甲 Ａ市1番地

→

抵当権者甲の本店
新本店 Ｂ市3番地

平成21年10月1日
本店移転

申請手続

既登記の抵当権について、抵当権者の本店または商号に変更があった場合は、追加設定登記の申請書に抵当権者の本店または商号を変更したことを証する書面を添付すれば、抵当権登記名義人の住所または名称の変更登記の申請を要しない。

備　考

(1)　抵当権者の住所または名称の変更登記の要否

既登記抵当権の抵当権者の本店および商号が変更されている場合に、抵当権者の住所および名称の変更登記を申請しないで、当該変更証明書を添付してする追加設定登記の申請は受理される（登研560・136）。

(2)　根抵当権者の住所または名称の変更登記の要否

根抵当権の追加設定登記を申請する場合において、前登記の根抵当権者の本店が旧表示で登記されているときは、追加設定登記の前提として、根抵当権者について本店移転による登記名義人住所変更登記を要する。根抵当権者の住所変更登記をしないで、追加設定登記の申請書に変更証明書を添付したとしても、この追加設定登記の申請は受理されない（登研422・104）。

事例160　追加設定登記と債務者の本店または商号の変更

抵当権の追加設定登記をするにつき、債務者の本店または商号が既設定登記の本店または商号と相違するときは、住所または名称の変更登記を要するか。

登　記　記　録	→	債務者の本店または商号変更
債務者　乙 Ｃ市5番地	→	新本店 Ｄ市7番地

平成21年10月1日
本店移転

申請手続

既登記の抵当権について、債務者の本店または商号に変更があった場合は、当該変更登記をすることなく、変更証明書を添付して追加設定登記を申請することができる。

なお、債務者の本店または商号変更をする場合は、抵当権者を登記権利者、担保提供者を登記義務者とする共同申請により変更登記をすることになる。

備　　考

(1)　住所変更登記の要否

既登記抵当権の債務者の住所に変更があったが、その変更登記をしないまま、変更後の住所で債務者を表示した追加設定登記の申請は受理される（登研425・125）。

(2) 連帯債務者の住所変更

連帯債務者の住所移転日が異なる場合の抵当権の変更登記は、一の申請情報によって申請することはできず、登記の目的および登記原因ごとにそれぞれ個別に申請しなければならない（登研803・141）。

事例161　取扱店の表示

抵当権者の取扱店につき、下記の場合は変更登記を要するか。

① 既登記の取扱店がA支店の場合に、追加設定登記はB支店とするとき。

既設定登記記録		追　加　設　定
抵当権者　甲 取扱店　A支店	追加 ＋	抵当権者　甲 取扱店　B支店

② 既登記の抵当権には取扱店の表示がない場合に、追加設定登記には取扱店を表示するとき。

既設定登記記録		追　加　設　定
抵当権者　甲 取扱店の記載なし	追加 ＋	抵当権者　甲 取扱店　A支店

③ 既登記の抵当権には取扱店の表示がある場合に、追加設定登記には取扱店を表示しないとき。

既設定登記記録		追　加　設　定
抵当権者　甲 取扱店　A支店	追加 ＋	抵当権者　甲 取扱店の記載なし

申請手続

357頁の事例153を参照。

事例162　抵当権登記名義人の所管換え

　A省が債権保全措置として抵当権取得の登記をしている場合に、当該債権の管理事務がB省に所管換えされた場合の登記手続。

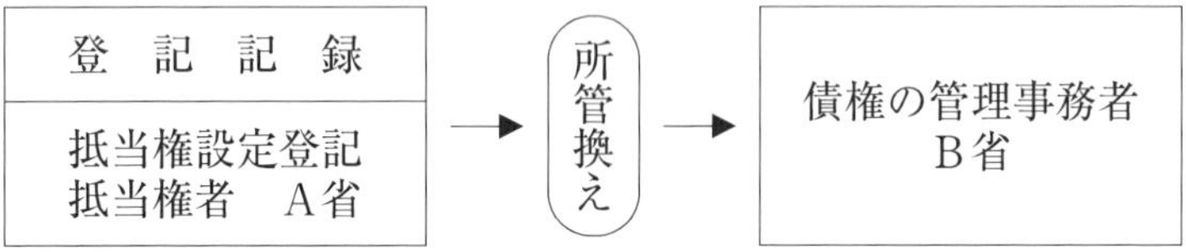

申請手続

　所管換えにより債権収納管理事務をA省からB省が引き継いだ場合に、A省名義でされている抵当権登記は、所管換えを登記原因としてB名義に抵当権登記名義人の名称変更登記を嘱託する。

申請書

登記の目的	何番抵当権登記名義人名称変更
原　　　因	平成○年○月○日　所管換
変更後の事項	B省
添付情報	〔備　考(2)を参照〕
嘱　託　者	B省所管不動産登記嘱託職員 何局長　甲
登録免許税	登録免許税法4条1項

備　考

(1)　抵当権登記名義人の所管換え（昭28・4・8民甲571）

［要旨］　大蔵省（現・財務省）が、所管換えにより債権収納管理事務を農林省（現・農林水産省）から引き継いだ場合、農林省名義にされている抵当権登記につき大蔵省に所管換えがあったときは、所管換えを登記原因として大蔵省名義に抵当権登記名義人の名称変更登記を嘱託する。

［照会］　「薪炭需給調節特別会計法の廃止に関する法律(昭和25年法律第37号)の施行に伴い、農林省所管の旧薪炭需給調節特別会計所属債権の収納管理事務は、昭和25年9月30日当省に引継いだが、農林省において債権保全措置として抵当権取得の登記をしてあるものについては、左記〔下記〕により登記を嘱託すべきものと考えられるが御意見を承知いたしたく照会する。

なお、左記〔下記〕要領により処理してさしつかえなければ各法務局に通達方お取計い願いたい。

記

(1)　農林省又は林野庁名義になされている抵当権の登記については、当省に所管換による抵当権登記名義人表示〔名称〕変更による附記登記を別紙様式により嘱託する。

(2)　昭和25年9月30日以降に農林省又は林野庁名義に抵当権取得の登記をしたものについては、その登記をした日を登記原因の日付として登記原因を錯誤として、当省名義に抵当権登記名義人表示〔名称〕更正の附記登記を別紙様式に準じて嘱託する。

(別紙)

抵当権登記名義人表示〔名称〕変更登記嘱託書

一、不動産の表示(省略)

一、登記原因及びその日付　昭和25年9月30日所管換

一、登記の目的　昭和　年　月　日受付第　号で登記した抵当権の登記名義人を大蔵省と変更の附記登記

一、登録税は登録税法第19条第1号により納付しない。
一、添付書類
登記原因を証する書面が初めから存在しないので嘱託書副本　1通
右〔上〕のとおり登記の嘱託をする。
昭和　年　月　日
大蔵省所管不動産登記嘱託職員
財務局(部)長　何某㊞
法務局(出張所)御中」

［回答］　「照会にかかる様式及び要領により登記の嘱託をされてさしつかえないものと考える
おつて、この旨登記官吏に周知させるよう各法務局長及び各地方法務局長に通達したから、念のため申し添える。」

(2)　変更証明書の要否（更正証明書の例）（昭31・9・24民甲2208）

［要旨］　建設省（現・国土交通省）名義になされた買収登記を労働省（現・厚生労働省）名義にする登記名義人の名称更正の嘱託は、受理して差し支えない。この場合には、更正を証する書面の添付を要しない。

［照会］　「建設省は、労働省関西労災病院職員宿舎の敷地として個人有の土地を買収し、その登記が近畿地方建設局長から嘱託されこれを受理登記したところ、労働省労働基準局長から、登記名義人の表示〔名称〕「建設省」としたのは「労働省」の誤りにつき、その更正の登記嘱託があつた場合、これを受理すべきものでしようか。
もし、受理すべきものとすれば、嘱託書にその表示〔名称〕の更正を証する建設省の書面の添附は、要するでしようか、
至急、何分の御指示をお願いします。」

［回答］　「前段受理すべきであり、後段所問の書面の添附を要しないものと考える。」

事例163　抵当権設定と住所変更登記の委任事項の要否

抵当権設定登記を申請する場合に、その前提として所有権登記名義人の住所変更登記を要するときは、委任状に住所変更登記の申請を委任する旨の記載があることを要するか。

①住所変更登記が必要
②抵当権設定登記の申請

→

委任状	①所有権登記名義人の住所変更登記の申請の委任 ②抵当権設定登記の申請の委任

申請手続

361頁の 事例155 を参照。

事例164　日本電信電話公社の株式会社化と抵当権登記名義人の名称変更登記

日本電信電話公社共済組合が抵当権者である場合に、公社の株式会社化後における当該抵当権の変更登記をするためには、抵当権者につき登記名義人名称変更登記を要するか。

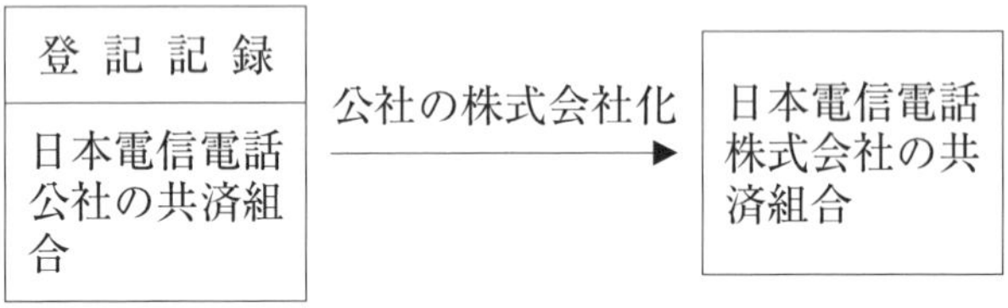

申請手続

抵当権者の登記名義人名称変更登記を要する。

申請書

登記の目的	何番抵当権登記名義人名称変更
原　　因	昭和60年4月1日　名称変更
変更後の事項	名称 　日本電信電話共済組合
申　請　人	○市○町○丁目○番地 　日本電信電話共済組合
添付情報	登記原因証明情報　代理権限証明情報
登録免許税	不動産1個につき金1,000円（登税別表1一(十四)）

備　考

(1)　抵当権登記名義人名称変更登記

抵当権の登記名義人が日本電信電話公社共済組合である抵当権の変更登記を申請する場合には、その前提として、日本電信電話共済組合に登記名義人名称変更登記をする必要がある（登研496・118）。

(2)　日本電信電話公社の株式会社化と組合所有不動産の名称変更登記（昭60・3・29民三1765）

［要旨］　名称が日本電信電話共済組合と変更された場合、公社当時の旧組合所有の不動産は、「昭和60年4月1日名称変更」を原因として登記名義人名称変更登記をすることができる。

［照会］　「日本電信電話株式会社法及び電気通信事業法の施行に伴う関係法律の整備等に関する法律（昭和59年法律第87号）附則第9条第1項に基づき、日本電信電話公社に所属する職員をもつて組織された組合が、昭和60年4月1日において、日本電信電話株式会社に所属する職員をもつて組織された組合となり、同一性をもつて存続するものとされ、同日付けで、新組合の名称が日本電信電話共済組合と変更されます。

そこで、旧組合名義の不動産の変更登記手続については、「昭和60年4月1日名称変更」を登記原因とする登記名義人の表示〔名称〕変更の登記申請によるものと考えられ、この場合における変更を証する書面は、新組合の法人登記簿の謄本又は抄本で足りるものと考えられますが、貴局の意見を賜りたく照会いたします。」

［回答］　「貴見のとおりと考えます。」

事例165　国民生活金融公庫等の（株）日本政策金融公庫への統合

国民生活金融公庫、中小企業金融公庫、農林漁業金融公庫および国際協力銀行は株式会社日本政策金融公庫に統合されたが、その統合による抵当権の承継は、抵当権移転登記によるべきか。

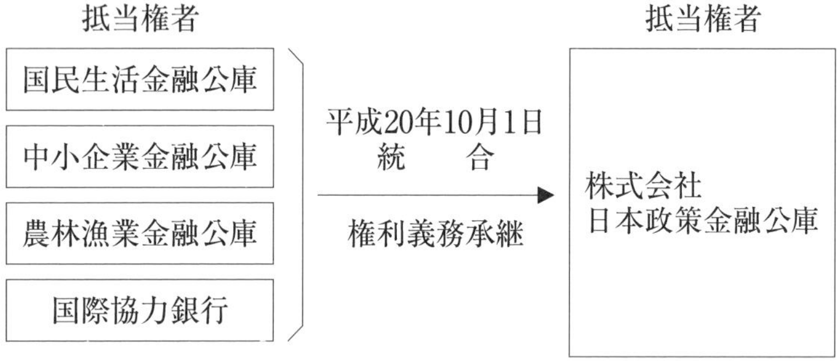

申請手続

364頁の 事例157 を参照。

3

登録免許税

先例1 変更・錯誤を1件の申請書でする場合

○ 昭42・7・26民三794

	(申請書の数)	(登記原因)				(登録免許税 不動産1個)
①	1件の申請書	住所	変更	氏名	錯誤	2,000円
②	1件の申請書	住所	錯誤	氏名	変更	2,000円
③	1件の申請書	住所	変更	氏名	変更	1,000円

［通達］ 「4 登記の区分

イ 変更の登記と更正の登記とは別個の区分に属するので、たとえば、住所の移転及び氏名の錯誤による登記名義人の表示〔住所および氏名〕変更及び更正の登記を同一の申請書で申請する場合の登録免許税は、1不動産につき1,000円〔現行2,000円〕となる。ただし、住所の錯誤及び住所の移転による登記名義人の表示〔住所〕更正及び変更の登記を同一の申請書で申請する場合の登録免許税は、不動産1個につき500円〔現行1,000円〕として取り扱ってさしつかえない。」

先例2　住居表示実施に基づく住所変更登記が誤っている

○　昭40・12・9民甲3410

［要旨］　住居表示実施により住所変更の登記をしたのち、当該変更登記が誤った市町村長の変更証明書によりなされたために、その住所を更正する場合の登録税は、登録税法19条4号ノ2により免除できるが、上記以外のときは免除できない。

［照会］　「住居表示の実施によりなされた登記名義人の住所の変更の登記が申請の過誤によりなされている場合の更正の登記の登録税については、当該変更登記が変更証明書の過誤に基づきなされたものであることが確認できる場合は、登録税法第19条第4号ノ2の規定〔現行登録免許税法5条4号が該当～後掲（備　考）を参照〕を適用し、免除してさしつかえないものと考えられるも、右〔上〕以外の場合は免除できないものと考えますが、いささか疑義がありますので、至急何分のご指示たまわりたく、お伺いします。」

［回答］　「前段及び後段とも貴見のとおりと考える。」

備　考

(1)　登録税法19条4号ノ2⇨現行：登録免許税法5条4号が該当

現行の登録免許税法5条4号は、「旧法第19条第4号ノ2とほぼ同趣旨の規定である。ただ、旧法は『住居表示ニ関スル法律第3条第1項及ビ第2項ノ規定ニ依ル住居表示ノ実施ニ伴フ登記事項又ハ登録事項ノ変更ノ登記又ハ登録』のみを、非課税としていたが、登録免許税法においては、住居表示に関する法律第4条の規定による住居表示の実施後のその変更に伴う登記事項又は登録事項の変更の登記又は登録についても非課税とした。」（登録免許税法詳解289頁）。

【登録免許税法5条4号】
「（非課税登記等）
第5条　次に掲げる登記等（第4号又は第5号に掲げる登記又は登録にあつては、当該登記等がこれらの号に掲げる登記又は登録に該当するものであることを証する財務省令で定める書類を添付して受けるものに限る。）については、登録免許税を課さない。
一～三　〔略〕
四　住居表示に関する法律（昭和37年法律第119号）第3条第1項及び第2項又は第4条（住居表示の実施手続等）の規定による住居表示の実施又は変更に伴う登記事項又は登録事項の変更の登記又は登録
五～十四　〔略〕」

(2)　非課税の取扱い

「住居表示の実施に伴う変更登記あるいはその変更に伴う変更登記がされた後に、その登記が誤っていたことを理由とする更正登記は非課税かどうかという問題があるが、当該変更登記が市町村長の変更証明書の過誤によるものであることが確認できる場合は、非課税とする従来の先例〔本項目の昭40・12・9民甲3410〕は登録免許税法下〔昭和42年に「登録税法に代わって「登録免許税法」が制定された〕においても維持されているものと考える。」（登録免許税法詳解289頁・290頁）。

(3)　非課税・課税の取扱いの区別

前掲の昭和40年12月9日民事甲3410号先例は、「住居表示の変更を証する市町村長の証明書の記載に誤りがあつたために、変更登記も誤つてなされたものであるときには、登録税の多いとか少ないとかということによることなく、誤りの性質上、登録税法19条4号ノ2の規定を適用して、登録税を免除することとされたものでありますが、変更を証する書面の誤り以外の事由、たとえば申請人が申請書を作成するときにおいて、住居表示の実施により変更後の住所を誤つて記載したような場合には、申請人みずからの誤りでもありますので、そのような場合には登録税法19条4号ノ2の規定〔現行登録免許税法5条4号が該当〕を適用することなく、登録税を徴収することとされたものと考えます。」(登先6・2・15)。

(4)　本店の表示の変更（商業登記の先例―昭40・9・24民四294）

［照会］　「登録税法施行規則第5条ノ8の規定による市町村長の証明書を添付して株式会社の本店の表示〔住所〕の変更登記後、その住居表示が誤つて登記されていることを発見した。この誤りは当時の市町村長の発給に係る証明書の住居表示の誤記によるものである。このたび、改めて当該市町村長の証明書（従前の住居表示が誤りであることが確認される。）を添付して、その表示更正登記の申請があつたが、便宜登録税法第19条第4号ノ2の規定〔現行登録免許税法5条4号が該当〕を適用して登録税を免除してさしつかえないものと考えるがいかがでしようか。」

［回答］　「登録税法第19条第4号ノ2〔現行登録免許税法5条4号が該当〕により、登録税を免除してさしつかえない。」

先例3　屋敷番の地番への変更による登記

○　昭42・9・29民甲2538

［要旨］　屋敷番の地番への変更登記については、登録免許税を徴収する。

［照会］　「戸籍の改製による屋敷番の地番への変更に伴う登記事項の変更の登記については、登録免許税法別表第1の第1号の㈩により登録免許税を徴収すべきものと考えますが、いささか疑義がありますので、何分のご指示をおねがいします。」

［回答］　「登録免許税法別表第1の第1号の㈩により登録免許税を徴収すべきものと考える。」

先例4 住所移転したが、その登記未了のうちに行政区画のみの変更があった

○ 平22・11・1民二2759（要旨）

登記記録の住所から住所移転後、当該移転後の住所について区制施行などの地番変更を伴わない行政区画の変更が行われた場合、登記名義人住所変更の登記原因は「平成○年○月○日住所移転、平成○年○月○日区制施行」となる。

行政区画の変更に係る市区町村長等の証明書（登免規1①二）が提供されたときは、登録免許税は登録免許税法5条5号の規定により非課税。

事例 17頁の事例7を参照。

先例５　住居表示実施と登録免許税

(1)　昭42・12・14民甲3447（住所変更（更正）等と住居表示実施）

［照会］　「同一申請書で、左記〔下記〕の組合せ及び順序の登記原因による申請があつた場合、1、2、については免税、3、については500円〔現行1,000円〕徴収すべきであると考えますが、いかがでしようか、いささか疑義がありますので、何分のご指示を仰ぎたくお伺いします。

1、住所更正、住居表示実施

2、住所変更、住居表示実施

3、氏名変更、住居表示実施」

［回答］　「貴見のとおりと考える。」

(2)　昭43・1・11民三39（氏名変更と住居表示実施）

［照会］　「左記〔下記〕事案につき疑義がありますので、至急何分のご回示を仰ぎます。

一　氏名の変更及び住居表示の実施に伴う登記名義人の表示〔氏名・住所〕変更の登記が1件で申請があつた場合の登録免許税は、不動産1個につき500円〔現行1,000円〕徴収すべきものと考えますがいかがでしようか。

二　〔略〕」

［回答］　「一、二とも貴見のとおり。」

先例6 国土調査と登録免許税

(1) 昭43・3・19民三235

［要旨］　国土調査実施の際に土地の番号を変更したことによる登記名義人の住所変更の登記については、登録免許税は免除されない。

［照会］　「国土調査の実施の際に土地の番号を変更したことによる住所変更登記の登録免許税の免除については、明文はないが、その性質上当該事業施行者の証明書を添付してきた場合、免除してさしつかえないものと考えるが反対意見もあるので折り返し電信で御指示願います。」

［回答］　「免除すべきでない。」

参考　登録免許税の免除～登録免許税法5条8号（代位登記）

(2) 昭48・1・29民三829（登録免許税が免除される事例）

［照会］　「登録免許税の徴収の要否について（照会）

国土調査実施の際に、大字甲（地番区域）内に飛地として存在する大字乙の土地を大字甲に変更すると同時に、両大字の全筆について地番号を変更した。

この場合、登記名義人の住所変更登記については、すべて行政区画等の変更に伴う登記事項の変更と解し、登録免許税法施行規則第1条第2号に該当するとしてその旨の証明書を添付してきたときは、登録免許税を免除してさしつかえないものと考えますが、昭和43年3月19日付民事三発第235号民事局第三課長回答の次第もあり、いささか疑義がありますので至急何分のご指示を願います。」

［回答］　「貴見のとおり考える。」

先例7 職権による地番変更と登録免許税

○ **平6・3・31民三2431**（登録免許税は非課税）

67頁の **事例25** を参照。

実 例　敷地権付区分建物2個の表示変更の登録免許税

○ 登先304・90

［質問］ 敷地権付区分建物について登記名義人住所変更登記をする場合において、敷地権の目的たる土地が1筆で、同一所有者が専有部分の建物を2個有しているときは、登録免許税はいくらになるか。

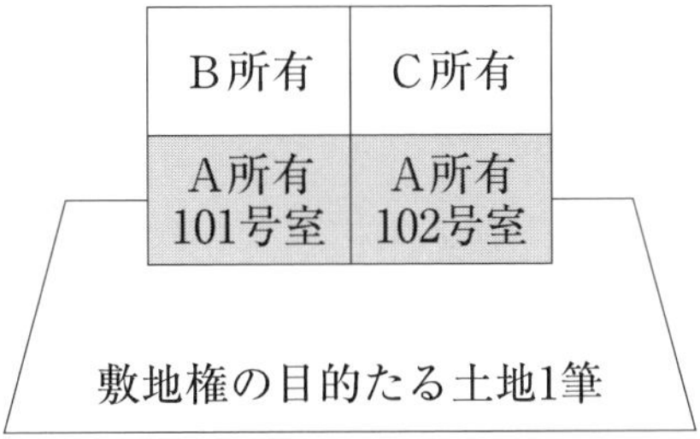

［結論］ 同時に2個の専有部分の建物とそれぞれの敷地権について登記名義人住所変更登記を申請する場合は、登録免許税は3,000円である。

参考

(1) 昭58・11・10民三6400第15・二

「二　登録免許税の取扱い

1　敷地権の表示を登記した建物について登記をする場合において、その登記が法第110条ノ15第1項〔(注1) 参照〕又は第140条ノ3第2項〔(注2) 参照〕の規定により敷地権について同一の登記原因による相当の登記の効力を有するものであるときは、申請人が敷地権についても相当の登記を受けるものであるから、その相当の登記に係る登録免許税を徴収するものとする。

2 〔略〕

3 1の登記が不動産の個数を課税標準とするものであるときは、敷地権の表示を登記した建物の個数及び敷地権の目的たる土地の個数による。

4 〔略〕」

（注1） 旧不動産登記法110条ノ15第1項〔現行不動産登記法73条1項〕

「敷地権ノ表示ヲ登記シタル後ニ建物ニ付キ為シタル所有権ニ関スル登記ニシテ建物ノミニ関スル旨ノ附記ナキモノハ敷地権ニ付テ同一ノ登記原因ニ因ル相当ノ登記タル効力ヲ有ス」

現行不動産登記法73条1項

（敷地権付き区分建物に関する登記等）

第73条 敷地権付き区分建物についての所有権又は担保権（一般の先取特権、質権又は抵当権をいう。以下この条において同じ。）に係る権利に関する登記は、第46条の規定により敷地権である旨の登記をした土地の敷地権についてされた登記としての効力を有する。ただし、次に掲げる登記は、この限りでない。

一 敷地権付き区分建物についての所有権又は担保権に係る権利に関する登記であって、区分建物に関する敷地権の登記をする前に登記されたもの（担保権に係る権利に関する登記にあっては、当該登記の目的等（登記の目的、申請の受付の年月日及び受付番号並びに登記原因及びその日付をいう。以下この号において同じ。）が当該敷地権となった土地の権利についてされた担保権に係る権利に関する登記の目的等と同一であるものを除く。）

二 敷地権付き区分建物についての所有権に係る仮登記であって、区分建物に関する敷地権の登記をした後に登記されたものであり、かつ、その登記原因が当該建物の当該敷地権が生ずる前に生じたもの

三 敷地権付き区分建物についての質権又は抵当権に係る権利に関する登記であって、区分建物に関する敷地権の登記をした後に登記されたものであり、かつ、その登記原因が当該建物の当該敷地権が生ずる前に生じたもの

四 敷地権付き区分建物についての所有権又は質権若しくは抵当権に係る権利に関する登記であって、区分建物に関する敷地権の登記をした後に登記されたものであり、かつ、その登記原因が当該建物の当該敷地権が生じた後に生じたもの（区分所有法第22条第1項本文（同条第3項において準用する場合を含む。）の規定により区分所有者の有する専有部分とその専有部分に係る敷地利用権とを分離して処分することができない場合（以下この条において「分離処分禁止の場合」という。）を除く。）

2・3 〔省略〕

（注2） 旧不動産登記法140条ノ3第2項〔現行不動産登記法73条1項〕

「第110条ノ15ノ規定ハ敷地権ノ表示ヲ登記スル前又ハ其後ニ建物ニ付キ為シタル一般ノ先取特権、質権又ハ抵当権ニ関スル登記ニシテ建物ノミニ関スル旨ノ附記ナキモノニ之ヲ準用ス 」

(2) 抵当権抹消の事例

敷地権の目的たる土地が1筆で、専有部分A（所有者甲）に乙の

抵当権が設定され、また専有部分Ｂ（所有者甲）に同じく乙の別の抵当権が設定されている場合に、両抵当権を1件の申請書で抹消登記するときは、登録免許税額は3,000円である（登研527・174～登研528・187で訂正あり）。

(3)　本事例の場合は4,000円とする見解

「松尾　敷地権というのは、区分建物ごとに定められているわけですから、Ｂ区分建物について登記する場合には、Ａ区分建物について2,000円納付していても専有部分の分と敷地権（これは2分の1の分）の2箇の登録免許税つまり2,000円を納付することになりましょう。したがって、全体的に見れば、Ａ区分建物については敷地権2分の1、Ｂ区分建物についても敷地権2分の1ということになれば、全体的に、目的物は4箇になりますから、全体で4,000円の登録免許税を納める必要があるということになると思います。同一申請書で1回で登記する場合でも、それは、敷地権の表示を1つ表示するというわけにはいかない（2分の1を2箇表示する）ので全体としても3,000円にはならないと思います。したがって、1回でやっても4,000円2回に分けても計4,000円納付することになると思います。」（松尾英夫「改正区分所有法・改正不動産登記法」、登研456・63、64）。

4

誤字・俗字の関係先例等

第1　誤字・俗字の更正登記の要否

1　更正登記を要するとされた文字の例

番号	登記簿上の文字と申請書・添付書類の文字	備　考
①	ヱ ↔ エ	登研430・174
②	斎 ↔ 斉	登研401·159、同507·199
③	志 ↔ 志	登研498・141
④	栄 ↔ 栄	登研601・201
⑤	榮 ↔ 栄	登研601・201
⑥	爲 ↔ 為	登研601・201
⑦	爲 ↔ 為	登研601・201

2　更正登記を要しないとされた文字の例

番号	登記簿上の文字と申請書・添付書類の文字	備　考
①	﨑 ↔ 崎	登研461・117
②	嵜 ↔ 崎	登研170・94
③	嶋 ↔ 島	登研170・94
④	廣 ↔ 広	不動産登記実務の手引428頁
⑤	衞 ↔ 衛	

⑥	覺 ↔ 覚	
⑦	學 ↔ 学	
⑧	祥 ↔ 祥	
⑨	總 ↔ 総	
⑩	德 ↔ 徳	
⑪	隆 ↔ 隆	
⑫	榮 ↔ 栄	
⑬	愼 ↔ 慎	
⑭	藏 ↔ 蔵	
⑮	濱 ↔ 浜	
⑯	壽 ↔ 寿	
⑰	眞 ↔ 真	
⑱	鐵 ↔ 鉄	
⑲	澤 ↔ 沢	登研194・74
⑳	峯 ↔ 峰	登研170・94
㉑	爲 ↔ 為	登研591·157、同601·201

第2　誤字・俗字・正字に関する主な先例

先例8　氏または名の記載に用いる文字の取扱いに関する「誤字俗字・正字一覧表」

○　平16・10・14民一2842（民事局長通達）

（改正　平22・11・30民一2905（民事局長通達））

［通達］　「新戸籍編製等の場合の氏又は名の記載に用いる文字の取扱いについては、平成22年11月30日付け法務省民一第2903号当職通達により平成2年10月20日付け法務省民二第5200号当職通達の一部を改正し、また、戸籍を改製する場合の氏又は名の記録に用いる文字の取扱いについては、平成22年11月30日付け法務省民一第2904号当職通達により平成6年11月16日付け法務省民二第7000号当職通達の一部を改正したところですが、改正後の平成2年10月20日付け法務省民二第5200号当職通達及び平成6年11月16日付け法務省民二第7000号当職通達でいう対応する字種及び字体の正字等を特定する場合には、別添の「誤字俗字・正字一覧表」に基づき判断する取扱いとします。

したがって、同表に掲載されていない文字については、その対応関係が明白である場合を除き、管轄法務局若しくは地方法務局又はその支局の長の指示を求めるものとしますので、これを了知の上、貴管下支局長及び管内市区町村長に周知方取り計らい願います。

なお、平成6年11月16日付け法務省民二第7007号当職通達で示した「誤字俗字・正字一覧表」は廃止しますので、念のため申し添えます。」

参考

「誤字俗字・正字一覧表」は後掲490頁に掲載しています。

先例9　氏または名の記載に用いる文字の取扱いに関する通達等の整理通知（平成2年民二5200号通達）の変更通知

○　平16・9・27民一2665（民事局長通達）

［通達］　氏又は名の記載に用いる文字の取扱いに関する通達等の整理についての一部改正について

本日、戸籍法施行規則等の一部を改正する省令（平成16年法務省令第66号）が公布・施行されましたが、この改正に伴い、平成2年10月20日付け法務省民二第5200号当職通達を下記のように改正しますので、これを了知の上、貴管下支局長及び管内市区町村長に周知方取り計らい願います。

記

1　前文中「平成3年1月1日以後における」を削る。

2　第1の柱書き中「誤字又は俗字」を「俗字等又は誤字」に改める。

3　第1の1を次のように改める。

1　俗字等の取扱い

戸籍に記載されている氏又は名の文字が次に掲げる文字であるときは、そのまま記載するものとする。

(1)　漢和辞典に俗字として登載されている文字（別表に掲げる文字を除く。）

(2)　「示」、「辶」、「食」又は「青」を構成部分に持つ正字の当該部分がそれぞれ「ネ」、「辶」、「食」又は「青」と記載されている文字

4　第1の2(1)を次のように改める。

(1)　誤字の解消

戸籍に記載されている氏又は名の文字が誤字で記載されているときは、これに対応する字種及び字体による正字又は別表に掲げる文字（以下「正字等」という。）で記載するものとする。

対応する字種に字体が複数あり、そのいずれの字体に対応するかについて疑義がある場合には、それらの字体のうち「通用字体」（常用漢字表（昭和56年内閣告示第1号）に掲げる字体（括弧書きが添えられているものについては、括弧の外のもの）をいう。）又は戸籍法施行規則（昭和22年司法省令第94号）別表第二（以下「規則別表第二」という。）の一に掲げる字体を用いるものとする。ただし、対応する正字等を特定する上で疑義がある場合には、管轄法務局若しくは地方法務局又はその支局（以下「管轄局」という。）の長の指示を求めるものとする。

5　第1の2(2)及び(3)中「正字」を「正字等」に改める。

6　第2の柱書きを次のように改める。

戸籍の氏又は名の文字が俗字等又は誤字で記載されている場合において、その文字をこれに対応する正字等に訂正する申出があったときは、市区町村長限りで訂正して差し支えない。ただし、対応する正字等を特定する上で疑義がある場合には、管轄局の長の指示を求めるものとする。

7　第2の1から6まで中「正字」を「正字等」に改める。

8　第3の1を次のように改める。

1　更正のできる場合

(1)　通用字体と異なる字体によって記載されている漢字を通用字体の漢字にする場合

(2)　規則別表第二の一の字体と異なる字体によって記載されている漢字を規則別表第二の一の字体の漢字にする場合（対応する字体を特定する上で疑義がある場合には、管轄局の長の指示を求めるものとする。）

(3)　変体仮名によって記載されている名又は名の傍訓の文字を平仮名の文字にする場合

(4)　片仮名又は平仮名の旧仮名遣いによって記載されている名又は名の傍訓の文字を現代仮名遣いによる文字にする場合

9　別表1及び別表2を別紙のように改める。

〔別紙省略〕

先例10　氏または名の記載に用いる文字の取扱いに関する通達等の整理通知（平成2年民二5202号依命通知）の変更通知

○　平16・9・27民一2666（民事局第一課長依命通知）

［依命通知］　氏又は名の記載に用いる文字の取扱いに関する通達等の整理についての一部改正について

本日付け法務省民一第2665号をもって民事局長から「氏又は名の記載に用いる文字の取扱いに関する通達等の整理について」の一部改正について通達されたところですが、同通達により、平成2年10月20日付け法務省民二第5200号民事局長通達の一部が変更されたことに伴い、標記平成2年10月20日付け法務省民二第5202号当職依命通知を下記のとおり一部改正しますので、これを了知の上、貴管下支局長及び管内市区町村長に周知方取り計らい願います。

記

1　第1を次のように改める。

第1　正字・俗字の取扱いについて

1　通達第1の2(1)の誤字を正字で記載する場合の正字には、漢和辞典に同字、古字又は本字として登載されている文字をも含むものとする。

2　漢和辞典に俗字として登載されている文字及び通達第1の1(2)の文字の例は、別表に示すとおりである。

3　2の別表に記載されていない文字（通達別表に記載されている文字並びに漢和辞典に同字、古字及び本字として登載されている文字を除く。）については、これに対応する字種及び字体による正字で記載して差し支えない。

4　3の取扱いにより正字で記載した後、当該文字が漢和辞典に俗字として登載されている文字又は通達第1の1(2)の文字であることが本人の申出により明らかになったときは、通達第3の文字の記載の更正の申出があった場合の処理に準じて更正して差し支えない。

2　第2の2中「通達第1の3(1)」を「通達第1の2(3)」に改める。

3　第3の1(2)を次のように改める。

(2)　戸籍法施行規則別表第2（以下「規則別表第2」という。）の1に掲げる字体の漢字へ更正する場合であって、その字体の差異が、(1)において著しい差異のない字体への更正と認められる字体の差異と同一内容である場合（例えば、常用漢字表に掲げる「羽」と「羽」は著しい差異のない字体であるから、規則別表第2の1に掲げる「翔」と「翔」は著しい差異のない字体である。）

4　別表を別紙のように改める。

〔別紙省略〕

先例11　氏または名の記載に用いる文字の取扱いに関する通達等の整理通知（平成2年民二5202号依命通知）の変更通知

○　平22・11・30民一2913（民事局第一課長依命通知）

［依命通知］　氏又は名の記載に用いる文字の取扱いに関する通達等の整理についての一部改正について

本日、常用漢字表（平成22年内閣告示第2号）が告示され、同表に「惧」の文字が追加されたことに伴い、平成2年10月20日付け法務省民二第5202号当職依命通知別表を別紙のように改めるので、これを了知の上、貴管下支局長及び管内市区町村長に周知方取り計らい願います。

〔別紙省略〕

5

資　　料

○氏又は名の記載に用いる文字の取扱いに関する通達等の整理について

（平成2年10月20日
法務省民二第5200号）

改正　平成13年 6月15日民一第1544号
同　16年 2月23日同　第 421号
同　16年 9月27日同　第2665号
同　21年 4月30日同　第1109号
同　22年11月30日同　第2903号

氏又は名の記載に用いる文字の取扱いに関する戸籍事務の取扱いは、次のとおりとするので、貴管下支局長及び管内市区町村長に周知方取り計らわれたい。

なお、これに反する当職通達又は回答は、本通達によって変更又は廃止するので、念のため申し添える。

第1　新戸籍編製等の場合の氏又は名の記載に用いる文字の取扱い

婚姻、養子縁組、転籍等による新戸籍の編製、他の戸籍への入籍又は戸籍の再製により従前の戸籍に記載されている氏若しくは名を移記する場合、又は認知、後見開始等により戸籍の身分事項欄、父母欄等に新たに氏若しくは名を記載する場合において、当該氏又は名の文字が従前戸籍、現在戸籍等において俗字等又は誤字で記載されているときの取扱いは、次のとおりとする。

1　俗字等の取扱い

戸籍に記載されている氏又は名の文字が次に掲げる文字であるときは、そのまま記載するものとする。

(1)　漢和辞典に俗字として登載されている文字（別表に掲げる文字を除く。）

(2)　「示」、「辶」、「食」又は「青」を構成部分に持つ正字の当該部分がそれぞれ「ネ」、「辶」、「食」又は「青」と記載されている文字

2　誤字の取扱い

(1)　誤字の解消

戸籍に記載されている氏又は名の文字が誤字で記載されているときは、これに対応する字種及び字体による正字又は別表に掲げる文字（以下「正字等」という。）で記載するものとする。

対応する字種に字体が複数あり、そのいずれの字体に対応するかについて疑義がある場合には、それらの字体のうち「通用字体」（常用漢字表（平成22年内閣告示第2号）に掲げる字体（括弧書きが添え

られているものについては、括弧の外のもの）をいう。）又は戸籍法施行規則（昭和22年司法省令第94号）別表第2（以下「規則別表第2」という。）の一に掲げる字体を用いるものとする。ただし、対応する正字等を特定する上で疑義がある場合には、管轄法務局若しくは地方法務局又はその支局（以下「管轄局」という。）の長の指示を求めるものとする。

(2)　事由の記載

従前の戸籍に誤字で記載されている氏又は名の文字を新たに戸籍にこれに対応する正字等で記載した場合には、その事由については、戸籍に記載を要しない。

(3)　告知手続

従前の戸籍に氏又は名の文字が誤字で記載されており、新たに戸籍の筆頭者氏名欄又は名欄にこれに対応する正字等で記載する場合は、戸籍の記載の事前又は事後に書面又は口頭でその旨を告知するものとする。

ただし、届出書の届出人署名欄に正字等で自己の氏又は名を記載して届出をした者に対しては、告知を要しない。

ア　告知は、新たに戸籍の筆頭者氏名欄又は名欄に記載する市区町村長（以下「記載市区町村長」という。）又は届出等を受理した市区町村長が行う。届出等を受理した市区町村長が行った場合は、届書等を記載市区町村長へ送付する際に告知した内容を通知するものとする。

イ　告知の相手方は、筆頭者氏名欄の氏の場合は筆頭者（筆頭者が除籍されている場合は、配偶者。配偶者も除籍されている場合は、同戸籍に記載された他の者全員）に対し、名欄の場合は本人に対してこれを行う。

ウ　郵送により告知する場合は、本人の住所地にあて、告知書を発送すれば足りる。また、告知の相手方が届出人である場合に、使者により届出等がされたときは、使者に告知書を交付すれば足りる。

エ　記載市区町村長は、告知をした日、方法、内容等を適宜の方法で記録するものとする。なお、告知を要しない場合は、届書の欄外に適宜の方法でその旨を記載するものとする。

第2　戸籍の氏又は名の文字の記載の訂正

戸籍の氏又は名の文字が俗字等又は誤字で記載されている場合におい

て、その文字をこれに対応する正字等に訂正する申出があったときは、市区町村長限りで訂正して差し支えない。ただし、対応する正字等を特定する上で疑義がある場合には、管轄局の長の指示を求めるものとする。

1　申出人

(1)　筆頭者氏名欄の氏の文字の記載を訂正する申出は、当該戸籍の筆頭者（15歳未満のときは、その法定代理人）及びその配偶者がしなければならない。その一方が所在不明又はその他の事由により申出をすることができないときは、他の一方がすることができ、この場合には、申出書にその事由を記載しなければならない。これらの者が除籍されているときは、同戸籍に在籍している者（15歳未満のときは、その法定代理人）が共同ですることができる。

(2)　名欄の名の文字の記載を訂正する申出は、本人（15歳未満のときは、その法定代理人）がしなければならない。

(3)　筆頭者氏名欄及び名欄以外の欄の氏又は名の文字の記載を訂正する申出は、当該戸籍の名欄に記載されている者（15歳未満のときは、その法定代理人）がしなければならない。

2　申出の方法等

(1)　訂正の申出は、いつでもすることができる。戸籍記載の基本となる届出と同時にするときは、届書の「その他」欄にその旨を記載すれば足りる。

(2)　氏又は名の文字の記載の訂正は、1つの戸籍ごとに申出を要するものとする。

(3)　訂正の申出書（その申出が「その他」欄に記載された届書を除く。）は、戸籍法施行規則第23条第2項の種目により受付の手続をし、戸籍の記載後は、一般の届書類に準じて整理保存する。

3　訂正の及ぶ範囲

筆頭者氏名欄の氏の文字の記載を訂正する場合は、同一戸籍内のその筆頭者の氏の文字の記載をすべて訂正するものとする。また、その者の氏のほか、その者と同一呼称の氏の文字についても訂正することができる。

名欄の名の文字の記載を訂正する場合は、同一戸籍内のその者の名の文字の記載をすべて訂正するものとする。

4　訂正事由の記載

(1)　筆頭者氏名欄の氏の文字の記載の訂正をする場合は、戸籍事項欄に訂正事由を記載するものとし、この場合において3により同一戸籍内の他の欄においてその者の氏又はその者と同一呼称の氏の文字を訂正するときは、個別の訂正事由の記載を要しない。

(2) 名欄の名の文字の記載の訂正をする場合は、その者の身分事項欄に訂正事由を記載するものとし、この場合において3により同一戸籍内の他の欄においてその者の名の文字の記載を訂正するときは、個別の訂正事由の記載を要しない。

(3) 筆頭者の名の文字の記載の訂正に伴って筆頭者氏名欄の名の文字の記載の訂正をする場合は、戸籍事項欄に訂正事由の記載を要しない。

(4) 筆頭者氏名欄及び名欄以外の欄の氏又は名の文字の記載の訂正をする場合は、当該戸籍に記載されている者の身分事項欄にその訂正事由を記載する。

この場合の戸籍の記載は、本日付け法務省民二第5201号当職通達をもって示した戸籍記載例216及び217の例による。

5 訂正事由の移記

氏又は名の文字の記載を訂正した後に、転籍し、新戸籍を編製し、又は他の戸籍に入籍する者については、氏又は名の文字の記載の訂正事由は、移記を要しない。

6 届書に正字等で記載した場合の取扱い

戸籍の筆頭者氏名欄の氏の文字が誤字又は俗字で記載されている場合において、1(1)に記載された者が、届書の届出人署名欄に正字等で氏を記載して届け出たときは、氏の文字の記載の訂正の申出があった場合と同様に取り扱い、その氏の文字の記載を訂正することができる。

名欄の名の文字が誤字又は俗字で記載されている者が、届書の届出人署名欄に正字等で名を記載して届け出た場合も、同様とする。

第3 戸籍の氏又は名の文字の記載の更正

戸籍の筆頭者氏名欄又は名欄の氏又は名の文字については、次の場合に更正することができ、更正の申出があった場合は、市区町村長限りで更正して差し支えない。

1 更正のできる場合

(1) 通用字体と異なる字体によって記載されている漢字を通用字体の漢字にする場合

(2) 規則別表第2の一の字体と異なる字体によって記載されている漢字を規則別表第2の一の字体の漢字にする場合（対応する字体を特定する上で疑義がある場合には、管轄局の長の指示を求めるものとする。)

(3)　変体仮名によって記載されている名又は名の傍訓の文字を平仮名の文字にする場合

(4)　片仮名又は平仮名の旧仮名遣いによって記載されている名又は名の傍訓の文字を現代仮名遣いによる文字にする場合

2　申出人等

申出人、申出の方法等、更正事由の記載、更正事由の移記については、前記第2のうち、1(1)及び(2)、2、4及び5に準じて行う。

この場合の戸籍の記載は、前記当職通達をもって示した戸籍記載例218の例による。

3　更正の及ぶ範囲

筆頭者氏名欄の氏の文字の記載を更正する場合は、同一戸籍内のその筆頭者の氏の文字の記載をすべて更正するものとする。著しい差異のない字体への更正の場合は、その者の氏のほか、その者と同一呼称の氏の文字についても更正することができる。

名欄の名の文字の記載を更正する場合は、同一戸籍内のその者の名の文字の記載をすべて更正するものとする。

なお、父母の氏又は名の文字の記載が更正された場合には、父母と戸籍を異にする子は、父母欄の更正の申出をすることができる。この場合において、子が父母と本籍地を異にするときは、父母の氏又は名の文字の記載が更正された後の戸籍謄(抄)本を添付しなければならない。

4　新戸籍編製等の事由となる届出と同時に申出があった場合の更正の方法

婚姻、養子縁組、転籍等により新戸籍を編製し、又は他の戸籍に入籍する場合において、その届出と同時に更正の申出があったときは、従前の戸籍で氏又は名の文字の記載を更正する。

筆頭者及び配偶者以外の者が自己の氏を称する婚姻等の届出をし、その者を筆頭者とする新戸籍を編製する場合において、その届出と同時に氏の更正の申出をしたときは、更正後の氏で新戸籍を編製し、同戸籍の戸籍事項欄に更正事由を記載する取扱いをして差し支えない。

第4　変体仮名によって記載されている名について

変体仮名によって記載されている名を戸籍の筆頭者氏名欄及び名欄以外の欄に記載する場合は、従前の戸籍の検索等に支障を来さない限り、平仮名を用いて差し支えない。

別表

侠　倶　倦　僅　儲　剥　卿　厩　叛　唖　哨　噌　嚙
噂　嚢　堵　填　竇　屑　屠　嵜　崎　巷　庖　廠　徽
愈　掴　掻　捗　捲　摺　撹　撰　擢　昇　晦　腿　栁
桒　梼　榊　槌　楢　榔　樋　槁　樽　櫛　欝　歎　涛
渕　溌　溢　溺　漣　潅　澗　瀞　瀆　瀦　瀕　灘　焔
煉　煽　猷　甑　瞥　砺　祁　祇　穐　竈　箸　箪　篭
綛　繋　繍　翫　翰　舘　舩　莱　葛　蒋　蓬　蔽　薯
薮　薩　藷　蛎　蛸　蝕　蝋　蝉　蝿　襖　諫　諺　謎
謬　賎　賭　躯　辻　迂　迄　辿　迦　迹　這　逗　逢
遁　逼　遡　遜　邉　鄭　酋　醗　醤　鈎　錆　鎚　鑽
鞄　鞘　頚　頬　顛　飴　餌　餅　饗　騨　髙　鯖　鯵
鱒　鴎　鳶　鹸　麸　麹

○氏又は名の記載に用いる文字の取扱いに関する通達等の整理について

（平成2年10月20日
法務省民二第5202号）

改正　平成6年11月16日民二第7006号
同　13年　6月15日民一第1544号
同　16年　2月23日同　第　422号
同　16年　9月27日同　第2666号
同　22年11月30日同　第2913号

標記については、本日付け法務省民二第5200号をもって民事局長から通達されたところですが、この運用に当たっては、次の点に留意するよう貴管下支局長及び管内市区町村長に周知方取り計らわれるよう通知します。

第1　正字・俗字の取扱いについて

1　通達第1の2(1)の誤字を正字で記載する場合の正字には、漢和辞典に同字、古字又は本字として登載されている文字をも含むものとする。

2　漢和辞典に俗字として登載されている文字及び通達第1の1(2)の文字の例は、別表で示すとおりである。

3　2の別表に記載されていない文字（通達別表に記載されている文字並びに漢和辞典に同字、古字及び本字として登載されている文字を除く。）については、これに対応する字種及び字体による正字で記載して差し支えない。

4　3の取扱いにより正字で記載した後、当該文字が漢和辞典に俗字として登載されている文字又は通達第1の1(2)の文字であることが本人の申出により明らかになったときは、通達第3の文字の記載の更正の申出があった場合の処理に準じて更正して差し支えない。

第2　告知手続について

1　書面により告知する場合の様式は、別紙に準ずるものとする。

2　通達第1の2(3)に定める告知した内容の通知は、告知の年月日、告知した相手方、告知の方法及び記載することとなる正字を、送付する届書等の欄外に記載して行えば足りる。ただし、書面によって告知した場合には、送付する届書等に告知書の写しを添付してこれに代えることができる。

3　郵送により告知する場合に、届書等に記載された住所と戸籍の附票に記載されている住所が相違するときは、届書等に記載の住所地にあて告知書を発送することとする。

4　告知した旨の記録は、届書等の欄外に、また、再製の場合は、調査完了通知書の余白に記載して行う。ただし、書面により告知した場合には、告知書の写しを添付してこれに代えることができる。

5　告知書が住所不明等により返送された場合には、あらかじめ調製した返送告知書つづりにつづるものとする。

第3　著しい差異のない字体について

1　通達第3の3でいう著しい差異のない字体への更正の場合とは、次の場合をいう。

(1)　常用漢字表において従来用いられていた字体と異なる字体が通用字体として定められ、かつ、従来の字体が括弧書きで添えられていない漢字について、従来の字体を通用字体へ更正する場合

(2)　戸籍法施行規則別表第2（以下「規則別表第2」という。）の一に掲げる字体の漢字へ更正する場合であって、その字体の差異が、(1)において著しい差異のない字体への更正と認められる字体の差異と同一内容である場合（例えば、常用漢字表に掲げる「羽」と「羽」は著しい差異のない字体であるから、規則別表第2の一に掲げる「翔」と「翔」は著しい差異のない字体である。）

2　著しい差異のない字体への更正の具体例を示せば次のとおりである（括弧外の字体が更正後の字体である。）。

(1)　画数の同じもの

ア　点画の方向が異なるもの

青（靑）刃（刄）羽（羽）半（半）教（敎）

平（平）彦（彥）

イ　点画の長さや位置関係が異なるもの

包（包）起（起）急（急）呉（吳）要（要）

雪（雪）兼（兼）浩（浩）

ウ　点画の形そのものが異なるもの

愉（愉）姫（姫）舎（舎）間（間）麻（麻）

(2)　見た目の印象が似ているもの

ア　点画を続けたもの

及（及）成（成）奔（奔）草（草）

その他のクサカンムリの字体

イ　点画を減らしたもの

弧（弧）近（近）

その他のシンニョウの字体

ウ　点画の形を変えたもの

環（環）派（派）旅（旅）飲（飲）

その他のショクヘンの字体

(3)　(1)及び(2)による文字を構成要素とする文字

翔（翔）清（清）誠（誠）忍（忍）磨（磨）

諭（諭）

別紙

平成　　年　　月　　日

様

市区町村長

お　知　ら　せ

戸籍は、身分関係を登録・公証する公文書です。戸籍には、常用漢字、人名用漢字及びその他の正字で記載することになっています。

このたび、あなたからの届出に基づき新たに戸籍を作る（入籍する）ことになりましたが、戸籍に記載する文字は下記のようになります。

なお、この取扱いは、平成2年10月20日付け法務省民二第5,200号民事局長通達に基づくものです。

記

1　戸籍筆頭者の氏の文字を「　　」と記載します。

2　名の文字を「　　」と記載します。

別表

部首	俗字等	正字
一部	丈	丈
	万	万
	丒	丑
	丗	世
	卋	世
丿部	久	久
	来	乗
亅部	亊	事
二部	五	五
亠部	亭	亭
	亮	亮
人部	今	今
	仭	仞
	做	作
	佞	佞
	倅	倅
	倩	倩
	倉	倉
	杰	傑
儿部	兊	兌
	兒	兒
	兜	兜
八部	兼	兼
	兼	兼
	兼	兼
	兼	兼
冖部	寃	冤
冫部	清	凊
几部	凢	凡
凵部	出	出
	岀	出
刀部	刄	刃
	切	切
	初	初
	刱	刱
	前	前
	劔	剣 劍
	劒	劍
力部	切	功
	功	功
	勗	勖
	勢	勢
	勢	勢

部首	俗字等	正字
匕部	业	北
十部	丗	卅
	外	升
	外	升
	卉	卉
	卆	卒
	協	協
厂部	厚	厚
	原	原
又部	友	友
口部	吉	吉
	命	命
	喜	喜
	善	善
	嗹	嗹
	⿰口造	⿰口造
	噐	器
	噠	噠
	⿰口過	⿰口過
	嚃	嚃
	嚴	嚴
囗部	罒	四
	国	国
	圊	⿴囗壽
	⿴囗貟	圓
	圖	圖
土部	圡	土
	𡈽	土
	㘴	坐
	埀	垂
	埒	埒
	場	場
	塚	塚
	堯	堯
	尭	堯
	塩	塩
	壇	壇
	⿰土過	⿰土過
	⿰土遂	⿰土遂
	壝	壝
夕部	多	多
	多	多
	梦	夢

部首	俗字等	正字
大部	竒	奇
	奈	奈
	奧	奧
女部	婧	婧
	嫡	嫡
子部	斈	學
	學	學
宀部	宇	宇
	冝	宜
	冦	寇
	害	害
	寄	寄
寸部	導	導
尸部	尻	尻
山部	岡	岡
	崗	岡
	罡	岡
	崝	崝
工部	㞑	左
	左	左
巾部	帆	帆
	帶	帶
	帽	帽
	幣	幣
干部	秊	年
	年	年
	幸	幸
	并	幷
幺部	幼	幼
广部	座	座
	庻	庶
	庵	庵
	康	康
	㕓	廄
	廣	廣
	鄽	廛
	壥	廛
	廳	廳
廴部	延	延 延
	廻	廻
廾部	弊	弊
	彝	彝
弓部	吊	弔

部首	俗字等	正字
	弯	彎
彡部	产	彦 彥
彳部	御	御
心部	恠	怪
	念	念
	悗	悦 悅
	㤙	恩
	㳟	恭
	忰	悴
	慕	慕
	慥	慥
	憇	憩
	[illegible]	[illegible]
戈部	戞	戛
戸部	𠩄	所 所
	㪽	所 所
手部	扳	拔
	羕	承
	搥	搥
	摓	摓
	摙	摙
	撻	撻
	撾	撾
	擿	擿
	攢	攢
攴部	⿰衤攵	⿰示攴
	數	數
	数	數
文部	攵	文
方部	扵	於
	族	族
	播	旛
	旞	旞
日部	㫖	旨
	暎	映
	昭	昭
	晉	晉
	昂	昂
	暹	暹
	睫	睫
曰部	曳	曳
	曵	曳
	曽	曾 曾

部首	俗字等	正字
	會	會
木部	杖	杖
	耒	来
	染	染
	栢	柏
	桒	桑
	楕	楕
	楮	楮
	樅	樅
	榷	権
	樋	樋
	槁	橋
	槗	橋
	樹	樹
	樾	樾
	檛	檛
	櫂	櫂
	櫃	櫃
	樀	樀
	櫰	櫰
止部	歳	歳 歲
	歳	歲
歹部	殲	殲
氏部	氏	氏
	民	民
水部	决	決
	况	況
	泒	派 派
	泰	泰
	添	添
	渊	淵
	减	減
	凖	準
	湌	漁
	漆	漆
	漨	漨
	潛	潛
	澾	澾
	濄	濄
	瀙	瀙
	瀡	瀡
	瀢	瀢
火部	為	為

部首	俗字等	正字
	[illegible]	[illegible]
	煺	煺
	[illegible]	[illegible]
	熢	熢
	熥	熥
	燧	燧
	燵	燵
	[illegible]	[illegible]
爻部	爾	爾
片部	片	片
牛部	牟	牟
犬部	猜	猜
	猿	猿
	[illegible]	[illegible]
玉部	珎	珍
	瑯	琅
	琴	琴
	璉	璉
	璲	璲
	瓋	瓋
甘部	甘	甘
	甚	甚
田部	畄	留
	畴	疇
皿部	盟	盟
	監	監
目部	直	直
	直	直
	冒	冒
	真	眞
	睛	睛
石部	石	石
	磓	磓
示部	礼	礼
	礽	礽
	祀	祀
	礿	礿
	祇	祇
	祆	祆
	祅	祅
	[illegible]	[illegible]
	祊	祊
	祋	祋

部首	俗字等	正字
	神	神
	祠	祠
	祗	祗
	祚	祚
	祓	祓
	祏	祏
	𥘱	𥘱
	祔	祔
	祢	祢
	祙	祙
	[illegible]	[illegible]
	祛	祛
	祜	祜
	祭	祭
	[illegible]	[illegible]
	[illegible]	[illegible]
	祵	祵
	祧	祧
	祫	祫
	[illegible]	[illegible]
	祲	祲
	[illegible]	[illegible]
	祳	祳
	祴	祴
	[illegible]	[illegible]
	祺	祺
	[illegible]	[illegible]
	[illegible]	[illegible]
	祼	祼
	禂	禂
	禊	禊
	禓	禓
	禔	禔
	禕	禕
	禖	禖
	禗	禗
	禘	禘
	禋	禋
	[illegible]	[illegible]
	禝	禝
	[illegible]	[illegible]
	禠	禠
	禡	禡

部首	俗字等	正字
	禓	禓
	⿰礻虘	⿰礻虘
	禧	禧
	禩	⿰礻巽
	⿰礻焦	⿰礻焦
	禫	禫
	禨	禨
	禬	禬
	禶	禶
	禭	禭
	禮	禮
	⿰礻豦	⿰礻豦
	禰	禰
	禱	禱
	⿰礻獻	⿰礻獻
	禋	禋
	禳	禳
	⿰礻侖	⿰礻侖
禾部	秦	秦
	稟	稾
	穟	穟

部首	俗字等	正字
	⿺辶⿱真禾	⿺辶⿱真禾
穴部	⿱穴丸	究
	空	空
	邃	邃
竹部	筐	筐
	篏	⿱竹掐
	箐	箐
	範	範
	篷	篷
	篴	篴
	簉	簉
	簶	簶
	簻	簻
	籖	籖
	籧	籧
	籩	籩
米部	糙	糙
糸部	綪	綪
	縋	縋
	縌	縌
	繁	繁
	縺	縺

部首	俗字等	正字
	繈	繦
	縁	緣
	繨	繨
	繾	繾
	繏	繏
	纒	纏
	纘	纘
羊部	美	美
	美	美
	羹	羹
耳部	耻	恥
	聠	聠
聿部	肅	肅
肉部	脇	脇
	腸	腸
	膇	膇
	膸	膸
	髄	髓
至部	臺	臺
舛部	舛	舛
	舛	舛

舟部	𦪇	𦪇
艸部	苑	苑
	若	若
	荒	荒
	荅	荅
	菁	菁
	萼	萼
	蒁	蒁
	蒨	蒨
	蒜	蒜
	䔏	䔏
	䔹	䔹
	𦾔	𦾔
	蕋	蘂
	蕸	蕸
	䔹	䔹
	薖	薖
	薘	薘
	藍	藍 藍
	薳	薳
	藡	藡
	䕓	䕓

部首	俗字等	正字
	蘧	蘧
虫部	虫	虫
	蜻	蜻
	⿰虫逢	⿰虫逢
	⿰虫賣	⿰虫賣
	蠭	蠭
血部	衂	衄
行部	衞	衞
衣部	裏	裏
	褪	褪
	⿰衤逢	⿰衤逢
	褳	褳
	襚	襚
	襩	襩
襾部	覀	西
見部	規	規
角部	角	角
	觧	解
言部	諄	諄
	譴	譴
	謎	謎
	讁	讁
	讀	讀
	讓	讓
	⿰言邁	⿰言邁
貝部	貟	負
	戝	財
	貳	貳
	䝼	䝼
	賢	賢
	⿰貝遂	⿰貝遂
	賍	贓
	贖	贖
走部	赳	赳
足部	⿰足退	⿰足退
車部	軌	軌
	輙	輒
	輤	輤
	⿰車遂	⿰車遂
	軣	轟
辰部	辰	辰
辵部	辶	辶
	边	边

部首	俗字等	正字
	辻	辻
	达	达
	迃	迃
	迆	迆
	迚	迚
	迊	迊
	䢶	䢶
	迋	迋
	迍	迍
	迒	迒
	迓	迓
	𨑨	𨑨
	迬	迬
	迥	迥
	迢	迢
	迌	迌
	迠	迠
	迡	迡
	迣	迣
	迤	迤
	迹	迹
	迨	迨
	𨑹	𨑹
	迮	迮
	迱	迱
	迯	逃
	迴	迴
	逅	逅
	迹	迹
	迺	迺
	迵	迵
	迻	迻
	䢔	䢔
	迾	迾
	迿	迿
	适	适
	逄	逄
	𨒬	𨒬
	逞	逞
	逑	逑
	逕	逕
	逡	逡
	逍	逍

部首	俗字等	正字
	逃	逃
	逋	逋
	逎	逎
	𨒂	𨒂
	逌	逌
	退	退
	逛	逛
	逞	逞
	逤	逤
	逵	逵
	逵	逵
	逶	逶
	逹	逹
	遃	遃
	逯	逯
	逪	逪
	逫	逫
	迸	迸
	逭	逭
	送	送
	逴	逴
	逿	逿
	違	逹 達
	過	過
	遐	遐
	遑	遑
	遒	遒
	遉	遉
	逾	逾
	適	適
	𨒡	𨒡
	逿	逿
	遀	遀
	迺	迺
	遂	遂
	遄	遄
	遌	遌
	遟	遟
	𨗉	𨗉
	遘	遘
	遞	遞
	遛	遛
	遅	遅

部首	俗字等	正字
	遅	遅
	遝	遝
	遟	遟
	遢	遢
	遒	遒
	遙	遙
	遨	遨
	遯	遯
	逵	逵
	遧	遧
	遣	遣
	遬	遬
	遺	遺
	遰	遰
	遳	遳
	遶	遶
	遲	遲
	遴	遴
	遵	遵
	遷	遷
	遼	遼

	遛	遛
	選	選
	遹	遹
	遻	遻
	[illegible]	[illegible]
	遀	遀
	邂	邂
	遽	遽
	邁	邁
	邀	邀
	邆	邆
	邅	邅
	邇	邇
	邃	邃
	[illegible]	[illegible]
	邈	邈
	邊	邊
	邉	邉
	邋	邋
	邌	邌
	邍	邍
	[illegible]	[illegible]

部首	俗字等	正字
	邎	邎
	[illegible]	邎
	[illegible]	[illegible]
	邏	邏
	遷	遷
	邁	邁
	邐	邐
	[illegible]	[illegible]
邑部	邦	邦
酉部	醚	醚
里部	重	重
金部	鋪	鋪
	鎰	鎰
	熔	鎔
	[illegible]	[illegible]
	鎹	鎹
	鎖	鎖
	鏈	鏈
	鏠	鏠
	鐵	鐵
	鐩	鐩

	鍋	鍋
門部	濶	闊
	闤	闤
阜部	隨	隨
	隧	隧
	隆	隆
隹部	難	難
雨部	雨	雨
	[illegible]	[illegible]
	[illegible]	[illegible]
	霻	霻
青部	彭	彭
	晴	啨
	艶	艷
	靚	靚
	靛	靛
	靜	靜
	[illegible]	[illegible]
	䨼	䨼
面部	靣	面
革部	靫	靭
	靹	鞆

部首	俗字等	正字
	韃	韃
	韆	韆
頁部	頴	穎
食部	飢	飢
	飠刀	飠刀
	飣	飣
	飤	飤
	𩚍	𩚍
	𩚖	𩚖
	飦	飦
	飩	飩
	𩚛	𩚛
	飪	飪
	飫	飫
	𩚩	𩚩
	𩚥	𩚥
	𩚨	𩚨
	飠占	飠占
	飵	飵
	飶	飶
	𩛄	𩛄
	𩛌	𩛌
	䬡	䬡
	𩛆	𩛆
	䬁	䬁
	䬯	䬯
	養	養
	䭢	䭢
	餂	餂
	餃	餃
	餉	餉
	䬹	䬹
	舘	館 館
	餇	餇
	䬱	䬱
	餑	餑
	餒	餒
	𩛷	𩛷
	餔	餔
	餕	餕
	䬝	䬝
	餖	餖
	餗	餗

部首	俗字等	正字
	餘	餘
	𩜄	𩜄
	餚	餚
	餛	餛
	𩛹	𩛹
	餜	餜
	𩜃	𩜃
	𩞞	𩞞
	餞	餞
	餟	餟
	𩝌	𩝌
	餅	餅
	𩜕	𩜕
	餡	餡
	餉	餉
	餢	餢
	餣	餣
	餤	餤
	餦	餦
	𩜒	𩜒
	餧	餧
	𩜋	𩜋
	𩛩	𩛩
	𩜦	𩜦
	餪	餪
	餫	餫
	餬	餬
	餭	餭
	餕	餕
	𩝐	𩝐
	𩜾	𩜾
	𩝠	𩝠
	餱	餱
	餲	餲
	饌	饌
	餳	餳
	𩝀	𩝀
	𩞆	𩞆
	𩞂	𩞂
	饂	饂
	餹	餹
	𩝿	𩝿
	𩟄	𩟄

部首	俗字等	正字
	餺	餺
	䭑	䭑
	餻	餻
	𩝐	𩝐
	餩	餩
	餼	餼
	餽	餽
	餾	餾
	餿	餿
	䭔	䭔
	餡	餡
	饁	饁
	餶	餶
	饂	饂
	饄	饄
	饏	饏
	饅	饅
	餳	餳
	饆	饆
	饇	饇
	𩟐	𩟐
	䭘	䭘
	饉	饉
	𩞄	𩞄
	𩞋	𩞋
	饌	饌
	䭒	䭒
	䭲	䭲
	饊	饊
	䭹	䭹
	饙	饙
	䭨	䭨
	饌	饌
	饍	饍
	饎	饎
	饐	饐
	饑	饑
	饒	饒
	䭩	䭩
	𩟿	𩟿
	饖	饖
	饘	饘
	䭬	䭬

部首	俗字等	正字
	饋	饋
	饐	饐
	[illegible]	[illegible]
	饛	饛
	[illegible]	[illegible]
	饝	饝
	餽	餽
	饟	饟
	𩟧	𩟧
	饠	饠
	饡	饡
	𩟺	𩟺
	[illegible]	[illegible]
骨部	髓	髓
	躰	體
髟部	鬠	鬠
鬥部	鬪	鬭
魚部	奐	魚
	鰰	鰰
	鰱	鰱
	鱁	鱁

鳥部	鴛	鴛
	鵤	鵤
	鶴	鶴
鹿部	鹿	鹿
	麗	麗
	麓	麓
	麁	麤
黽部	鼇	鼇
鼎部	鼑	鼎
鼓部	鼔	鼓
鼠部	鼱	鼱

○誤字俗字・正字一覧表

（通達原文にならい縦組で掲載しましたので、逆綴じになっています。490ページよりご覧ください。）

革部		韭部	食部	香部	馬部			鬥部	魚部			
鞆	鞏	韮	饒	馥	驒	⟨騨⟩	驥	鬦	鮒	鮫	鰐	鰕
鞆	鞏	韮	饒	馥	驒		驥	◉鬦	鮒	鮫	鰐	鰕
鞆												

	鳥部					黃部	鼠部
鱸	鴈	鴈	鴐	[illegible]	鸕	黌	鼠
鱸	鴈		鴐	[illegible]	鸕	黌	鼠
			鴐				
			鴐▲				

			虍部	虫部		衣部	言部	貝部		身部	車部
藪	〈薮〉	藹	虔	蟻	蠣〈蛎〉	襄	謨	贊	贇	躬	轡
藪 藪 藪 藪 數 藪 藪 (藪〈薮〉)	薮	藹	虔	蟻	蛎 (蠣〈蛎〉)	襄	謨	贊	贇	躳 躬	轡 害 轡

邑部		金部						門部		阜部	隹部	
邨	鄙	釭	鉞	鉾	銕	鍜	鍾	閌	闊	陞	雍	雞
邨	鄙	釭	鉞 鉞	鉾	銕	鍜	鍾	閌◉	濶▲	陞	廱◉	雞

	穴部			竹部					米部		糸部	
穆	窈	竈	〈竈〉	筏	箭	簑	簗	籔	粂	粤	綏	繚
穆	窈	竃		筏◉	箭	簑	簗	籔	粂	粤	綏	繚
穆		竈				簑	簗	籔	条			
穆						簑	簗	籔				
穆						簑	簗	籔				
穆						簑		籔				
穆						簑						

耳部	聿部	月部	舛部		艸部						
聚	肆	胖	舛		苅	苧	莟	菰	葭		薊
聚	肆	胖◉	舛▲	舛	苅	苧	莟▲	菰	葭	葭	薊
			舛			苧		菰	葭		
			舛						葭		
			舛						葭		
			舛▲						葭		
			舛						葭		
			舛						葭		

		犬部	火部	水部								
〈猷〉	猷	狐	燁	渙	欅	枦	櫨	櫃	榧	椹	棗	栟
猷		狐	燁	渙	欅		櫨	櫃	榧	椹	棗	栟
		狐◉			欅		櫨	櫃			枣	栟
					欅		櫨				枣	栟
							櫨					栟

禾部		示部		石部	目部	皿部		田部		瓦部		玉部
稗	祓	祀	磋	砌	睿	盈	疇	彊	甕	甌	瓊	璉
稗	祓◉	祀	磋	砌	睿	盈	疇▲	彊	甕	甌	瓊	璉
						盈						

						心部		弓部	干部		巾部	
懋	慥	悴	悖	悍	恊	恂	彊	弸	幷	幟	帲	嶸
懋	慥	悴▲	悖	悍	恊	恂◉	彊	弸	羌	幟	帲	嶸
懋									并		帲	

			木部					日部		手部	戈部	
枳	栟	杢	杣	曠	曄	暸	晤	晰	〈攪〉	攪	戡	懿
枳◉	栟	杢	杣	曠◉	曄	暸	晤	晰		欖	戡	懿◉
	栟											
	栟											
	栟											
	栟											

三　常用漢字・規則別表第二の一の漢字以外の漢字に関するもの

1　部首・画数順に配列した。
2　〈 〉内の字体は、五二〇〇号通達別表に掲げる字体である。
3　◉の付されている字体は、別字（同字、古字又は本字を含む。）であるが、誤記される例が多いので、申出がある場合には、訂正を認めるものである。
4　▲の付されている字体は、漢和辞典に俗字として登載されている文字であり、申出がある場合には、訂正を認めるものである。

部首	正字等	戸籍に記載されている文字
人部	俯	俯
	倢	倢
	假	假
	僖	僖　併
	儔	儔
	儘	儘
	〈侭〉	
冂部	冏	冏

部首	正字等	戸籍に記載されている文字
力部	勦	勦
口部	圀	圀
土部	埒	◉埓
士部	壺	壷
女部	娩	娩
宀部	宍	宍
	寥	寥
山部	嶷	嶷

鼎部		黍部	麻部								
鼎		黎	(麿)	麿	鷹	鷺	鷲	鵜	鴻	鴨	鳳
鼎	黎	黎	麿		鷹	鷺	鷲	鵜	鴻	鴨	鳳
鼎		黎			鷹		鷲	鵜	鴻		
鼎		黎			鷹		鷲	鷉			
鼎▲		黎						鶇◉			
鼎		黎						鵜			
鼎		黎						鵜			
		黎						鵜			

隹部			阜部		金部		酉部		邑部		辵部	
雁	隈	陀	阿	錫	鋒	醇	酉	郁	邑	《迪》	迪	
雁◉	隈 隈 隈 隈 隈	陀	阿	錫◉	鋒	醇 醇	酉	郁 郁	邑	廸◉		庡

鳥部				魚部	鬼部	馬部	香部		食部		革部	雨部
鳩	〈鱒〉	鱒	鯉	鮎	魁	駿	馨	〈饗〉	饗	鞠	鞍	霞
鳩 鳩	鱒		鯉	鮎	魁 魁	駿	馨 馨 馨 馨 馨 馨	饗		鞠 鞠 鞠 鞠	鞍 鞍	霞

	虫部											
蝶	蝦	《蘓》	《蘇》	蘇	《藁》	藁	《蕨》	蕨	《蔭》	《蔭》	蔭	蓮
蝶◉	蝦 蝦 蝦 蝦 蝦 蝦 蝦		蘓 蘇 蘇 蘇			藁 藁 藁		蕨		蔭 蔭 蔭 蔭 蔭		蓮

辰部			車部	走部				言部	衣部			
辰	轟	輿	輔	赴	諄	諏	誼	詢	袴	蟹	〈蟬〉	蟬
辰 辰 辰 辰▲ 辰 辰 辰	轟▲	輿	輔 輔 誧◉	赴 赴▲	諄▲	諏 諏	誼	詢	袴 袴 袴 袴 袴	蟹 蟹 蟹	蟬	

艸部

芹	芙	芦	（蘆）	苑	荻	（荻）	菅	（菅）	菫	萌	萠
芹	芙◉ 芙 芙◉		蘆 蘆 蘆 蘆 蘆 蘆	苑▲ 苑	荻		菅 菅 菅		菫	萠▲	

菱	（菱）	葦	（葦）	葵	萱	（萱）	董	（董）	蓑	（蓑）	蒲	（蒲）
蔆 菱 菱 菱 菱 菱		葦		葵 葵 葵 葵	萱◉ 萱 萱		董		蓑 蓑 蓑 蓑 蓑 蓑 蓑	蓑 蓑 蓑 蓑	蒲	

糸部	米部							竹部	穴部			
紘	籾	簾	篠	筑		笹	《笁》	竺	窪	穰	稜	
紘▲	籾	簾	篠	筑	笧	笹			窪	穰	稜	稔
紘		簾			笹	笹			窪	穰		稔
紘		簾				笹						
紘						笹						
紘						笹						
紘						笹						
紘						笹						

	肉部	聿部		耳部				羽部				
脩	胤	肇	〔聰〕	聡	耀	〔翠〕	翠	《翔》	翔	綾	絢	紗
脩	胤	肇	聰	聡	耀	翠		翔		綾	絢	紗◉
脩	胤	肇	聰	聡						綾	絢	
脩	胤	肇	聰							綾		
	胤	肇								綾		
	胤	肇										

	石部	矢部	目部			白部	用部		瓜部			
碩	砥	矩	眸	(皓)	皓	皐	甫	瓢	瓜	瑛	琢	琢
碩	砥	矩	眛	皓		皐	甫	瓢	爪	瑛	琢	琢
碩		短	眸●	晧●								琢
碩		矩										

	禾部								示部			
稔	秦	禎	禎	祿	禄	祐	祐	禰	(祢)	祢	磯	磐
稔	秦	禎	禎	祿			祐	禰	祢		磯	磐
稔	秦		禎				祐	禰	祢		磯	
稔	秦		禎				祐					
稔	秦		禎				祐					
稔	秦		禎				祐					
稔			禎				祛					
稔			禎				祐					

						水部	毛部		殳部	欠部		
溜	湊	淳	〈渕〉	淵	《浩》	浩	毬		毅	欣	〈櫛〉	櫛
澑	溱◉	渟	渕	淵		活	毬	豰	毅	炘		櫛
溜	湊	淳	渕	淵		浩		毅	毅			櫛
	湊	淳	渕	淵		浩◉		毅	毅			櫛
	湊	淳	渊	淵		浩			毅			櫛
		淳	渊	渢					毅			
			渕	淵					毅			
				渊▲					毅			

玉部		犬部	牛部			爻部				火部		
珂	猪	猪	牟	《尓》	《尔》	爾	燎	燕	熙	烏	〈灘〉	灘
珂	猪		牟			爾	燎	燕	熙	烏		灘
			牟▲			爾			熙			灘
			牟			爾			熙			
			牟			爾			熙			
						爾						
						爾▲						
						爾						

椋	梁	梶	梓	檜	桧	〈栢〉	柏	柴（木部）	朋（月部）	曳（曰部）	〈曙〉	曙
椋	梁	梶	梓	檜			柏	柴	明◉	曳▲	曙	
椋	梁	梶		檜				柴	朋			
								柴				
								柴				
								柴				

檀	橋	槻	樫	槇	槙	榛	樺		榎	〈梄〉	栖	楯
檀	橋	槻	樫	槙		榛	樺	榎	榎	梄		楯
檀	橋		樫	槙		榛	樺	榎◉	榎			楯
檀	橋					榛	樺	榎	榎			
檀	橋					榛	樺	榎	榎			
						榛	樺	榎	榎			
								榎	榎			
								榎	榎			

		手部			攴部		文部	斤部	方部
惇	惣	慧	慧	掬	捷		播	孜	敦	斐	斧	於

惇	惣	慧（〈慧〉）		掬	捷		播	孜	敦	斐	斧	於
		手部						攴部		文部	斤部	方部
惇	惣	慧		掬	捷	捷	播◉	孜	敦	斐	斧	於▲
		慧			捷	捷	播		敦	斐	斧	
		慧			捷	捷						
					捷	捷						
					捷	捷◉						
					捷							
					捷							

旭	昂	晃	晄	晒	晋	〈晉〉	晟	晨	智	暉	暢
日部											
旭	昻	晃	晄	晒	晋	晉▲	晟	晨	智	暉	暢
									賀◉	暉	暘
										暉◉	暢◉
											暢
											暢

己部					山部			宀部	女部	大部		
《巺》	巽	《巘》	巖	巌	嵯	宥	宕	宏	嬉	奎	塙	堺
巷		巘	巖	巌	嵯	宥	宕	広	嬉	奎	塙	堺
			巖	巌	嵳		宕	広				
			巖					広				
			巖					宏				
			巖					宏				
			巖					宏				
								宏				

心部			彡部		弓部	廴部					广部	巾部
悌	彬	彪	《彥》	彦	弘	廻	《蓭》	《菴》	庵	庚	庄	幡
悌	彬	彪	彥		弘	廻		菴		庚	庄	幡
		彪	彦		弘					庚	庄	
		彪	彦▲									
		彪	彦									
			彦									

部	字	異体
	倶〈《倶》〉	俱 倶
	傭	傭
儿部	允	允
	兜	兜 兜 兠▲ 兠 兜
冫部	冴〔冴〕	冴
	凌	凌 凌
匸部	匡	匡 匡◉ 匡
十部	廿	廿
卩部	卯	夘◉ 戼 戼
	卿〈卿〉	卿 卿

部	字	異体
又部	叡	叡 叡 叡 叡 叡 叡 叡 叡 叡
口部	哉	哉 哉
	喬	喬 喬 喬
	嘉	嘉 嘉 嘉 嘉 嘉 嘉 嘉 嘉
土部	坐《坐》	坐▲ 坐
	尭 堯	堯 尭 尭▲ 尭▲ 尭
	坦	坦◉
	埴	埴
	堰	堰 堰 堰

二　規則別表第二の一の漢字に関するもの

1　規則別表第二の一の配列順（部首・画数順）に配列した。
2　括弧が添えられていないものは、規則別表第二の一に掲げる字体である。
3　〔　〕内の字体は、従前は子の名に用いることができた字体であるが、昭和五十六年十月一日以降は子の名に用いることができない字体である。
4　《　》内の字体は、2及び3に含まれない漢字で康熙字典又は漢和辞典で正字とされている字体である。
5　◉の付されている字体は、別字（同字、古字又は本字を含む。）であるが、誤記される例が多いので、申出がある場合には、訂正を認めるものである。
6　〈　〉内の字体は、五二〇〇号通達別表に掲げる字体である。
7　▲の付されている字体は、漢和辞典に俗字として搭載されている文字であり、申出がある場合には、訂正を認めるものである。

部首	正字等	戸籍に記載されている文字
一部	丞	丞　烝◉　亟　烝
丿部	之	之
二部	亘	亙
亠部	亥	亥　亥　亥　亥　亥
	亨	亨
	亮	亮▲　亮　亮◉　亮

部首	正字等	戸籍に記載されている文字
人部	伊	伊　伊
	侃	
	《侃》	
	俣	俣　俣　俣　俣　俣
	《俁》	
	倭	倭

読み	字	異体字
	廉	廉 廉 廉 廉 廉 廉 廉
	〔廉〕	廉 廉 廉
ロ	呂	呂
	路	路
	郎	郞
	〔楼〕	樓
ワ	和	和 知
	脇	脇▲ 脥 脇 脥 脥 脥

見出し	字体
留	畄▲ 畱 畱 畱
《畱》	畱 畱
（龍）	龍 龍 龍
隆	隆▲ 隆 隆 隆 隆
〔隆〕《隆》	隆 隆 隆 隆
侶	侶
旅 《旅》	旅
良	良 良
涼	
（涼）	
量	量

	レ ル
寮	寮
緑	緑 緑
（緑）	緑 緑 緑 緑 緑 緑 緑
	緑 緑
倫	倫
輪	輪 輪
類 （類）	類
冷	冷◉
礼 《礼》	礼 礼 礼
鈴	鈴 鈴 鈴
麗	麗▲ 麗 麗 麗

			ヨ									
優		《優》	〈與〉			〈譽〉		幼	容	葉	陽	養
優	優		與	與	典	譽	誉	幼▲	容	枼	陽	養
優	優◉		與	與	與	譽				葉	陽	養▲
優	優		與	與	與	譽				葉		粮
優			與	與	與	譽				葉		粮
優			與	與	與	譽				葉		粮
優			與	與	與	譽						
優			與	與	與	譽						

	ラ					リ						
〈謠〉	来	〈來〉	〈賴〉	落	藍	利	裏	璃	律	柳	《栁》	〈柳〉
謡	来▲	来	頼	落	藍	利	裏	瑠	律◉	栁	栁	柳
		来▲					裏	璃			栁	栁
							裹▲				栁	桞
											桺	柹

猛	網	《䋄》	門	弥	（彌）			野	《埜》	（藥）	愉
				ヤ							ユ
猛	網	䋄	门	弥	彌	彌	彌	野	埜	藥	愉
猛	網	䋄		弥	彌	彌	彌	埜	埜		
猛	網			弥	彌	彌			埜		
猛					彌	彌					
					彌	彌					
					彌	彌					
					彌	彌					

諭	〔諭〕	友	有	猶	〔猶〕	悠	裕	遊	〔遊〕	雄	《雄》	融
諭		友▲	有	猶		悠	裕	遊		雄		融
諭			有	猶		悠	裕	遊		雄		融
諭				猶			裕			雄		融
諭							裕			雄		融
諭							裕			雄		融
							裕					融

読み	字体	異体字
マ	凡	凡▲
	摩 〔摩〕	摩
	幕	幕
	万	万▲
	〔萬〕	萬 萬 万
	満 〔滿〕	満 滿 滿 滿 滿 滿 滿 / 満 滿 満 満 萬◉ 満 満 / 滿 滿 滿 滿 滿 滿 滿 / 滿 滿 滿 滿 滿 滿 滿 / 滿 滿 滿 滿 滿 滿 滿
ミ	味	呆
	魅	魅
	密	密◉ 密
	蜜	蜜
	妙	妙
ム	民	民▲ 民
	務	務 務
	無	無 無
メ	命	命▲
	盟	盟▲
	鳴	鳴 鳴 鳴 鳴 鳴
	面	面▲
	綿	綿
モ	茂	茂 茂 茂◉ 茂 茂 茂 茂 / 茂 茂 茂 茂 茂 茂 茂

ホ

峰	〈寳〉	〔寶〕	〖邦〗	邦	芳	包	慕	補	(勉)	勉	〖返〗	返
峰	寳		邦	邦▲	芳	包	慕▲	補	勉	勉	返	
峰	寶			邦	芳◉			補		勉		
	寶			邦						勉		
				邦								
				邦								
				邦								
				邦								

本	堀		睦	牧	北	〖望〗	望	〖縫〗	縫	〔豐〕	豊	(峯)
本◉	堀	陸	睦	牧	北▲	望		縫		豐		峯
	堀		睦		北	望				豐		峯
			睦◉			望				豐		峯
			睦◉			望						
			睦									
			睦									
			睦									

	へ										
〔平〕	平	文	〔覆〕	覆	〔福〕	福	復	〔服〕	服	伏	〔凬〕
	半	攵▲		覆◉		福◉	復		服	伏◉	
	平					福					
						福					
						福					
						福					
						福					
						福					

		〔邉〕			〔邊〕	片	壁	〔幣〕	幣	〔柄〕	柄
邉	邉	邉	邉	邊	邊	片	壁		幣		柄◉
邉	邉	邉	邉	邊	邊	片	辟				柄
邉	邉	邉		邊	邊	片					
邉	邉	邉		邊	邊	片					
過	邉	邉		邊	邊	斤					
	邉	邉		邊	邊	片					
	邉	邉		邊	邊						

〈濵〉	〔濱〕	品	苗	《鼻》	鼻				美	尾	飛
濵	濱	品	苗◉	鼻		美	美	美	美	尾	飛
	濱	品				美	美	美▲	美	尾	飛
	濱						美	美▲	美		
	濱						美	美	美		
	濱						美	美	美		
							美	美	美		
							美	美	美		

風	舞	部	武	《敷》	敷	〔冨〕	富	符	夫（フ）	瓶	〔敏〕	敏
	舞	部	武	敷		冨	富	符	夫	瓶	敏	
			武	勢		冨	富		夫	甁	敏	
			武			冨				瓶	敏	
			武								敏	
			武								敏	

汜	〔拔〕	抜	畑	〔薄〕	薄	麦				〔博〕	博	《迫》
汜	拔	祓	畑	薄		麦	愽	愽	愽	愽	博	
	拔	抜▲	畑	薄		麦	愽	愽	愽	愽	博	
			畑	薄			愽	愽	愽	愽	博	
			畑				愽	愽	愽	愽	博	
			畑				愽	愽	愽	愽	博	
								愽	愽	愽	博	
								愽	愽	愽	博	

		ヒ									
肥	〔妃〕 妃	比	〔繁〕 繁	範	飯	斑	般	坂	汎	帆
肥	妃	比	繁▲	範▲	飯	斑	般	坂	汎	帆
		比	繁	範	飯				汎◉	帆
		业	繁	範					汎	帆▲
			繁	範						帆◉
			繁	範						
			繁							

	ニ							ネ		
奈	鍋	難	(難)	南	弍	〔貳〕	《弍》	忍	〔忍〕	寧	熱	年
柰	鍋	難		南	弍	貳▲		忍		寧	熱	年
柰▲		難						忍◉		寧	熱	年
		難						忽			熱	秊
		難									㷓	

	ノ		ハ									
念	能	農	波	派	《派》	馬	杯	(盃)	梅	(梅)	迫	〔迫〕
念▲	能	農	波	泒▲		馬			梅			
	能	農	没			马			梅			
	能								楳			
	能											
	能											
	能											

桃：桃

透〔透〕：逶

陶：陶 陶 陶

塔：塔 墖

湯：湯

登：登

答：荅

稲：稲 稻 稲

藤〔藤〕：藤 藤

十

道〔道〕：道 道 道 道

峠〔垰〕

得：得 得 得 淂●

督：督 督 督

徳：德 德 徳

〔德〕：德 德 德 悳

杤：杤

〔杤〕

那〔那〕：那

テ

呈	〖呈〗	貞	堤	程	哲	鉄	〔鐵〕	徹	典	展	添	田
呈		貞	堤	程	哲	鉄◉	鐵	徹	典	展	添	田
		貟			哲	鉄◉	鐵▲	徹	典		添▲	
					哲	鈌		徹	典			
					哲			徹	典			
					哲			徹				
					哲			徹				

ト

〔傳〕	渡	塗	土	努	〔當〕	唐	〖唐〗	島		〔嶋〕	〖嶌〗	〖㠀〗
傳	渡	塗	圡▲	努	當	唐		島	島	嶋	嶌	
傳				努		唐		島	島	嶋	嶌	
傳◉								島	島	嶋	嶌	
								島	島	嶋	嶌◉	
								島	島	嶋		
								島	島	塢		
								島				

見出し	字体
〔遲〕	遲
置	置
竹	竹 竹 竹 竹 竹
築	築 築
虫	虫▲
沖	冲◉
忠	忠 忠
昼	昼
長	长
眺	眺◉
鳥	鳥 鳥
腸	腸 腸▲
澄	澄 澄

ツ

見出し	字体
直	直 直 直 直 直▲ 直▲ 直
	直 直
〔敕〕	敕
鎮	鎮◉
〔鎭〕	鎭
椎	椎
塚	塚 塚 塚▲
〔塚〕	塚
鶴	鶴 鶴 鶴 鶴 鶴 鶴 鶴
	鶴 鶴
〔鸖〕〔鶴〕	鶴 鶴 鶴

読み	字	〔 〕	異体字
	尊	〘尊〙	尊 尊 尊
タ	多		多▲ 多 多▲ 多
		〔對〕	對 對
		(帶)	帶▲
	泰		泰 泰 泰 泰 泰 泰 泰▲
			泰 泰 泰 泰
	戴		戴
		〔臺〕	臺 臺▲ 臺
		(瀧)	瀧 瀧 瀧 瀧 瀧 瀧 瀧
			瀧 瀧
		〔澤〕	澤 澤 澤
	卓		卓

読み	字	〔 〕	異体字
	但		但◉
	達		達▲ 達▲ 達 達 達 達 達
		〘達〙	達 達 達
	棚		棚 棚 棚
	淡		淡 淡
	端		端
	鍛		鍛 鍛 鍛 鍛 鍛 鍛 鍛
			鍛 鍛 鍛 鍛 鍛
	男		男
	段		段 段 段 段
	壇		壇
チ	知		知
	致		致

操	〔總〕	総	僧	〔曾〕	曽		〈桒〉	桑	倉	〔艸〕	草	〔莊〕
操	總	総	僧	曾		来	桒▲	桑	倉	艸	草	莊
橾◉	總			曽▲		桒	桒	桑	倉		草	
						来	桒		倉▲		萆	
							桒					
							桒					
							桒					
							桒					

〔屬〕	族	息			〔藏〕	蔵	〔增〕	増	像	〔造〕	造	霜
屬	族▲	息◉	臧	藏	藏	蔵	增		像	慥		霜
屬			藏	藏	藏	蔵	増					霜
			藏	藏	藏		增					
			藏	藏	藏							
			藏	藏	藏							
			藏	藏	藏							
				藏	藏							

〈舩〉	〖船〗	船	旋	〔淺〕	浅	宣	《節》	（節）	節	（攝）	〖雪〗	雪
舡	船		旋	淺	浅	宣	節	節	節	攝◉	雪	
舩				浅	浅	亘	節	節	節		雪	
舩						亘			莭			
舩									節			
舩									莭			
									節			

ソ

莊	奏	壯	（祖）	祖	（禪）	禅		善	〖前〗	前	薦	（戰）
荘	奏	壮	祖		禪		善	善	前	前	薦	戰
莊							善	善	前	前		
莊							善	善	歬	前		
荘								善		前		
莊								善▲		前▲		
								善		前		
								善		前		

〔誠〕	誠	〔聖〕	聖	勢	〔晴〕	晴	〔盛〕	盛	〔清〕	清	省
訹		堅		勢	腈		盛		淸		省
		聖		勢▲	腈◉				淸		眉
		聖		勢							
				勢▲							

折	切	積	戚	石	斥	整	〔静〕	静	誓	〔精〕	精
折	切▲	積	戚	石▲	斥	整	静		誓	精	
	切▲						靜				
							靜				
							靜				
							靜				

見出し	異体字
ス	
須	湏◉
〔圖〕	圖 圖 圖 圖▲ 圖 圖
垂	埀 埀 埀 埀 垂 垂 垂▲
	埀 埀 重
穂	穂
〔穗〕	穗 穗 穗 穗 穗
崇	崇 崇 崈
数	数 数 数
〔數〕	數 數▲ 數 數 數 數 数
杉	杦
裾	裾
セ	
瀬	懶
〔瀨〕	瀨

見出し	異体字
是	昰 昰 是
世	卋 丗 世
正	㱏
成・〔成〕	成
西	襾 西
〔聲〕	聲
征	徰 征◉ 征
斉	斉 斉 斉 亦 斎 斉
〔齊〕	齊 齊 齊 齊 齊 齊 齊
	齊 齊 齊 齊 齊 齊 齊
	齊 齊 齊 齊
政	政

	色	植	〔觸〕	尻	伸	信	津	真	〔眞〕		
讓	色	植	觸	尻▲	伸	信	津	真	眞	眞	真
		植		尻	伊		津	真	眞	眞	真
		植		尻	忡◉		津◉	貞	眞	奠▲	真
		植						真	眞	直	真
								真	眞	眞	眞
									眞	貞	真
									眞	真	真

進	〔進〕	森	〔寢〕	愼	〔愼〕		新	親	人	甚	尋	〔尋〕
進		森	寢	愼	愼	熕	新	親	人	甚▲	尋	
進		森		愼	愼						尋	
					愼						尋	
					愼						尋	
					愼							
					愼							
					愼							

照	象	(燒)	晶	《勝》	勝	章	渉	《笑》	笑	〔稱〕	(祥)	祥
照	象	焼	唱◉	勝		章	渉	笑		稱	祥	
照				勝		垾	涉	笑		穪	祥	
照				勝				笑			祥	
照				勝							祥	
照				勝							祥	
照				勝								
				勝								

(讓)	讓	〔壞〕		《塲》	場	常	(乘)	乗	(條)	丈	彰	詳
讓▲	譲	壊	塲	塲	場◉	常	乘	乗	條	丈▲	彰	詳
讓	譲		塲	塲	塲			乗			彰	
讓			塲	塲	塲			乗▲			彰	
讓			場	塲	塲			乗			彰	
讓				塲				乗				
讓				塲								
讓				塲								

処	〔處〕	初	所	〘所〙	庶	緒	(緒)	諸	(諸)	助	(敘)	升
処	處	初	所	所▲	庶▲	緒		諸		助	敘	升
	處	初▲	所	所▲								升▲
	處	初	所	所								升▲
	處	初	所	所								升
		初	所									升◉
		初	所									
		初	所									

承	昇	〈舁〉		松	(枀)	沼	昭		宵	((宵))	(將)
承	昇	舁	昇	松	枀	沼	昭	昭	宵		将
羕▲	昇	舁	昇	松	枀	沼	昭				将
承	昇	舁		枩◉	枀	沼	昭				將
承		舁		枩	枀		昭▲				
		舁		枩	枀		昭				
		舁			杳		昭				
		舁					昭				

〔澁〕	渋	〔從〕		重	充	襲	酬	衆	修	秋	〔周〕	周
澀	渋	従	重	重	充	襲	酬	衆	修	秋	周	
澁	渋			重	充			衆	修	秋	周	
澁	渋			重	充				修			
	渋			重								
	渋			重								
				重								
				重								

潤	準	順	純		俊	述	出	〔肅〕	淑	〔祝〕	祝	叔
潤	準▲	順	純	俊	俊◉	述◉	出▲	肅▲	淑	祝◉	祝◉	叔
潤			純	俊	俊		出▲		淑			
潤			純	俊◉	俊				淑			
润			純	俊	俊				淑			
			純		俊				淑			
			純		俊				淑◉			
					俊				淑			

種	酒	取	若	実	質	鹿	滋	滋	滋	滋	漆	辞
種	酒	耴	若▲	実	貭	鹿					漆	辞
	酒	耴	若	実		鹿▲					漆▲	
	酒		若	実							漆	
				実							漆	
				実							漆	

秀	收	収		樹						壽	寿
秀	收	収	掛	樹	壽	壽	壽	壽	壽	壽	寿
	收			樹▲	壽	壽	壽	壽	壽	壽	寿
				樹	壽	壽	壽	壽	壽	壽	寿
				樹	壽	壽	壽	壽	壽	壽	
				樹	壽	壽	壽	壽	壽	壽	
				樹	壽	壽	壽	壽	壽	壽	
				樹	壽	壽	壽	壽	壽	壽	

シ												
《姊》	姉	刺	志	四	司	史	氏	傘	（雜）	雑	〖咲〗	咲
姉		刺◉	志	四◉	司	史	氏▲	傘	雑		咲	
姉											咲	

治	（兒）	児	寺	示	賜		嗣	紫	師	施	指	枝
治	兒	児	寺	示◉	賜	嗣	嗣	紫	師	施	指	枝
治	兒▲	児	寺				嗣					
	兒	児					嗣					
		児					嗣					
		児					嗣					
							嗣					
							嗣					

才	才
宰	宰 宰
彩	彩
済	済 済
〔濟〕	濟 濟 濟 濟
祭	祭 祭 祭▲
斎	斎 斎 斎 斎 斉 斎 斎
	亝 亝 亝 亝 亝
〔齋〕	齋 齋 齋 齋 齋 齋 齋
	齋 齋 齋 齋 齋 齋 齋
	齋 齋 齋 齋 斉
細	細 细
菜	菜

歳	歳▲ 歳 歳 歳 歳 歳 歳
	歳
〖歲〗	歲 歲
際	際 際
材	材
財	財▲
崎	嵜 崎
〈﨑〉	﨑
〈嵜〉	
《寄》	
作	作
柵	栅
策	策 策

谷	克	豪	剛	鋼	興	綱	〘構〙	構	〔鑛〕	溝	〘港〙	港
谷	克	豪	剛	鋼	興	綱	構		鑛	溝	港◉	
谷	克	家	剛		興	綱						
			剛		興							
					興							
					興							
					興							

		サ										
座	佐	左	紺	今	〘込〙	込	駒	（穀）	穀	黒	（國）	国
座	佑	右▲	紺	今▲	込		駒	穀		黒	國	国▲
座	佐	左▲		今	込		駒◉			黒	國	国
座	佐						駒			黒	國	
座▲												

		荒	皇	洪	(恆)	恒	厚		幸	孝	江	向
荒	荒	荒	皇	洪	恆	恒	厚▲	幸	幸	孝	江	向
荒	荒	荒			恆	恒		幸	幸	考	江	
荒	荒	荒◉				恒		幸	幸			
荒	荒	荒				恒			幸			
荒	荒	荒				恒			幸			
荒	荒	荒				恒			幸			
荒	荒	荒							幸			

(黃)	黄	康	〈髙〉	高	降	貢	航	《畊》	〖耕〗	耕	香	郊
黄	黄	康	髙	高	降	貢	航		耕		香	郊
		康		高	降				耕			
		康▲		高					耕			
		康							耕			
		康							耕			
		康							耕			

コ												
己	(嚴)	源	減	原	玄	(顯)	頭	藺	〔謙〕		謙	賢
乇	嚴	源	減▲	原▲	玄	顯	頭	藺	謙	論	謙	賢
	嚴▲	源		原		顯		藺	謙		謙	賢
				原							謙	賢▲
				原							謙	覧
				原							謙	賢
											謙	
											謙	

	(廣)	功	工	護	後	〔吳〕	吳	五	鼓		虎	股
廣	廣	切▲	工	護	後	呉		五▲	鼓▲	虎	虎	股
	廣	切		護	後						虎	脵
	廣	切▲		護	後						虎	脵
	廣▲				後						虎	股
	廣										虎	
	廣										虎	
	廣										虎	

鯨	結	傑	潔	《潔》	月	建	研	〔研〕	（縣）	兼		《兼》
鯨	結	傑	潔		月	建	研	研	縣	兼	兼	兼
			潔			建	硏		縣	兼	兼	兼
			潔			建◉			縣	兼	兼	兼
										兼	兼	兼
										兼	兼	兼
										兼	兼	兼
										兼	兼	兼

剣	（劍）	《劒》	健		堅	〔獻〕	絹	《絹》	権	〔權〕	憲	《憲》
剣		劔	健	徤	堅	獻	絹	絹	權▲	權	憲	憲
			健	建	堅		絹			權	憲	憲
			健		坚		絹			權	憲	
			健				絹				憲	
			健				絹				憲	
			健				絹				憲	
			健								憲	

ケ

(勳)	薫		(薰)	郡	形	径	茎	契	〖契〗	恵	(惠)	〖惠〗
勲	薫	薫	薰	郡	形	徑	莖	契		恵	惠	
勲	薫	薫	薫		形					恵	惠	
勳	薫	薫			形					恵	惠	
勳	薫	薫								恴		
勳	薫											
	蕢											
	薫											

啓	〖啓〗	経	〖經〗	敬	景	継	〖繼〗	慶		(藝)	迎	〖迎〗
啓		経	經	敬	景◉	継	継	慶	慶	藝	迎	
啓		経	経	敬			繼	慶	慶	藝		
啟				敬				慶	慶			
				敬				慶	慶			
								慶	慶			
								慶	慶			
								慶				

〔近〕	近	均	極		(曉)	暁	仰	競	鏡	〈橋〉	橋	〔郷〕
近		均	極	暁	曉	曉	仰	競◉	鏡	橋	橋	郷
近		均		曉◉	曉	曉			鏡	橋▲	橋▲	鄉
		均		曉	曉	曉				橋	橋	鄉
		均◉		曉	曉	暁				橋	橋	
				曉	曉	暁				橋	橋	
					曉	曉				橋◉	橋	
					曉	暁					橋	

ク

勲	君	熊	掘	隅	空	具	(謹)	筋	琴	(勤)	勤	金
勲	君	熊	堀	隅	空▲	具	謹	筋	琴	勤	勤	全
勲		熊				具	謹		琴	勤	勤	
勲		熊					謹			勤	勤	
勲		熊								勤	勤	
勲		熊								勤		
勲		熊								勤		
										勤		

御	魚	救	宮	究	求	臼	〔舊〕	久	〔逆〕	逆	詰	菊
御	臭▲	救	宮◉	究	求	臼	舊	久▲	送		詰◉	菊
御			宮	究▲		臼◉						菊
御												
御▲												
御												
御												
御												

郷	〔教〕	教	〔强〕	強	胸		恭	狭	協	京	漁	
郷	教			強	胸	恭	恭	狭	協▲	京◉	漁▲	御
郷	教			強	胸	恭	恭		協◉			
郷	教						恭▲					
	教						恭					
							恭					
							恭					
							恭					

《岓》	岩	岐	紀	軌	記	起	鬼	帰	《帰》	〔歸〕	寄	規
		キ										
岓	岩	岐	紀	軌▲	記◉	起	鬼	帰		歸	寄	規
			紀		記	起	鬼					規▲
			紀◉			起	鬼					
			紀									
			妃									

《龜》		喜		幾	貴	旗	《籏》	《籏》	輝	宜	義	儀
龜	龜	喜	㐂	幾	貴	旗			煇	宜▲	義	儀
龜	龜	喜▲	㐂	幾	貴	旗			煇	宜	義	
龜	亀	喜	㐂		貴				輝	宜	義	
龜		喜	㐂						輝	宜	義	
龜		㐂	喜						煇		義	
龜		㐂	㐂◉						煇		義	
龜		㐂							輝		義	

幹	〔寛〕	寛	勧	閑	〔間〕	間	敢	喚	勘	〔巻〕	巻	甘
幹	寬	寬	勸	闲	间		敢	喚	勘	巻		甘▲
幹		寬		闲	间							
幹				閒								

岸	丸	鑑	〔環〕	環	〈舘〉	〔館〕	館	監		〔關〕	関	管
岸	丸	鑑	環			舘▲		监	關	關	関	管
岸	丸		環			舘			關	關	関	
岸			環			舘			關	關	関	
岸			環						關	關		
岸			環						關	關		
岸									関	關		
岸									関	闗		

岳		〔學〕	隔		〔覺〕	革	角		《柹》	柹	垣	解
缶	學	學	隔	覚	覺	革	角▲	桥	柹		垣	解
		學▲		覺	覺		角	桥	柹		垣	
		學		覚	覺				柹		垣	
		學		覚	覺				柹			
		学			覺				柹			
		学			覺				柹			
		学			覺				柹			

干	刈	《鎌》	鎌	釜	〈葛〉	《葛》	葛	且		瀉	掛	〔樂〕
亍◉	外	鎌	鎌	釜◉		葛		且	瀉	瀉	掛	樂
			鎌			葛			瀉	瀉	掛	
			鎌			葛			泻	瀉	掛	
			鎌						泻	瀉	掛	
			鎌						泻	瀉	掛	
			鎌						泻	瀉		
			鎌						瀉	瀉		

						カ						
歌	華		夏	佳	花	〔假〕	(温)	恩		岡	(横)	横
歌	華	夏	夏	佳	花	假	温	恩	罡	罔	横	横
	華	夏	夏	佳◉	花	假		恩▲	罡▲	罔		横
	華	夏	夏		花	假			罡	罔▲		横
	華		夏			假			罡	罔		
			夏							罔		
			夏							崗▲		
			夏							罡		

開	〔繪〕	皆	海	改	快	〔會〕	介		雅	賀	我	蚊
開	繪	皆	海	改	快	會	个	雅	雅	賀	我	蚊
			海			會	个◉	雅	雅		我	
						會▲		雅	雅			
						會		雅◉	雅			
									雅			
									雅◉			
									雅			

越		(圓)	延	(延)	園	(薗)	(薗)	猿	遠	(遠)	塩	(鹽)
越	越	圓▲	延▲		園	薗		猿▲	遠	遠	塩▲	鹽
越	越	圓	延		園	薗		猿	遠	遠	塩	鹽
越	越	圓	延		園				遠	遠		鹽
越	越		延		園				遠	遠		鹽
赿	越		延						遠	遠		鹽
赿◉	越								遠			
越									遠			

(壚)	縁	(緣)	艶	央	往	桜	(櫻)	翁	(翁)	奥		(奧)
				才								
壚	縁		艶	央	往◉	桜	櫻	翁◉		奥	奥	奥
壚				央	往		櫻			奥	奥	奥
壚							櫻			奥▲		
壚										奥		
壚										奥		
壚										奥		
										奥		

浦	畝	宇	右	〔隱〕	隠	〔陰〕	陰	員	因	〔逸〕	逸	〔壹〕
			ウ									
浦	畒	宇▲	右	隠		隂		貟◉	因	逸		壹
	畆			隱						逸		
	畂									逸		
	畮◉											
	𤰝											
	畞											

〔悦〕	悦	〔益〕	益	易		〔衞〕	衛	〔榮〕	栄	英	永	雲
											エ	
悅▲		益		易	衞	衞	衛	榮	栄	英	永	雲
悗		益		易◉		衞	衛	栄	栄	英		雲
悦						衞	衛			英		
悦						衞▲	衛			英		
悦◉						衛	衛			英		
						衛				英◉		
						衛						

一 常用漢字に関するもの

1 常用漢字表の配列順に配列した。

2 括弧が添えられていないものは、通用字体である。

3 （ ）内の字体は、規則別表第二の二に掲げる字体である。

4 〔 〕内の字体は、常用漢字表において括弧が添えられている漢字のうち、子の名に用いることのできない字体である。

5 【 】内の字体は、従前は子の名に用いることができた字体であるが、昭和五十六年十月一日以降は子の名に用いることができない字体である。

6 〘 〙内の字体は、2から5までに含まれない漢字で康熙字典又は漢和辞典で正字とされている字体である。

7 ◉の付されている字体は、別字（同字、古字又は本字を含む。）であるが、誤記される例が多いので、申出がある場合には、訂正を認めるものである。

8 〈 〉内の字体は、五二〇〇号通達別表に掲げる字体である。

9 ▲の付されている字体は、漢和辞典に俗字として登載されている文字であり、申出がある場合には、訂正を認めるものである。

	正字等	戸籍に記載されている文字
ア	愛	愛
	嵐	嵐 嵐
	安	安
イ	威	威 威
	為	為▲
	（爲）	爲 爲
	偉	偉 偉 偉
	違	違▲
	〘違〙	
	域	域

○誤字俗字・正字一覧表

（平成一六年一〇月一四日　法務省民一第二八四二号民事局長通達）

改正　平成二二年一一月三〇日民一第二九〇五号

凡　例

1　本表は、平成二十二年十一月三十日付け法務省民一第二九〇三号民事局長通達により一部改正された平成二年十月二十日付け法務省民二第五二〇〇号民事局通達（以下「五二〇〇号通達」という。）又は平成二十二年十一月三十日付け法務省民一第二九〇四号民事局長通達により一部改正された平成六年十一月十六日付け法務省民二第七〇〇〇号民事局長通達（以下「七〇〇〇号通達」という。）に基づき、従前戸籍、現在戸籍等に誤字又は俗字で記載されている氏又は名の文字を、これに対応する字種及び字体による正字等で記載するときに、その対応関係を明らかにする一覧表である。

2　本表は、次の区分により編集した。

①　常用漢字に関するもの

②　戸籍法施行規則（昭和二十二年司法省令第九四号。以下「規則」という。）別表第二の一の漢字に関するもの

③　常用漢字・規則別表第二の一の漢字以外の漢字に関するもの

3　文字の対応関係

(1)　本表において「正字等」（以下「上段の字体」という。）とは、次に掲げる字体をいう。

①　常用漢字表（平成二十二年内閣告示第二号）の通用字体

②　規則別表第二の一に掲げる字体

③　康熙字典体又は漢和辞典で正字とされている字体

④　当用漢字表（昭和二十一年内閣告示第三二号）の字体のうち、常用漢字表においては括弧に入れて添えられなかった従前正字として取り扱われてきた「慨」、「概」、「免」及び「隆」

⑤　国字で①から④までに準ずる字体

⑥　五二〇〇号通達別表に掲げる字体

(2)　本表において「戸籍に記載されている文字」（以下「下段の文字」という。）とは、誤字（文字の骨組みに誤りのあるもの）及び俗字（上段の字体の通俗の字体）をいう。

4　本表の利用の仕方

(1)　戸籍に記載されている文字が下段の字体であり、五二〇〇号通達第一の二又は七〇〇〇号通達第七の二(2)アを適用し、正字等で戸籍の記載をする場合には、対応する上段の字体で記載するものとする。

なお、下段の字体のうち、▲印が付されているものは漢和辞典に俗字として登載されている文字であり、◉印が付されているものは上段の字体とは別字（同字、古字又は本字を含む。）であるが、いずれも誤記される例が多いので、訂正を認めることとする文字である。したがって、戸籍に記載されている字体がこれらに該当する場合には、五二〇〇号通達第二の申出がある場合及び上段の字体の誤記であることが明らかである場合を除き、そのまま戸籍の記載をするものとする。

(2)　戸籍に記載されている文字が、下段の字体であり、五二〇〇号通達第二の申出により正字に訂正する場合には、対応する上段の字体で記載するものとする。

(3)　戸籍に記載されている文字が下段の字体であり、それに対応する正字が通用字体又は規則別表第二の一に掲げる字体以外の字体である場合には、申出により、その字体を通用字体又は規則別表第二の一に掲げる字体に更正して差し支えない（昭和三十四年六月十八日付け法務省民事甲第一二八九号民事局長回答参照）。

(4)　上段の字体について、複数の字体を波括弧でくくっているものは、下段の字体をその上段の字体のいずれにも訂正することができることを示すものである。

索　　引

先例年次索引

著　者　略　歴

青山（あおやま）　修（おさむ）

司法書士・土地家屋調査士（名古屋市で事務所開設）

昭和23年生まれ　　日本土地法学会中部支部会員

名古屋大学大学院修士課程（法学研究科）修了

元東海学園大学人文学部非常勤講師

主な著書・論文

「会社計算書面と商業登記」、「第三者の許可・同意・承諾と登記実務」、「用益権の登記実務」、「利益相反行為の登記実務」、「仮登記の実務」、「不動産取引の相手方」、「民法の考え方と不動産登記の実務」（共著）、「相続登記申請MEMO」、「不動産登記申請MEMO－権利登記編－」、「不動産登記申請MEMO－建物表示登記編－」、「不動産登記申請MEMO－土地表示登記編－」、「商業登記申請MEMO」、「商業登記申請MEMO－持分会社編－」、「図解　株式会社法と登記の手続」、「図解　有限会社法と登記の手続」、「合資・合名会社の法律と登記」、「共有に関する登記の実務」、「図解　相続人・相続分確定の実務」、「建物の新築・増築・合体と所有権の帰属」、「不動産担保利用マニュアル」、「最新　不動産登記と税務」（共著）、「根抵当権の法律と登記」（以上、新日本法規出版）、「会社を強くする増資・減資の正しいやり方」（かんき出版）、「株式会社・有限会社登記用議事録作成の手引き」（税務経理協会）など

改訂　登記名義人の住所氏名
変更・更正登記の手引

平成15年9月11日　初　　版発行
平成21年5月20日　改訂初　版発行
平成29年5月26日　　　第四版発行

著　者　　青　山　　修

発行者　新日本法規出版株式会社
代表者　服　部　昭　三

発行所　新日本法規出版株式会社
本　社　(460-8455)　名古屋市中区栄1－23－20
総轄本部　電話　代表　052(211)1525
東京本社　(162-8407)　東京都新宿区市谷砂土原町2-6
電話　代表　03(3269)2220
支　社　札幌・仙台・東京・関東・名古屋・
大阪・広島・高松・福岡
ホームページ　http：//www.sn-hoki.co.jp/

※落丁・乱丁本はお取替えします。　ISBN978-4-7882-7180-7
50683　改訂登記名義人